신이 된
예수

창해

Comment
Jésus est
devenu
Dieu

| 프레데릭 르누아르 지음 · 강만원 옮김 |

창해

'신이 된 예수'는 과연 있을 수 있는 말일까요? 신이면 신이고 사람이면 사람이지, 사람이면서 동시에 신이라는 모순된 명제가 과연 가능할까요? 사람의 이중성을 말하는 것도 아니고 신이면서 인간이라는, 도저히 공존할 수 없는 이중성을 사실로 인정하기는 결코 쉽지 않습니다. 사람과 신은 '종'이 완전히 다른, 하나가 될 수 없는 이질적 존재이기 때문입니다. 이성적으로 생각하면 종이 다르고 격이 다른 창조주와 피조물은 결코 '하나'가 될 수 없습니다. 사람은 인성을 지닌 존재로 불완전한 피조물이며, 신은 신성으로 말미암아 완전성을 지닌 존재라는 사실을 생각하면, 신과 인간 사이에는 본질적으로 괴리가 있기 때문입니다. 인간이면서 신이라는 주장은 결국 완전한 신성이 불완전한 인성과 유기적으로 일체가 되는, 받아들일 수 없는 모순을 낳습니다.

예수가 과연 신과 인간의 이중성을 지닐 수 있는가 하는 근본적 질문은 기독교의 태동 이후 지금까지 격렬한 논쟁이 계속되어온 매우 민감한 주제입니다. 많은 그리스도인들은 종교적 권위로 세워진 삼위일체를 사실로 인정하고, 따라서 그리스도의 신성神性을 스스럼없이 받아들입니다. 하지만 동시에 많은 사람들이 가장 받아들이기 힘들어 하는 기독교 교리가 바로 신과 일체로서 그리스도의 신성을 주장하는 삼위일체론입니다.

기독교의 교리이니 무조건 믿으라고 요구하는 것은 근본적인 해답이 되지 못합니다. 교리이면서 동시에 실재實在이니 믿으라고 말해야 합니다. 과학적 이성은 마리아의 태를 거쳐 인간의 몸으로 태어난 예수의 신성을 사실로 인정하지 않습니다. 창조설을 부정하고 오직 '눈으로 입증하는' 사실만 인정할 뿐입니다. 그러나 기독교의 진리를, 다시 말해 우주와 만물의 창조로부터 구원과 심판에 이르는 영적 진리를 이성으로는 결코 설명할 수 없습니다. 인간의 이성은 나름대로 합리적 주장을 펼치지만, 그들의 논리를 그대로 따르지 못하는 명백한 이유가 있습니다. 간단히 말해서 인간의 육적 논리로는 결코 이성을 초월하는 신성을 설명할 수 없기 때문입니다.

그리스도의 신성이라는 주제는 처음부터 영적 논리로 설명할 수 있을 뿐입니다. 성경의 기록과 예수의 삶 그리고 역사적 사실과 더불어 예수의 신성을 직접 보고 들은 수많은 사람들, 즉 제자들과 예수의 어머니 그리고 막달라 마리아와 많은 무리들의 증언을 바탕으로 사실을 밝혀야 합니다.

예수는 한 번도 자신을 신이라 말하지 않았으며, 예수의 기적과 부활을 지켜본 제자들과 수많은 증인들도 예수를 신으로 단정하지 않았습니다. 그는 분명 인간의 몸으로 세상에 와서 인간의 삶을 살며 자신의 사명을 이루고 세상을 떠난, 의심의 여지 없는 '진정한 사람vrai homme'이기 때문입니다. 그럼에도 불구하고 기독교의 정통적인 교리는 예수의 신성을 인정하고 그를 신으로 정의했습니다. 그리스도를 신이라고 단정지을 수밖에 없는 결정적 증거와 수많은 증인이 있기 때문입니다.

예수가 자기 입으로 신이라고 주장했다고 해서 그것만으로 신이 되지 않는 것처럼, 스스로 신이라고 말하지 않았다고 해서 신이 아닌 것 또한 아닙니다. 예수의 신성이 사실로 밝혀지면 신으로 부르고, 신성이 드러나지 않으면 다만 특별한 인간으로 정의하는 것이 옳습니다. 불완전한 인간의 몸으로 세상에 태어났으므로 다만 사람일 뿐 신이 될 수 없다고 단정하는 것은 언뜻 명쾌해 보이지만 결코 완전한 논증은 아닙니다. 불완전한 인간의 육신을 지니고 세상에 나타난 신의 특별한 의도가 있다면 당연히 달리 해석해야 합니다. 인간의 몸을 택한 '완전한' 신의 완전한 뜻이 있기 때문입니다.

불완전한 인성과 완전한 신성의 결합이 이성적 판단으로는 불가능하지만 완전한 신에게는 불가능한 일도 아닙니다. 또한 반드시 필요하다고 생각하면 '뜻대로' 이루는 것이 오히려 '신의 전능 tout-puissance'을 드러내는 증거가 됩니다.

불완전한 인간의 모습으로 세상에 와서 우리처럼 살며, 우리처럼 고통을 겪고 죽는 것이 완전한 신의 숨겨진 의도이자 계획이며 진정한 뜻일 수 있습니다. 세상의 다른 신들과는 달리 기독교의 신은 사람처럼 때로는 질투하고 기뻐하며, 때로는 애통하고 분노하기도 합니다. 그렇다고 천지만물을 창조한 신을 불완전하다고 말할 수는 없습니다. 그것은 다만 인격을 지니지 않은 다른 신과 구별되는 '완전한' 신의 특별한 속성일 뿐입니다.

이 책은 예수의 신성을 밝히기 위해 역사적 사실과 사건의 토대

위에서 성경의 기록을 탐색하고, 삼위일체론과 부활의 증거를 바탕으로 예수의 신성을 밝히는 영적 논리를 전개하고 있습니다.

저자는 가톨릭 사제도 아니고 개신교의 목회자나 신학자도 아닙니다. 저자는 철학자이자 종교사학자로서 객관적 근거를 토대로 '신이 된 예수'를 설명하고 있습니다. 『신이 된 예수』에서 신은 물론 기독교의 신, 곧 디유Dieu(God)를 뜻합니다. 우리나라에서 종교적 이유로 구별하는 것처럼 가톨릭의 '하느님'과 개신교의 '하나님' 같은 구별은 있을 수 없습니다. 저자는 프랑스의 공식 종교인 가톨릭의 입장을 취하지도, 그렇다고 가톨릭을 벗어나 개신교의 입장을 취하지도 않습니다. 다만 그리스도인으로서 개인적인 신앙을 떠나 객관적 분석을 통해 통합적인 기독교의 관점에서 논리를 전개합니다.

본질적으로 동일한 개념의 두 단어가 억지로(?) 구별되고 분리될 이유는 없습니다. 다만, 이 책에서 인용된 성경 구절을 옮기는 과정에서 가장 최근에 간행된 '한글 개역 개정판'의 번역을 따랐으며, 조사나 존칭의 사용 등에서 의미의 왜곡 없이 문맥의 흐름을 따르기 위해 원문대로 적용한 경우가 있음을 밝혀둡니다. 또한 문맥에 따라 저자가 다양하게 사용한 '신', '성부', '하나님(하느님)'은 모두 동의어로 쓰였음을 아울러 밝힙니다.

『신이 된 예수』의 모호한 정의가 진정성을 지닌 정당한 제목이 되려면 예수의 신성을 밝히는 작업이 전제되어야 합니다. 저자는 종교적 권위를 일방적으로 따르거나 자신의 개인적 판단을 강요하지 않고, 역사적·실증적인 사실을 근거로 신이 된 예수의 정당성을 객관적으로 추론하며, 이전과는 다른 새로운 관점으로 논리를 전개하고 있습니다. 역사적 사실을 밝히고 자료를 파헤치며 이성적 추론을 통해 서술하면서도 자신의 생각을 유보한 채 신이 된 예수의 정체성에 대한 결론은 독자들의 판단에 맡기고 있습니다.

이성理性은 초월적 신성을 분명히 설명하지 못하지만, 동시에 허튼 주장을 사실로 받아들일 만큼 녹록지도 않습니다. 이성의 추론은 진실을 밝히는 중요한 도구가 됩니다. 다만 과학적 이성의 편협한 굴레에 갇혀 사실성의 진정한 의미를 깨닫지 못하는 어리석음에서 먼저 벗어나야 합니다.

무려 10만 종이 넘는 프랑스의 종교와 영성의 전 분야에서 출간과 동시에 베스트셀러 1위로 선정된 이 책은 지금까지도 선두를 고수하고 있습니다. 화제를 불러일으킨 이 책을 번역하면서 역자는 큰 감동을 느꼈습니다. 이전의 신앙서에서는 접할 수 없었던 객관적 연구의 깊이와 지적 호기심을 뛰어넘어 진실을 밝혀가는 저자의 진정성을 느꼈기 때문입니다. 역사적 사실을 바탕으로 한 이 책의 구체적·객관적 연구를 토대로 독자들은 신이 된 예수의 정통성을 추론하는 영적 탐색을 즐길 수 있을 것입니다.

2010년 9월
옮긴이 강 만 원

프롤로그

＊

"너희는 나를 누구라 하느냐?"

예수가 죽고 거의 2천 년이 지났지만, 그가 제자들에게 던졌던 이 질문은 지금까지 분명한 답을 얻지 못하고 있다. 답을 얻기는 커녕 수세기가 흐르면서 이 질문에 대한 수많은 답변들이 오히려 그의 정체성을 점점 두꺼운 베일로 가리고 있을 뿐이다. 예수는 누구인가? 선지자인가? 신의 계시를 받은 카리스마인가? 정신적 스승인가? 유대인들이 오랫동안 기다려온 메시아인가? 신적 원리의 표현인가? 신의 사명을 받았다고 스스로 주장하는 미치광이인가? 현인인가? 신의 강생인가?

예수의 삶과 그의 메시지에 깊은 감동을 받았든, 아니면 서른여섯[1]이 채 안 되는 젊은 나이에 십자가에 매달려 죽은 그가 세상의 역사에 남긴 범상치 않은 충격에 단순히 호기심을 느낀 것이든 많은 사람들의 관심을 집중시킨 이 질문은 매우 중요한 의미를 지니고 있다. 종교사학자들이 그들의 전문적 연구 분야가 아니면서도 이 질문을 소홀히 하지 않고 끊임없이 매달리는 데는 분명한 이유가 있기 때문이다. 위대하거나 신비한 현인으로 나타난 예수는 그의 진정한 정체성에 대해 깊은 의혹을 남긴 역사의 유일한 인물이다. 모세나 공자, 붓다나 소크라테스 또는 마호메트의 경우에는 어디를 뒤져보아도 그들의 본성에 대해 육적 존재로서 사람들과 다르게 표현된 바 없다. 현인이나 선지자처럼 여겨진다 해도 그들은 모두 인간적 존재이기 때문이다. 그들과 함께 지낸 제자들조차 스승의 본성에 대해 모호하게 느껴지는 어떤 말도 입에 올린 적이 없다. 오직 예수만이 예외다. 예수는 그들과 달리 간단히 파악되지 않는 이중성을 지닌 특별한 존재로 등장한다.

이 주제에 대해 기록한 초기의 증언들, 즉 공관복음과 바울의 서신들은 예수가 사람인 동시에 사람의 본성을 넘어서는, 신과 특별한 관계를 지닌 초월적 존재라는 사실을 밝히고 있다. 예수와 신의 이상한 관계는 그를 인류의 역사에서 따로 떨어진 별개의 존재로 만든다. 그 서적들은 예외 없이 예수가 죽은 자 가운데서 다시 살아난 것을 그의 제자들이 직접 보았다고 말하고 있다. 그것

---

1. 일반적으로 알려진 서른셋의 나이에 대해 저자는 연대기의 오류를 밝히며 대략 서른여섯으로 정정한다. _역자

은 전혀 예기치 않은 스승의 비극적 죽음으로 인해 서서히 사그라지는 그들의 신앙을 새롭게 되살리고 다시 굳게 다지는, 사실 '믿을 수 없는' 사건이었다. 그것이 사실이든 거짓이든 그런 증언은 모든 종교 역사에서 유일하게 여기에서만 나타나고 있다. 어떤 종교의 창시자나 어떤 위대한 정신적 스승도 죽은 자 가운데서 다시 살아났고, 40일 동안 제자들에게 나타났으며, 육적인 몸(그는 음식을 먹었고, 사람들은 그의 상처를 만져보았다)과 동시에 초월적인 몸(그는 유령처럼 닫혀 있던 문을 통과했다)을 지니고 있었다는 증언을 어디에서도 찾아볼 수 없다.

곧 알게 되겠지만, 예수와 관계된 기록들을 살펴보면 그는 자신의 정체성에 대해 매우 모호하게 말한다. 질문에 집착하는 고발자들에게 예수는 분명하게 대답하기를 거부한다. 예루살렘의 대제사장은 "네가 정말 하나님의 아들이신 그리스도냐?"고 물었다. 로마의 총독 본디오 빌라도 또한 "네가 정말 유대인의 왕이냐?"고 물었다. 예수는 그들의 질문에 모호하게 "네가 그렇게 말하고 있느니라."라고 대답한다. 예수는 머잖아 자신이 받을 선고를 알면서도 마치 수수께끼처럼 말하고 있다. 자기에 대해 말할 때 언제든지 다르게 해석할 수 있는 호칭들, 즉 '신의 아들'과 '사람의 아들'[2]을 상기시키며 '신'이 '보낸 자'의 지위를 스스럼없이 누리고 있다. 그리고 그 신에 대해 거침없이 '아버지'라고 부르며 특별한 친밀감을 드러낸다.

---

2. 한글 성경(개역 개정판)에는 '사람의 아들' 대신 인자人子로 번역되었다. _역자

그러나 예수는 한 번도 신과 동격이 되려고 하지 않았다. 그는 신으로부터 오고, 그의 출생은 신비하게 이루어지며, 그가 죽은 자 가운데서 다시 살아났다고 기록하고 있으면서도 초기에 기록된 증언들을 보면 그가 죽고 나서 수십 년이 지나기까지 정작 예수의 신성神性을 주장하지 않는다. 예수의 신성을 들으려면 2세기 초까지, 그리고 예수가 신의 강생으로 기록되는 「요한복음」이 나오기까지 오랜 시간을 기다려야 한다. 그때 예수는 단지 아버지의 사랑을 받는 아들이거나 신이 보낸 자 또는 메시아가 아니라 그 자신이 신으로 자리잡고 있다. 제4복음서[3](「요한복음」 : 역자)의 저자는 서론에 "태초에 말씀이 계시니라 이 말씀이 하나님과 함께 계셨으니 이 말씀은 곧 하나님이시니라 (…) 말씀이 육신이 되어 우리 가운데 거하시매"라고 기록하고 있다. 이렇게 인간-신의 생소한 이론이 생겨나게 되는 것이다.

그러한 주장은 인간의 이성뿐 아니라 유대인의 신앙과 격렬하게 부딪치며 새로 태동하는 기독교에 거센 논쟁을 불러일으킨다. 어떻게 신이 초월적인 위상을 던져버리고 인간의 몸으로 강생할 수 있는가? 신이 어떻게 인간처럼 고통을 겪고 또한 죽을 수 있는가? 예수의 한 인격 안에서 어떻게 신성神性과 인성人性이 함께 공

---

3. 동일한 주어 또는 명사를 반복하지 않으려는 저자의 의도 때문에 본서를 읽다보면 자칫 다른 인물 또는 다른 대상을 지칭하는 것(예를 들면, 본문처럼 「요한복음」과 제4복음서의 경우 또는 예수와 갈릴리인 등)으로 오해할 수 있다. 역자는 독자들이 혼동을 일으키지 않도록 괄호를 사용해 간단하게 설명하며, 이후 굳이 역자를 표기하지 않기로 한다. _역자

존할 수 있는가? 예수가 진정 신이라면 그는 아버지에 대해 어떻게 유일한 신이라고 말할 수 있는가? 신성을 지닌 인격이 여럿 존재하는 것인가? 만약 그렇다면 우리는 어떻게 일신교—神教의 근거가 되는 단일신론을 옳다고 말할 수 있는가?

알렉산드리아의 유대인 필론에 이어 기독교 사상가들은 이런 역설을 해결하고 예수의 정체성을 더 잘 이해하고 형식화하기 위해 그리스 철학의 '범주 개념'을 적용한다. 모든 신학적 교범들은 2세기와 3세기를 거치면서 그에 따라 골격이 세워진다. 다양한 정의定意가 넘쳐나고, 기독교 사상의 각 종파들(알렉산드리아, 안디옥, 콘스탄티노플, 로마)은 예수의 신비한 정체성을 나름대로 정형화하려고 다양하게 시도한다. 의식이 뜨겁게 달아오르고 숱한 배척과 파문을 부르며 격렬한 논쟁이 벌어진다.

다신교에 매달렸던 로마 권력의 심한 박해를 받은 그리스도인은, 비록 소수였지만 그들의 신앙을 분명히 표현하기 위한 논쟁을 결코 멈추지 않았다. 4세기 초에 예기치 않은 사건, 즉 콘스탄티누스 황제가 그리스도인에 대한 박해를 중단하라고 전격적으로 명령하면서 극적 반전이 일어난다. 황제는 더 나아가 이 종교가 로마 사회의 뿌리 깊은 부패와 맞서 싸울 수 있을 만큼 고결하다고 판단하고는 기독교의 지지 아래 제국을 통일시키기로 결정한다.

그러나 황제는 예수의 정체성에 대한 그리스도인의 분열이 자신의 계획을 망칠 수 있다는 사실을 이내 깨닫는다. 예수의 정체성이라는 근본적 문제에 대해 제자들 사이에서 먼저 의견이 일치해야만 했다. 황제가 325년 니케아[4]에서 공회를 소집한 것은 이처럼 분명한 정치적 이유가 있었기 때문이다. 황제는 자신의 광대한 제국에 살고 있는, 심지어 자신의 영토를 벗어나 전 세계에 흩어져 살고 있는 기독교의 중심인물들을 니케아에 불러모았다. 그는 2세기 전부터 그리스도인을 분열시킨 본질적 문제에 대해 깊이 있는 토론을 통해서 일치된 이론을 만들라고 요구한다. 그것은 '예수는 누구인가?'라는 정체성에 대한 문제, 즉 예수가 신의 선택을 받아 신의 서열에 오른 한 인간인가, 아니면 인간의 모습을 지닌 신 그 자체인가 하는 문제였다.

그러나 여전히 1세기 이상의 토론과 격렬한 논쟁의 시간, 세 번의 새로운 공회, 그리고 무엇보다 콘스탄티누스 황제가 보여준 단호한 의지가 그의 뒤를 이은 후계자들에게도 필요했다. 그것은 기독교 신학자들로 하여금 반드시 의견의 일치를 이루게 하려는 계산된 의지였다. 그러고 나서야 마침내 전체를 지배하는 다수가 형성되어 하나의 일치된 합의가 이루어지고 기독교의 근본 교리를 세우게 되는데, 그것이 바로 삼위일체론이다. 이 삼위일체론을 통해 신은 하나인 동시에 '성부', '성자', '성령'의 셋이 되는 것이다.

그로 말미암아 마침내 성자(또는 '로고스')는 신과 인간으로서 이중의 본성을 지니며, 예수는 신의 로고스가 강생降生한 신적 존재로서 '완전한 신'인 동시에 '완전한 인간'이 되는 것이다. 그때부터 예수는 성부와 동일한 본질ousia을 지녔으며, 창조된 존재가

---

4. 그때까지 지역별로 이루어진 지역 공회를 넘어서서 동방과 서방 전체를 아우르며 전 세계의 기독교 지도자들이 모인 최초의 공회가 니케아에서 열린다. _역자

아니라 태어난 존재[5]로 인정된다. 이처럼 복잡한 신학적 교리가 마침내 기독교 신앙의 근본이 되고, 나중에는 가톨릭이든 정교회 正敎會든 개신교든 상관없이 모든 교파가 인정하는 공동의 교리가 된다. 그럼에도 불구하고 다른 교리 형식들이 모두 사라진 것은 아니다. 그것들은 공회에 의해 일방적으로 정해진 교리에 대해 의견을 달리하는 '분리된' 교회들을 태동시켰으며, 지금도 여전히 아르메니아와 인도, 에티오피아, 이라크, 시리아, 이집트에 존속하고 있다. 이처럼 소수의 기독교 종파는 고대 기독교의 다른 개념을 그대로 수용한 생생한 증인으로 남아 있으며, 그들은 예수의 심오한 정체성에 대해 커다란 의문을 품고 있다. 만약 로마 황제들의 단호한 의지가 없었다면 기독교는 분명 복수複數로 남아 있었을 것이며, 예수의 정체성에 대한 다양한 가능성이 공존하고 있었을 것이다.

콘스탄티누스 황제와 그의 후계자들은 진정으로 기독교를 위해 제국의 공식 종교로 세우고, 또한 숱한 희생을 치르면서까지 교리의 일치를 원했는가? 이 질문에 정확하게 대답하기는 매우 어렵다. 그들은 그리스도인을 일정한 신앙의 토대 위에 일치시켜 통합된 사회에 정치적 영향력과 종교적 힘을 행사하면서 이를 바

---

5. 창조된 존재는 피조물이고 창조주와 다른 새로운 종種을 의미하는 반면 태어난 존재는 같은 종을 의미한다. 이를테면 사람은 다른 종인 조물주에 의해 창조되며, 같은 종인 부모에 의해 태어난다. 예수가 창조되지 않고 태어난 존재라는 말은 예수가 피조물로 창조된 인간이 아니라 신에게서 태어난 같은 본질이라는 주장으로 신학적으로 매우 중요한 의미를 지닌다. _역자

탕으로 로마제국의 통합을 꿈꾸고 있었다. 동시에 그들은 교회 안에 '하나의 유일한 종교 개념만 받아들일 수 있다'는 배척의 씨앗을 뿌리고 있었으며, 자신들이 선호하는 권력의 취향(신앙이 다스리는 사회)과 머잖아 극적 결과를 겪게 되는 두 법령을 교회에 끌어들인다. 이로써 유대인과 이교도에 이어 이단자들에 대한 가혹한 박해, 그리고 마치 늘임표를 붙이듯 중세와 같은 종교재판을 시행한다. 그리고 교회의 지지 아래 사회 통합을 유지시키기 위해 종교적으로 의견이 다른 분리주의자들을 재판하고, 심지어 불에 태워 죽이기까지 한다.

그런 행위는 분명 정치와 종교의 분리를 주장하고 비폭력과 이웃 사랑을 설교한 예수의 메시지와 완전히 모순된다. 과연 콘스탄티누스 황제가 기독교 발전에 끼친 결정적 역할 때문에 많은 교황들이 호칭한 대로 그를 '열세 번째 사도'라고 불러야 하는가? 아니면 갓 태동한 기독교의 본질적 영혼을 잃게 만든 새로운 '유다(가룟 유다)'라고 해야 하는가?

수세기에 걸쳐 초기 기독교 역사가 진행되면서 예수의 정체성에 대한 질문은 한편으로는 기독교의 발전을 가능하게 한 원동력이 된다. 그것은 매우 복잡하지만 동시에 기독교 신앙의 본질을 이해하도록 이끌 뿐 아니라 보편 종교로서 기독교가 태동하는 과정에 대해 정치적이고 지적인 목적을 파악할 수 있게 이끌기 때문이다. 이는 확신에 찬 신자들로 구성된 작은 집단이 일으키는 실로 놀라운 역사이다. 다수의 지적인 엘리트 집단에게 짓눌리고 무시당하는 하찮은 종파의 위상에서 불과 수십 년 만에 마침내 로마 제국의 중심 종교로 변신하는 기적 같은 사건이다. 그들은 마침내 예수 신앙에 근거하는 새로운 문명을 일으키며 고대의 지적 유산을 흡수하고 재편한다.

그 이야기는 이 책의 3부를 구성하는 3막을 통해 진행된다.

1막 : 1세기. 예수의 삶과 죽음을 주제로, 처음에는 유대인으로만 구성되었다가 나중에 이교도에서 개종한 이방의 그리스도인으로 이루어진 초대 교회의 태동을 서술한다. 예수는 인류를 구원하기 위해 유일한 신이 보낸 '특별한' 인간으로 나타난다.

2막 : 2세기와 3세기. 예루살렘 성전이 무너지고 유대인과 그리스도인 사이에 단절이 일어난다. 기독교는 제국 전체에 전파되며, 신학자들은 예수의 심오한 정체성에 대해 근본적인 의문을 던진다. 그는 도대체 인간인가, 아니면 신인가? 그리스도인은 심하게 멸시당하고 처절하게 박해당하는 표적이 된다.

3막 : 4세기와 5세기 초반부. 기독교는 제국의 공식 종교가 되어 황제들의 비호를 받으며 일치된 교리를 세우려고 끈질기게 시도한다. 몇 차례의 범세계적인 대공회가 교리를 다듬고 이단자들을 처단한다. 기독교의 신앙과 율법의 민

감한 문제를 다루기 위해 서기 50년경 예루살렘에서 첫
공회가 열리고, 이후 칼케돈 공회에서 삼위일체에 대한
기독교의 중심 교리가 수립되기까지 4세기가 흐른다. 4
세기에 걸쳐 깊이 있는 토론과 교리의 해석에 대한 격렬
한 논쟁, 그리고 신앙의 시험과 더불어 성숙이 뒤따른다.
4세기는 기독교를 연단시키는 동시에 청빈하고 자비로우
며 박해받는 한편 다른 종파들을 무자비하게 박해하는 기
독교의 여러 모습을 새겨주었으며, 이 책의 서술을 통해
우리는 그 모든 모습을 보게 될 것이다. 서양 문화에 대한
기독교의 절대적 영향력을 고려한다면 4세기는 분명 세
상을 변화시킨 격동의 시기였다.

  3막으로 구성된 이 책의 이야기를 마치고 난 뒤, 나는 더 개인
적인 관점에서 이 책의 후기로 돌아가고자 한다. 예수는 누구인
가? 더 이상 옛날처럼 치열한 논쟁을 불러일으키지 않더라도 이
질문은 변함없이 시사성을 지니며, 그리스도인이든 아니든 현대
인의 의식에도 여전히 근본적인 문제를 제기하고 있다.
  나는 이미 2007년에 예수에 관한 책 『철학자 예수』를 출간한 바
있다. 그 당시 나의 관심은 복음서들의 윤리적 메시지, 즉 모든 사
람의 동등한 존엄성, 정의와 분배, 비폭력, 집단 내에서 개인의 해
방과 남자로부터 여자의 해방, 선택의 자유, 정치와 종교의 분리,
인류애 같은 메시지가 현대의 인본주의에 미치는 영향을 밝히려
는 것이었다. 복음서의 메시지가 매우 분명한데도 교회 제도는 대

부분 그 원칙들을 지키지 못하고 있기 때문이다. 철학적이며 도덕적인 범주를 특히 중시하면서 나는 의도적으로 예수의 정체성에 대한 질문과 신과의 특별한 관계를 뒤로 미뤄두었다.

수많은 독자들이 편지를 보내왔고, 그들은 윤리적 문제도 결국 기독교 신앙의 중심 주제에서 비롯되는 것이 아니냐며 매우 정당한 질문을 던졌다. 그 질문은 사실 스물다섯 살 이후 나의 신앙에서 본질적 문제가 되었으며, 나는 이에 대해 다른 책에서 좀 더 중점적으로 다루기를 바랐다. 마침내 이 책에서 그 바람이 이루어졌다.

1부

예수는
누구인가?

근원

예수의 정체성에 대한 질문에 들어가기에 앞서 주제에 익숙하지 않은 독자들을 고려해 먼저 다양한 근원을 살펴보는 게 좋을 듯하다. 우리는 예수의 존재와 그의 메시지에 대해 어떻게 생각하는가?

먼저 기독교 외부의 출처를 통해, 그리고 스웨톤의 저서를 포함한 고전 작가들의 증언을 통해 알아본다. 2세기 초에 스웨톤은 『클로드의 인생』이라는 저서를 통해 황제가 49년(또는 41년)경 로마에서 유대인들을 쫓아낸 사실을 밝힌다. 이유는 유대인들이 '크레토스(그리스도)의 영향을 받아 끊임없이 소요를 일으키기' 때문이었다고 말한다. 그렇다면 그리스도를 믿는 사람들이 그 당시 로마에 이미 존재했다는 증거이며, 그것은 플리니우스 총독이 111

~112년 트라야누스 황제에게 보낸 편지를 통해서도 거듭 확인된다. 총독은 "마치 신에게 하듯 그리스도를 찬양하고 경배하는" 그리스도인들 앞에서 당황스러움을 토로하며, 자신이 그들에게 어떤 태도를 취해야 하는지에 대해 군주에게 묻고 있다. 120년경 로마의 사학자 타시투스는 이렇게 밝히고 있다.

"파렴치한 행동으로 말미암아 미움을 받는 사람들이 로마에 거주하고 있으며, 군중들은 그들을 그리스도인이라고 부른다. 그 호칭은 티베리우스 황제 치하에서 총독 본디오 빌라도가 이미 극형에 처한 '그리스도'에서 비롯되었다."

고전적인 문서 외에 유대인 공동체에서 흘러나온 여러 문서도 예수의 존재를 확인하고 있다. 1세기 말 유대 사학자 플라비우스 요셉은 '그리스도라 불리는 예수의 형제 야고보'가 62년에 투석형에 처해졌다고 기록하고 있으며, 『유대 고대사』에서는 이렇게 덧붙인다.

"현인賢人이고 (…) 기적을 행사하는 사람이며, 진리를 존중하는 사람들의 스승이다. 그는 수많은 유대인과 그리스인들을 이끌고 있다. 그리고 빌라도가 (…) 그를 처형했지만, 그를 사랑하는 사람들의 발걸음이 지금까지 멈추지 않고 있다. (…) 그리스도인들은 사라지지 않았다."

또한 예수에 관한 두 단어가 바벨론의 『탈무드』에 등장하는데, 그를 일컬어 이스라엘을 '혼란케 하고', '기적을 행사하는 사람'이라 말하고 있다.

그러나 가장 본질적인 자료는 『신약성경』의 매우 오래된 텍스트들이며, 그것은 예수와 같은 시대의 사람들이거나 그를 눈으로 직접 본 증인들, 아니면 시간상 멀리 떨어지지 않은 사람들의 작품이다. '신약'을 이루는 스물일곱 권의 책은 예수가 죽고 나서 대략 20년이 지난 시점인 40년대 말부터 시작해 120년대까지 점진적으로 기록되었다. 그중 예수에 대한 첫 번째 텍스트로서 바울 사도가 작성한 편지와 네 권의 복음서는 갈릴리인[6]을 위해 매우 소중한 정보원이 된다.

그럼에도 불구하고 바울은 예수의 생전에 그를 직접 만난 적이 없기 때문에 어떤 저술에서도 기독교 태동의 권위 있는 증인으로 인정받지 못한다. 바울은 지금의 터키에 있는 다소에서 새로운 시대(서기)가 시작될 무렵 태어났으며, 그의 본명은 사울이었다. 로마 시민권의 특혜를 받는 부유한 유대 상인 가정에서 태어난 바울은 디아스포라[7] 안에서 성장하며 고전문학과 토라[8]를 잘 알고 있

---

6. 예수가 공생애를 살았던 사역의 중심지가 갈릴리였고, 그의 고향 나사렛이 갈릴리에 있기 때문에 성경은 그를 종종 갈릴리인이라고 부른다. _역자
7. 이스라엘을 떠나 해외에서 살고 있는 유대인 공동체 _저자
8. 유대 성서의 처음 다섯 권, 즉 '모세오경'을 토라라고 부른다. 이 책들은 천지 창조에서부터 모세가 죽을 때까지 인류와 유대 민족의 역사를 이야기한다. 그 안에는 「창세기」, 「출애굽기」, 「레위기」, 「민수기」, 「신명기」가 있다. _저자

었고, 히브리어와 그리스어에도 능통했다. 매우 독실한 바리새인[9] 가정에서 성장한 바울은 처음에는 예수의 제자들에게 극도의 반감을 드러냈고, 그들과 쉬지 않고 싸움을 벌였다. 그러나 그것은 자신에게 다가오는 예기치 않은 운명의 반전을 미처 깨닫지 못해 한 일이었다.

예루살렘 대제사장의 명령을 받고 예수의 제자들을 붙잡기 위해 다메섹으로 떠났던 바울은 놀라운 환상에 사로잡힌다. 부활한 그리스도의 환상이었는데, 예수는 그에게 "사울아 사울아 너는 왜 나를 핍박하느냐?" 하고 물었다. 이는 예수가 죽은 지 이미 6년이 지난 서기 36년경에 일어난 기적 같은 사건이다. 이 사건은 완강한 바울을 말 그대로 근본부터 완전히 뒤흔들어놓았다. 그는 깜짝 놀라 타고 있던 말에서 떨어져 땅바닥으로 고꾸라졌다. 이 사건은 그때부터 변함없는 확신으로 바울의 마음에 깊이 새겨진다. 바울에게 이제 예수는 유대인들이 그토록 기다리던, 유대의 성서가 말하는 분명한 메시아다. 막 태동하는 기독교의 격렬한 박해자였던 바울은 그때부터 열정적인 동역자가 되어 소아시아에서 지중해를 쉬지 않고 넘나들며 온갖 위험을 무릅쓰고 그리스도를 전파한다. 그리고 68년 로마에서 기꺼이 순교한다.

바울은 '사도서한'이라고 일컫는 여러 편지들의 저자이며, 이는

---

9. 예수가 살았던 시대에 유대교는 하나로 통일된 조직이 아니라 토라와 성전에 대해 해석을 달리하는 많은 종파로 이루어졌다. 바리새인들은 바리새파, 에세네파, 사두개파, 젤로트 당원, 세례파 등 여러 유대인 집단 가운데 하나의 특정 종파를 이루고 있었다. _저자

모든 신앙 공동체을 위해 기록한 산문 형식의 저술이다. 역사학자
들은 바울의 편지에서 진정한 서신들, 즉 50년대부터 시작되고
그가 직접 작성한 서신들(「데살로니가전서」, 「갈라디아서」, 「빌립보
서」, 「빌레몬서」, 「고린도전서」, 「고린도후서」, 「로마서」)과 그가 직접
작성하지 않은 것으로 보이지만 그의 권위 아래 기록된 서신들
(「데살로니가후서」, 「에베소서」, 「골로새서」, 「디도서」, 「디모데전서」,
「디모데후서」, 「히브리서」)을 따로 구분한다.

　　바울의 서신들은 예수의 메시지를 이해하는 데 매우 중요한 자
료가 되지만, 스승의 삶을 조명하는 정보는 거의 제공하지 않는
다. 이미 구전으로 활발히 전해지고 있으며, 모두가 알고 있는 사
건들을 다시 상기하는 것은 별로 의미가 없다고 판단했던 것 같
다. 다행히 몇 년이 지난 뒤 복음서 저자들은 예수의 삶에서 중요
한 일화들을 서면으로 기록했으며, 그것들은 나사렛[10]인과 가까
이 지낸 사람들이 그를 어떻게 인식했는가를 밝히는 핵심적 증언
이 된다.

　　가장 오래된 복음서는 「마가복음」이다. 교회의 전승에 따라 이
텍스트의 저자로 인정받는 마가는 사실 사도가 아니라 베드로의
제자였다. 60년대 후반기에 기록된 예수의 '자서전'인 「마가복음」
에서 저자는 베드로의 대변인으로 자처한다. 매우 간략하면서도

---

10. 예수가 태어난 장소에 대해서는 베들레헴과 나사렛으로 주장이 갈리지만, 어쨌
　　든 나사렛은 예수가 공생애를 시작하기 전 인생의 대부분을 살았던 고향이므로
　　성경은 예수를 종종 '나사렛 예수' 또는 '나사렛인'으로 부른다. _역자

역사적 사실에 가장 가까운 저서인 「마가복음」은 로마에서 기록된 듯하며, 조금 거칠고 꾸밈없는 문체로 씌어 있다. 또한 이 책은 다른 복음서에 비해 초자연적 내용에는 많은 비중을 두지 않았다. 「마가복음」은 이교도 출신의 그리스도인을 위해 기록했으며, 저자는 유대교 관습에 대해 분명한 의견을 밝히려는 의도를 드러낸다. 또한 「마가복음」은 시작부터 단번에 예수 그리스도를 '하나님의 아들'로 소개한다.

"하나님의 아들 예수 그리스도의 복음의 시작이라"

「마가복음」 1장 1절

마가는 예수의 말과 치유, 그의 고난 및 최고의 기적인 부활과 함께 다른 기적들을 기록하면서 전대미문의 예수가 신[11]과 분명한 친자 관계를 맺고 있다고 주장한다. 반면 예수의 출생에 대해서는 완전히 침묵하는데, 그에 대해서는 나중에 마태와 누가의 복음서에서 자세히 다루어진다.

80년경 시리아에서 집필된 「마태복음」은 나중에 사도가 되는 한 세리(징세청구인)의 권위 아래 기록되었으나, 실제로 누가 썼는지는 분명히 밝혀지지 않았다. 분명한 것은 섬세하면서도 운율을

---

11. 여기에서 말하는 '신'은 유일신인 고유명사 여호와 하나님, 즉 구약과 신약을 일관하는 하나님(하느님)으로서 성경에 기록된 전지전능의 하나님이다. 이방의 신들 가운데 하나인 보통명사의 신과 명백하게 구별된다. _역자

잘 갖춘 이 텍스트가 그리스어[12]를 완벽하게 구사하는 한 유대 출신 저자의 작품이라는 사실이다. 저자는 유대인의 회당에서 그리스도인이라는 이유로 고통받기 시작하는 유대 그리스도인들의 근심을 반영하고 있다. (예수가 실제로 유대인이고 그의 초기 제자들도 유대인이라는 사실을 잊지 말아야 한다.) 따라서 그의 집필 목적은 예수가 유대인과 무관하지 않다는 사실을 전하면서 예수가 구약의 예언을 이루고 히브리 민족과 맺었던 언약을 완성했음을 증명하는 데 있다.

「마태복음」과 거의 같은 시기에 집필된 「누가복음」은 이교도 출신의 그리스도인을 위해 기록되었다. 전승은 '사랑받는 의사' 누가를 복음서의 저자로 인정한다.「골로새서」4장 14절 누가는 바울의 제자였으며, 시리아의 안디옥 출신으로 그리스 문화에 뛰어난 교양을 갖춘 인물이었다(그가 복음서를 쓴 곳도 아마 그리스일 것이다). 그는 기독교의 첫 사학자로 자주 소개되며, 또한 초대교회의 태동과 발전을 매우 구체적으로 기록한 「사도행전」의 저자이기도 하다. 명시적인 문체를 사용한 누가는 다른 복음서 저자들과 뚜렷이 구별된다. 그는 예수의 삶과 가계家系의 뿌리를 자세히 기록하면서 출생에서부터 시작해 죽음, 마침내 부활에 이르기까지 빠짐없이 기록했다. 누가가 복음서를 저술한 최종 목적은 예수가 바로 유대의 성서에서 말하는 메시아일지라도 그의 진정한 역할 반경

---

12. 성경은 당시의 그리스인과 그리스어를 헬라인과 헬라어로 번역했으나 이 책의 저자는 현대적 의미로 그리스어와 그리스인으로 표현하고 있다. _역자

은 유대인을 넘어서서 보편적이라는 것을 밝히려는 데 있다. 즉, 누가는 구원이 유대인뿐 아니라 이방인에게도 차별 없이 주어진다는 점을 강조하고 있다.

마가, 마태, 누가의 세 복음서들을 '공관복음(서)'(그리스어 시놉시스synopsis는 총체적 관점 또는 같은 관점을 의미한다)라 부른다는 사실을 주목해야 한다. 공관복음서들은 서술 형식이 대체로 같기 때문에 그것들을 병행하는 세 개의 기둥으로 배열하면서 서로의 유사성과 상이성을 비교해볼 수 있다.

형식뿐 아니라 메시지에서도 공관복음과 뚜렷이 구별되는 제4복음서로 「요한복음」이 있다. 다른 복음서들에 비해 훨씬 뒤늦은 서기 100년경에 집필된(그래서 나는 「요한복음」을 2부에서 다룬다) 이 복음서는 세베대의 아들인 요한 사도의 이름으로 기록되었으며, 많은 사람들은 복음서에 등장하는 '사랑하는 제자'와 요한을 동일 인물로 본다. 그러나 복음서의 실제 저자가 누구인지를 밝히는 것은 사실상 불가능하다.

어쨌든 시적인 문체로 작성된 이 복음서는 유대 출신의 한 그리스도인에 의해 기록되었으며, 저자는 예수에 대해 공관복음에서 전개된 것과는 다른 이미지를 부여했다. 어떤 일화는 삭제되고(예를 들면 '변형'[13]이나 광야에서 겪는 그리스도의 시험), 반면 다른 일화

---

13. 예수가 제자 베드로, 야고보, 요한과 함께 다볼 산 또는 헬몬 산이라고 전해지는 (학자에 따라 의견이 다르다) 산에 올라갔을 때 예수의 모습이 밝게 빛나며 변형된 사건을 말한다. _역자

는 첨가된다(가나의 혼례, 사마리아 여인과의 만남, 여러 번에 걸친 예루살렘 여행).「요한복음」에 그려진 예수의 모습은 기독교 신앙의 완만한 성장을 보여준다. 즉,「요한복음」에서 나사렛인(예수)은 처음으로 신과 동일시된다. 전승은 소아시아의 기독교 공동체에 보낸 세 통의 편지와 서기 100년경에 기록된「요한계시록」의 저자도 사도 요한으로 인정하고 있다. 일련의 상징적 환상들로 기록된「요한계시록」은 악의 권세를 물리치고 그리스도가 이룬 승리의 메시지를 전하면서 그 당시 고난을 당하던 그리스도인들을 위로하는 이야기로 구성되었다.

4세기 말 카르타고에 모인 기독교 공회에서 정통성을 인정받은 신약의 저서들에 덧붙여 '외경外經'이라고 말하는 기독교의 다른 저서가 있다. 외경에 대해서는 2세기와 3세기에 할당된 2부에서 자세하게 서술하기로 한다. 왜냐하면 외경에는 예수의 삶이 정경正經에 비해 어눌하게 기록되어 있지만, 네 권의 복음서가 집필된 후에 쓰여졌기 때문에 다가오는 세기의 신학적 논쟁을 이해하는 데 중요한 자료를 제공하기 때문이다.

우리가 확인한 대로 예수에 대한 자료들은 결코 부족하지 않다. 지금까지 우리에게 전해진 텍스트만 보아도 고대의 어떤 인물도 자신에 대해 이처럼 풍부한 저서를 보유했다고 자랑할 수 없을 것이다. 그럼에도 불구하고 가끔 객관성의 결여가 드러나기 때문에 이 저서들은 반드시 비평적 관점으로 다시 연구해야 한다. 일반적으로 초기 기독교에 근본적인 반감을 지닌 로마인이나 유대인의 출처든, 반대로 예수의 제자들에게서 유래하는 출처든 사정은 다르지 않다. 스승에게 매료된 제자들은 고의든 아니든 스승의 이야기를 미화시킬 가능성이 크기 때문이다. 그러나 비록 불완전한 부분이 있다 할지라도 이 자료들은 분명 예수의 존재를 확인시키고, 또한 예수의 위대한 공생애에 대해 무시할 수 없는 증거를 제시한다.

　그렇지만 과연 그것만으로 예수의 심오한 정체성을 단정지을 수 있는가? 바로 그 점에서 상황이 다시 뒤틀리는 것이다.

역설로 빚어진 인간

　예수는 누구인가? 이 질문에 서둘러 답하기 전에 예수와 동시대의 사람들이 그에 대해 어떻게 말했는지 먼저 살펴보면서 대답을 준비하는 것이 나을 듯하다. 그러기 위해서는 우선 가던 길을 우회해 초기 기독교의 가장 오래된 텍스트로 돌아가 바울의 서신과 세 권의 공관복음서를 알아야 한다.

　그런데 이 저서들은 예수의 정체성에 대해 매우 대조적인 관점을 보인다. 게다가 예수의 정체성을 밝히기도 전에 애써 예수를 정의하려고 시도한다. 이는 나사렛인이 완전한 사람[14]으로 나타나지만 동시에 매우 역설적 존재라는 중요한 사실을 간과하는 것이다.

평범한 남자

기원전 7년부터 4년 사이에 마리아는 남자아이를 낳고, 히브리어로 "여호와께서 구원하신다"는 뜻을 지닌 '여호수아'로 이름을 짓는다. 4세기에 디오니시우스 수도사는 예수(여호수아의 그리스식 이름)가 태어난 날을 잘못 계산해 결과적으로 예수의 연대기에 실수를 저질렀다. 예수는 수도사가 주장하는 것처럼 1년 또는 0년에 태어나지 않았고, 동지冬至라는 매우 상징적 날인 12월 25일에 태어나지도 않았다. 예수의 삶에서 정확한 연대기를 작성한다는 것은 사실상 불가능하다. 우리가 거의 확실하다고 믿는 사실은 예수가 그보다 조금 전, 다시 말해 기원전 4년(마태에 따르면 예수는 헤롯왕이 죽은 그해에 세상에 왔다) 또는 그보다 조금 전에 태어났으며, 30년경 유대인의 유월절 기간에 죽은 것이다. 따라서 예수가 죽을 때의 나이는 서른세 살이 아니라 서른다섯이나 서른여섯으로 정정해야 한다.

마찬가지로 태어난 장소에 대한 의혹도 제기된다. 복음서 저자 마태와 누가는 어린 아기가 베들레헴에서 태어났다고 말한다. 베들레헴은 기원전 10세기에 이스라엘의 황금 시대를 만들었던 다윗의 고향이다. 따라서 다윗의 고향 베들레헴을 내세워 은연중에

---

14. 예수를 정의하기 위해 흔히 사용하는 '완전한 사람'이라는 표현은 짝을 이루는 다른 정의, 즉 '완전한 신'과 병행하는 단어이다. 이는 도덕적으로나 철학적으로 흠이 없는 완벽한 사람을 뜻하는 것이 아니라 보통 사람들과 전적으로 똑같은, 즉 희로애락의 인간 정서가 있고 고통이 있는 육신을 입은 존재라는 뜻이다. _역자

예수의 출생을 찬양하려는 과장이 없지 않은 듯하다. 많은 역사학자들은 예수가 베들레헴이 아니라 나사렛에서 태어났을 가능성이 훨씬 크다고 말한다. 어쨌든 예수가 어린 시절과 청년 시절의 대부분을 보낸 곳이 나사렛이며, 그의 별명 나사렛인[15]은 바로 여기에서 비롯되었다.

나사렛은 갈릴리(이스라엘의 북부)에 위치하며, 지중해 연안과 티베리야드(디베랴) 호수 그리고 요단 강 사이에 자리잡고 있다. 그곳은 과일나무와 올리브나무가 곳곳에 심어져 있고 물줄기가 흘러들어 관개灌漑가 가능해 비옥하고 늘 푸른 도시로 사람이 살기에 좋은 지역이다. 예수가 살았던 시대에 이 지방은 이웃 유대와 달리 로마 황제의 직접적인 지배를 받지 않았다. 그러나 갈릴리가 그들의 왕(유대의 헤로디안 왕조)의 통치를 받았더라도 사실을 착각해서는 안 된다. 그는 로마 권력의 허수아비에 불과했을 뿐이기 때문이다.

교양 있는 유대 사람들의 눈에는 이 지방 사람들이 결코 좋게 보이지 않았다. 예수를 만나려고 찾아온 니고데모에게 바리새인은 냉정하게 "너도 갈릴리에서 왔느냐? 찾아보라! 갈릴리에서는 선지자가 나지 못하느니라."라고 말했다. 「요한복음」 7장 52절

또한 서기 70년경에 랍비 요하난 벤 자카이는 갈릴리 사람들에

---

15. 「마태복음」(2장 23절)은 '나사렛의'라는 형용사를 나사렛의 도시에 붙인다. 그러나 '나사렛인'이라는 낱말은 여전히 수수께끼로 남아 있다. 구약(「민수기」 6장 1~21절)에서 나실nazir은 구별된 사람, 즉 신에게 바쳐진 사람을 의미한다. 사사 삼손이 가장 두드러진 실례이다. 따라서 몇몇 주석가들은 예수가 혹시 나실인이 아닌지 의문을 제기한다. _저자

게 "갈릴리, 갈릴리, 너는 토라를 싫어하는도다." 하고 소리쳤다. 뒤늦게 유대교로 개종한 이 지방은 오랫동안 불경하다는 오명으로 얼룩져 있었다. 그러므로 그 당시의 종교 엘리트들이 예수를 무식하고 멸시받는 촌놈으로 여겼다는 것은 그리 놀라운 일이 아니다.

가난한 가정에서 자란 젊은 청년(예수)은 아버지 요셉이 가르쳐준 목공을 배워 목수가 된다. 한 회당에서 예수가 전하는 말을 듣고 있던 나사렛 주민은 놀라며 "이 사람은 마리아의 아들인 목수가 아니냐?"고 묻는다.「마가복음」6장 3절

생계를 위해 열심히 일했던 예수는 학교 의자에 앉아 많은 시간을 보낼 여유가 없었을 것이다. 그는 원주민 언어인 아람어를 사용했으며, 그리스어의 기초는 알고 있었겠지만 거의 사용하지 않은 듯하다. 예수는 이방인들이 많이 드나드는 지역에 살면서 자연스럽게 그리스어와 라틴어의 기초를 익힌다. 어쨌든 「누가복음」(4장 16~20절)에 나오는 대로 예수가 가버나움 회당의 많은 사람들 앞에서 「이사야서」 성경 구절을 읽었다는 일화는 많은 사람들의 주장과는 달리 그가 글을 읽을 줄 알았다는 반증이다.

모든 사람들과 마찬가지로, 특히 가족 관계가 친밀한 동양에서 나사렛인도 가족의 영향을 받으며 성장한다. 『신약성경』은 예수에게 적어도 여섯 명의 '형제들'이 있었다고 말한다. 네 명의 남자 형제인 야고보·요셉·유다·시몬이 있었으며, 여자 형제의 이름은 성경에 전혀 나타나지 않는다. 형제들에 대한 언급을 꼼꼼이 따져보면 마태와 누가 그리고 교회가 무슨 근거로 마리아의 처녀

성을 고집하는지 이해되지 않을 수도 있다.

이 정보에 대해서는 물론 다양한 해석이 가능하다. 어떤 사람들에게는 '형제들'이 요셉이 첫 결혼으로 얻은 아이들이 될 수 있다. 또 다른 사람들, 특히 자유주의 신학자들에게는 마리아와 요셉이 첫 아이를 낳은 뒤 나중에 생긴 아이들이 될 수 있다. 그렇다면 첫 아이의 동정녀 출산은 무리없이 받아들여지겠지만, 마리아가 일부에서 주장하는 것처럼 '영원한 동정녀'가 아니라는 말이 된다. 그런데 나는 형제를 의미하는 아람어나 히브리어가 사촌의 경우에도 통용된다는 사실을 내세우지 않는 것이 도무지 이해되지 않는다. 십자가의 고난을 겪고 새로이 태동하는 기독교 공동체 안에서 예수의 가족은 매우 중요한 역할을 맡는다.

나사렛인은 무엇을 닮았을까? 물론 예수의 외모를 뚜렷이 알 수는 없지만, 고대의 출처에 따르면 그는 지극히 평범한 모습으로 묘사되어 있다. 때로는 잘생긴 얼굴로 그려지고, 때로는 반감을 지닌 자들에 의해 게걸스럽고, 심지어 술을 좋아하는 사람으로 그려진다.「마태복음」11장 19절 고대의 축제를 상징하는 포도주와 고기를 좋아했던 것을 보면 예수는 매우 쾌활한 성격이었던 듯하다.

나사렛 예수가 십자가에서 죽은 때는 30년 4월 7일로 추정된다. 다른 사람들과 마찬가지로 예수도 자기에게 다가오는 고통스러운 죽음을 극도로 두려워했다. 처형당하기 전날 올리비아 산에 올라가 기도하면서 그는 "아버지여 만일 아버지의 뜻이거든 이 잔(예수의 죽음)을 내게서 옮기시옵소서" 하고 부르짖었다.「누가복음」22장 42절 그의 고통은 피가 맺혀 마침내 땀방울처럼 뚝뚝 흐를 정도로 처절했다.「누가복음」22장 44절 의사들이 혈한증이라고 부르는 이 현상은 실제로 존재하는 병리 현상으로 극심한 긴장에서 기인한다. 십자가에 매달린 예수는 절망에 빠져 소리친다. "나의 하나님, 나의 하나님, 어찌하여 나를 버리셨나이까?"「마태복음」27장 46절

예수는 당시에 노예나 강도를 죽일 때 사용하는 가장 치욕적인 방법으로 처형당한다. 극단의 모욕과 끔찍한 고통을 주는 십자가형! 몸은 완전히 발가벗겨진 채 마치 짐승이 널리듯 십자가의 틀에 힘없이 매달린다. 그런 죽음이 수많은 이교도들과 유대인들이 예수에게서 신성의 단편마저 찾기를 거부하는 이유를 부분적으로나마 설명하고 있다. 그들은 신이든 신의 아들이든 신성을 지닌 존재는 절대 죽지 않는다고 단정한다. 바울은 십자가에 매달린 예수의 초라한 모습은 간단히 말해서 "유대인에게는 거리끼는 것이요 이방인에게는 미련한 것"이라고 말한다.「고린도전서」1장 23절

독실한 유대인

사람들은 엄격히 말해 예수가 기독교의 창시자가 아니라는 사실을 이따금 잊어버리는 경향이 있다. 나사렛인은 분명 유대인이다. 유대교를 믿는 사람들과 마찬가지로 예수도「창세기」에 정해진 규정에 따라 할례를 받았다.

"너희 중 남자는 다 할례를 받으라 이것이 나(야훼)와 너희와 너

희 후손 사이에 지킬 내 언약이니라 너희는 포피를 베어라 이것이 나와 너희 사이의 언약의 표징이니라 너희의 대대로 모든 남자는 집에서 난 자나 또는 너희 자손이 아니라 이방 사람에게서 돈으로 산 자를 막론하고 난 지 팔 일 만에 할례를 받을 것이라"

「창세기」 17장 10~12절

또한 복음서 저자(누가)는 어린 예수가 받은 할례의 일화를 성경에 기록하고 있다.「누가복음」 2장 21절

독실한 유대인 예수는 일신교 신자로서 유일한 신, 토라의 신을 믿는다. 그런데 고대사회에서는 이 신앙을 너나없이 보편적으로 공유하지 않았으며, 유대인들은 다수의 신들을 숭배하는 그리스-로마 세계의 이교도들에게 경멸의 눈길을 보냈다. 일신교를 이해하지 못하는 많은 이교도들은 유대인들을 매우 이상하고 우스꽝스럽게 생각하면서도 뜻모를 호기심이 생기기 시작한다. 우리는 다신교 내부에서 다른 신들을 배제하고 유일한 신에게 특별히 호감을 나타내는 새로운 움직임을 주목한다. 게다가 신을 두려워하는 어떤 이교도들은 유대교를 바라보며 묘한 매력을 느낀다. 그들은 디아스포라의 회당에 드나들며 서서히 야훼(여호와)를 숭배하고 개종의 뜻을 키운다.

사실 예수도 이방인에게 눈길을 돌리고 있었지만, 복음서는 이 주제에 대해 매우 모순되는 태도를 보인다. 즉, 열두 제자를 파송하는 예수를 회상하며 유대인 마태는 "이방인의 길로도 가지 말고 사마리아인[16]의 고을에도 들어가지 말고 오히려 이스라엘 집의

잃어버린 양에게로 가라"고 기록했다.「마태복음」10장 5∼6절 반면 누가는 같은 사건을 인용하면서도 예수의 입을 통한 어떤 제한도 언급하지 않았다.

전체적으로 보면 예수는 율법이 요구하는 규정을 존중한다. 마태(9장 20절)는 예수가 치치라고 부르는 술장식이 달린 외투를 입었다고 말한다. 이는 「레위기」와 「신명기」가 정하는 복식 규정이므로 예수가 율법을 따랐다는 방증이 된다.

"여호와께서 모세에게 말씀하여 이르시되 이스라엘 자손에게 명령하여 대대로 그들의 옷단 귀에 술을 만들고 청색 끈을 그 귀의 술에 더하라 이 술은 너희가 보고 여호와의 계명을 준수하여"

「민수기」15장 37∼39절

마찬가지로 예수가 유대 식사법에 따라 음식을 먹는 일화도 소개된다.「누가복음」7장 36절 예수도 바리새인들처럼 부활을 믿으며, 서기 70년 성전이 붕괴되기까지 유대교의 심장이었던 예루살렘 성전을 자주 드나들었다. 기원전 10세기 솔로몬왕 때 세운 첫 성전이 바벨론의 느부갓네살왕에 의해 기원전 587년 파괴되었고, 기원전 538년에 다시 세워진 두 번째 성전은 예수가 태어나기 바로

---

16. 예수 시대의 사마리아 사람들은 유대인의 삶에서 본질적 장소인 예루살렘 성전의 권위를 인정하지 않았다. 그들은 오직 성문화된 율법(토라의 다섯 권)만 인정하고 구전된 율법(탈무드)을 경전으로 받아들이지 않는다. _저자

전인 헤롯왕 시대에 이르러 크고 아름답게 확장된다. 성전이 탐욕과 위선으로 더럽혀지는 데 격분한 예수는 성 안에서 분주히 오가며 소란을 피우는 상인들을 거칠게 쫓아낸다.「마가복음」11장 15~19절

나사렛 예수는 결코 새로운 종교를 창시하려고 하지 않았다. 유대의 뿌리에 충실한 그는 오히려 "내가 율법이나 선지자를 폐하러 온 줄로 생각하지 말라 폐하러 온 것이 아니요 완전하게 하려 함이라"고 단언한다.「마태복음」5장 17절

예수가 진정으로 원한 것은 유대인들에 의해 타락한 종교의 개혁이다. 다시 말해 유대교의 형식주의에 치우치면서 유대인들이 잃어버린 진정한 신앙을 되찾는 것이다. 결론적으로 구원은 모두에게 주어지지만, 구원의 특권은 분명 이스라엘 집의 잃어버린 양에게 먼저 주어지며, 예수는 먼저 유대인에게 복음을 전하려 했다.

예수가 전하는 중요한 메시지는 유대인의 오랜 전통에 고스란히 배어 있으며, 무엇보다 하나님 나라의 도래를 알리는 것이다. 또한 "천국이 아주 가까이 왔기" 때문에 이제 마음으로(표면적이 아니라) 개종하라고 설교한다.「마태복음」4장 17절

예수는 하나님이 세상을 변화시키고 왕국을 건설하기 위해 일하고 있다고 주장한다. 그런 유대교의 특성을 인정하면서 유대인들을 위해 진정으로 설교하지만, 정작 예수가 재판을 받을 때 유대교는 그와 정면으로 부딪치게 된다. 로마 황제를 대신해 그 지방을 다스리던 총독 본디오 빌라도는 '유대인의 왕'에 대해 조롱과 멸시를 감추지 않았다. 유대인의 신앙을 무시한 빌라도는 애써

이해하려 하지 않았고, 그의 눈에는 유대인들도 유대인의 왕이라는 예수도 괴상하기는 마찬가지였다.

분류되지 않는 인물

예수는 유대인이며, 그것은 의심의 여지 없는 명백한 사실이다. 그러나 우리가 나사렛인을 그 당시 유대교를 구성하던 많은 사조思潮 가운데 하나에 포함시키려는 순간 상황은 매우 복잡해진다. 그는 결코 분류되지 않는 인물이기 때문이다.

예수의 어떤 모습을 떼어 특별히 강조하면, 그는 성서에 대해 풍부한 지식을 지닌 바리새인들과 매우 가깝다. 실제로 그들과 더불어 이웃 사랑, 최후 심판, 특히 죽은 자들의 부활 같은 많은 생각을 공유하고 있다. 그러나 예수는 그들을 거침없이 '외식外飾하는 바리새인'이라고 말하고, 심지어 '독사의 새끼들'이라 불렀으며, 그들에게 불행과 고통을 예언한다.「마태복음」23장 예수의 눈에 바리새인들은 말하되 지키지 않고, 다만 지식을 자랑하기에 급급한 '외식하는 자들'이기 때문이다.

그는 오히려 도시에서 멀리 떨어져 쿰란에서 공동체 생활을 하는 고행자들인 에세네파[17]와 더욱 가까운 게 아닌가? 정결에 집

---

17. 바리새파, 사두개파, 세례파 등과 더불어 유대교의 한 종파를 이루며, 고행과 금욕주의를 내세우는 초기 기독교의 기원이 된다. _역자

착하는 에세네파의 삶과 생각은 사해에서 발견된 유명한 수사본 덕분에 우리에게 잘 알려졌다. 예수도 그들처럼 독신을 주창한다. 그리고 그들의 공동체처럼 예루살렘 성전에 대한 예수의 비판도 매우 신랄하다. 그러나 에세네파와 달리 갈릴리인은 비천한 사람들, 심지어 문둥병 환자나 창녀처럼 불결한 사람과도 가까이 지냈고, 성전을 자주 드나들었으며, 한곳에 머무르지 않고 도시와 지방을 쉴 새 없이 돌아다녔다.

어떤 사람들은 그에게서 유난히 세례파와 가까운 모습을 발견한다. 세례파의 가장 널리 알려진 지도자는 세례 요한[18]이며, 실제로 요한도 에세네파 공동체를 자주 찾았다. 어쨌든 나사렛인이 요한의 제자라는 것도 분명한 사실이다. 그는 요한에게 세례를 받았다. 예수도 세례파처럼 유대인의 대표적 의식인 피 흘리는 희생 제물을 부정한다. 그러나 예수는 그들의 행동에 대해 거리를 두며 이내 세례 의식을 포기한다.[19] 게다가 세례파는 금욕을 강조하므로 다른 종파와 구별되는데(마태는 세례 요한이 메뚜기와 석청만 먹었다고 말한다), 이에 반해 예수는 우리가 이미 아는 대로 먹고 마시는 것을 좋아했다.

따라서 세례파와 분명히 다른 예수는 예루살렘 성전과 산헤드린[20]을 지배하는 귀족 성직자들인 사두개파와는 더욱 거리가 멀

---

18. 세례 요한과 사도 요한은 동일 인물이 아니다. _역자
19. 예수가 세례 자체를 부정한 것은 아니다. 요한에게 세례를 받았듯이 그도 세례를 인정했지만 자신이 직접 세례를 베풀지는 않고 제자들이 맡았다. _역자

다. 예수는 사두개파의 보수주의를 비난하며, 더욱이 세상의 가난한 자들을 멸시하는 그들의 태도를 거세게 비난한다.

예수는 로마 점령군을 쉴 새 없이 공격하는 열렬한 민족주의자들인 시케르[21](나중에 젤로트라고 명명된다)와 가까운가? 어떤 사학자들은 그렇게 생각한 것 같다. 그들은 유다의 배신을 스승의 태도에 절망한 제자의 저항으로 해석한다. 스승인 예수가 로마 권력에 맞서 정치적인 행동을 하지 않는 데 대해 실망했다고 보기 때문이다. 실제로 예수는 로마에 대항해 싸우라고 하지 않았다. 오히려 그와는 반대로 유대인들에게 '가이사의 것은 가이사에게' 바치라고 하고, 로마 황제가 그들에게 부과한 세금을 내라고 말했다.「마태복음」 22장 21절 예수가 전하는 왕국은 세상에 속한 것이 아니다.「요한복음」 18장 36절 그의 말과 행동으로 볼 때 정치적 선동자와는 분명히 대척점에 위치한다.

예수는 이처럼 그를 분류하려는 어떤 시도에서도 벗어난다. 근본적으로 그를 가장 정확하게 특징지을 수 있는 것은 그가 모든 것에 대해서 그리고 전체에 대해서 지니는 근본적 자유다. 내 생각에는 바로 그 점에서 예수의 특징은 다른 무엇보다 혁명적 사고라 할 수 있다. 혁명주의자인 그는 실제로 토라에 대해 완전히 개인적인 해석을 내린다. 율법을 완성하기 위해 왔다고 말하면서도

---

20. 예루살렘에 위치하는 유대인의 최고 종교 의회이며, 사두개인들이 대제사장을 비롯한 종교 지도자가 된다. _역자
21. 라틴어 시카 *sica* 는 단검을 뜻한다. _저자

어떤 형식에 대해서는 분명히 거리를 둔다. 의식儀式적인 정결은 유대교에서는 매우 중요할지라도 예수의 입장으로 보면 마음으로부터 정결하려는 노력이 뒤따르지 않는다면 아무 쓸모 없는 짓이다.

"너희 바리새인은 지금 잔과 대접의 겉은 깨끗하나 너희 속에는 탐욕과 악독이 가득하도다 어리석은 자들아 겉을 만드신 이가 속도 만들지 아니하셨느냐"   「누가복음」 11장 39~40절

안식일에 대해서도 마찬가지다. 창조를 마치고 하나님이 안식을 취했듯이 사람들도 쉬어야 하고, 그것은 분명 십계명의 하나이다.「출애굽기」 20장 8~11절 그러나 예수는 바리새인들의 눈길을 아랑곳하지 않고 하루 종일 굶은 제자들에게 안식일에 상관없이 이삭을 베어 먹으라고 말하지 않았는가! 갈릴리인(예수)은 바리새들인의 어설픈 비난에 대해 "안식일이 사람을 위하여 있는 것이며, 사람이 안식일을 위하여 있는 것이 아니다"라고 매몰차게 꾸짖는다.「마가복음」 2장 27절

예루살렘 성전, 즉 백성들 가운데 신의 임재를 상징하는 이 장소에 대해서도 그는 거침없이 "너희는 강도의 소굴을 만들었도다" 하고 비난한다.「마가복음」 11장 17절 또한 암거래를 일삼는 성전의 장사꾼들과 환전상들을 심하게 꾸짖으며 거칠게 상을 엎어버리고는 마침내 성전의 붕괴를 예언한다.

"네가 이 큰 건물들을 보느냐 돌 하나도 돌 위에 남지 않고 다 무너뜨려지리라" 「마가복음」 13장 2절

그러나 예수는 보수주의에 반대하거나 무정부주의에 의지해 자유를 훔치려 하지는 않았다. 그의 자유는 말라버린 형식주의가 억지로 지키려고 발버둥치는 인위적 경건에 대한 전적인 거부를 의미한다. 그에게 율법은 내적인 변화가 뒤따를 때만 존재 이유가 있다. 예수는 한 율법학자가 요약한 말을 그대로 인용해 "이웃을 자기 자신과 같이 사랑하는 것이 전제로 드리는 모든 번제물과 기타 제물보다 낫다"고 말했다. 「마가복음」 12장 33절

사실 나사렛인은 어떤 면에서 보면 이웃 사랑을 지나치게 강조하는 이상주의자로 보인다. 그가 말하는 사랑은 가까운 사람들에게 주는 사랑일 뿐 아니라 더 가난하고 더 나약한 사람에게 베푸는 사랑이며, 나아가 원수까지 차별없이 사랑하는 것이다. 그 이유에 대해 "너희가 너희를 사랑하는 자를 사랑하면 무슨 상이 있으리요" 하고 단호하게 말했다. 「마태복음」 5장 46절

예수는 사람들에게 숨겨진 감정을 다스리고, 그것으로부터 집단적 변화에 이르라고 권한다.

"너희 아버지의 자비로우심같이 너희도 자비로운 자가 되라 비판하지 말라 그리하면 너희가 비판을 받지 않을 것이요 정죄하지 말라 그리하면 너희가 정죄를 받지 않을 것이요 용서하라 그리하면 너희가 용서를 받을 것이요 주라 그리하면 너희에게 줄

것이니" 「누가복음」6장 36~38절

그러나 우리는 평화와 사랑을 습관처럼 되뇌는 전형적인 이상주의자의 모습과 예수를 혼동하지 말아야 한다. 그가 하는 어떤 말에는 온유한 메시지에서 벗어나 심지어 폭력의 뉘앙스마저 담겨 있다. 즉, "내가 너희에게 평화를 주러 왔다고 생각하지 말라 아니라 검을 주러 왔노라"고 「마태복음」에 기록되었다. 또한 이 말은 누가에 의해서도 그대로 반복된다.

"내가 세상에 화평을 주러 온 줄로 아느냐 내가 너희에게 이르노니 아니라 도리어 분쟁하게 하려 함이로라" 「누가복음」12장 51절

때로는 근본적 선택을 해야 하는 힘겨운 결단을 요구한다.

"무릇 내게 오는 자가 자기 부모와 처자와 형제와 자매와 더욱이 자기 목숨까지 미워하지 아니하면 능히 내 제자가 되지 못하고"
「누가복음」14장 26절

이처럼 날선 말을 쏟아내면서 동시에 사랑을 전파하는 예수의 담화에 당혹스러워하는 것은 전혀 이상한 일이 아니다. 신약의 많은 일화를 보면 심지어 예수의 제자들조차 스승의 말을 제대로 이해하지 못하는 경우가 많았다. 예수는 "너희가 이 비유를 정녕 알지 못하느냐"고 묻기도 했다. 「마가복음」4장 13절

이렇게 역설적인 인물을 이해하기는 얼마나 어려운가! 예수의 말은 언제나 예사롭지 않은 능력과 행동을 동반하며, 그는 결국 분류할 수 없는 '전부'일 뿐이다.

비범한 인물

초기 기독교의 증언에서 '완전한' 인간의 모습으로 나타나지만 예수는 보통 사람들과는 전혀 다른 인물이다. 굳이 비범하다는 말을 쓰지 않는다 해도 예수는 무언가 말로 분명하게 정의할 수 없는 존재다. 그의 행동과 말은 동시대 사람들을 당황하게 했다. 그의 말이 지니는 권위와 그의 몸짓이 드러내는 힘은 도대체 어디서 나오는가?

지혜의 스승

어떤 사람들에게 예수는 지혜의 스승이다. 1세기 말의 유대 역사학자 플라비우스 요셉은 그를 소개할 때 '지혜로운 사람'과 '스승'이라는 수식어를 사용했다. 그의 모습은 히브리어로 뛰어난 현인을 가리키는 랍비rabbi의 형상을 닮았다. 유대의 율법 토라를 "다른 사람이 네게 하기 원치 않는 것을 너 또한 다른 사람에게 하지 말라"는 하나의 황금률로 요약한 헤롯왕 시대의 탁월한 바리새파 스승 힐렐처럼 예수는 분명 지혜로운 스승의 모습을 지니고 있다.

힐렐의 금언이 내면의 특별한 정신을 강하게 드러내는 것처럼 예수의 말도 매우 충격적이다. 무엇보다 그는 성서에 대해 뛰어난 통찰력을 지닌 것으로 보인다. 예수는 '공생애'라고 부르는 기간, 즉 십자가에 달려 죽기까지 온 나라를 돌아다니던 대략 2년의 시간 가운데 대부분을 무리들에게 성서의 의미를 가르치는 데 할애했고, 청중들은 그 가르침을 듣고 깜짝 놀란다.

"예수께서 이 말씀을 마치시매 무리들이 그의 가르침에 놀라니라"
「마태복음」 7장 28절

놀란 무리들은 이내, "그렇지만 그는 목수일 뿐이잖은가!" 하고 소리친다.

예수는 말을 잘한다. 심지어 말하는 게 본업인 율법학자들보다 말을 더 잘한다. 그는 무리들에게 '권위 있는 새로운 교육'「마가복음」1장 27절 을 펼치며, 청중을 놀라게 하고, 그들의 마음을 사로잡는다. 그렇다면 그의 성공 원인은 무엇인가? 우선 그는 매우 간략하고 인상적인 문체로 역설 화법을 적절히 활용했다.

"너희 가난한 자는 복이 있나니 하나님의 나라가 너희 것임이요 지금 주린 자는 복이 있나니 너희가 배부름을 얻을 것임이요"

「누가복음」 6장 20~21절

그의 말은 마치 격언 같은 효과를 지닌다. 그는 비유를 누구보다 멋지게 구사하며, 밭에 씨를 뿌리는 농부「마태복음」 13장 3절, 밀가루를 반죽하는 여인「마태복음」 13장 33절처럼 가장 일상적인 것을 매개로 능숙하게 비유해, 간단하면서도 모든 사람이 깨달을 수 있게 하나님의 신비를 가르친다. 그렇다면 예수는 의심의 여지 없이 훌륭한 교사다.

어떤 전문가들은 예수에게서 냉소적인 철학자의 분위기를 느끼기도 한다. 마치 기원전 4세기에 아테네와 고린도 거리를 주름잡았던 그리스 철학자 디오게네스의 모습을 보는 것이다. 그러나 예수는 지혜의 친구를 훨씬 넘어서는 존재다. 갈릴리인(예수)이 진정으로 가르치기 원한 것은 하나님이 그에게 일깨우는 천국의 교훈이다.

기적을 행하는 자

카리스마를 지닌 연사 예수는 결코 평범하지 않은 능력을 지니고 있다. 이는 병을 치유하는 능력, 기적을 행사하는 능력이다. 마가는 "아무 데나 예수께서 들어가시는 지방이나 도시나 마을에서 병자를 시장에 두고 예수께 그의 옷 가에라도 손을 대게 하시기를 간구하니 손을 대는 자는 다 성함을 얻으니라" 하고 말했다.「마가복음」6장 56절 기적에 대한 이야기는 복음서에서 매우 중요한 자리를 차지하며, 예수를 신비스러운 아우라로 감싸게 한다. 모든 종교에는 신비한 위인들처럼 비범한 인물이 있기 마련이며, 그들은 기적의 능력을 발판 삼아 그런 종류의 성공을 추구하는 사람들의 마음을 사로잡는다.

복음서는 예수가 모든 사람을 향해 느끼는 연민을 강조하면서 귀 먹고 말 더듬는 자「마가복음」7장 31~37절, 장님「마가복음」8장 22~26절, 중풍 환자「마가복음」2장 3~12절 등 수많은 사람을 치유하는 그의 능력을 묘사한다. 그러나 복음서는 청중이 예수를 믿을 때만 이 능력이 일어난다고 밝히고 있으며, 마태는 그것을 명시적으로 기록했다. 즉, 나사렛에서 예수는 "그들이 믿지 않으므로 거기서 많은 능력을 행하지 아니하시니라" 하였다.「마태복음」13장 58절

예수는 "선지자가 자기 고장에서는 아무것도 아니다"라고 말하며, 믿지 않는 그의 고향 나사렛 주민들을 빗대어 다시 믿음을 강조한다. 갈릴리인은 율법학자가 자신을 시험하려고 표적을 요구하자 '주문에 따라' 기적을 나타내지 않겠다며 단호히 거절한다.「마가복음」15장 31~38절

예수의 능력을 드러내는 이런 행위들은 그의 정신을 드러내는 것이며, 플라비우스 요셉은 그를 가리켜 '기적을 행하는 사람'[22]

이라 정의한다. 그렇다면 그의 능력은 도대체 어디에서 오는가?

엄청난 주장

그 질문에 대해 예수는 "내가 귀신을 쫓아낸 것은 하나님의 손에 의해서라"라고 분명히 답했다.「누가복음」11장 20절 예수는 자신을 신의 대리인으로 생각하며, 자신이 신으로부터 권세를 받는다고 주장한다. 신으로부터 받는 그의 권세는 당시의 관습과는 달리 예수가 무엇인가를 가르칠 때 관습을 만든 옛 스승들의 가르침을 따르지 않는다는 사실을 의미한다. 관습을 넘어서서 예수는 옛날 스승들과 근본적으로 다른 자신의 교훈을 눈썹 하나 까딱하지 않고 당당하게 선언한다.

"네 이웃을 사랑하고 네 원수를 미워하라 하였다는 것을 너희가 들었으나 나는 너희에게 이르노니 너희 원수를 사랑하며 너희를 박해하는 자를 위하여 기도하라"

「마태복음」5장 43~44절

---

22. 여기에서 기적은 마술처럼 단순히 신기한 현상을 말하는 것이 아니라 그의 정신, 이를테면 사랑이나 긍휼처럼 정신적 가치를 드러내는 초자연적 행위인 동시에 경이로움의 의미를 함축하고 있다. _역자

예수는 이처럼 거룩한 안식일까지 포함해 모든 원칙을 뒤흔들었다. "인자는 안식일의 주인이니라"고 그는 거침없이 말한다.「마가복음」2장 28절 그의 주장은 실로 엄청난 것이다. 토라에 따르면 안식일은 하나님이 만든 게 아닌가.「창세기」2장 1~3절 더욱이 나사렛인은 죄인을 용서하는 권세가 자신에게 있다고 말하는데, 우리가 알기에 '죄사함'의 권리는 야훼가 전유하는 것이고 그의 속성을 나타내는 고유한 권리다.

예수는 죄를 용서하기 위해 처음에는 세례를 베풀었지만, 머잖아 세례 의식을 포기한다. 예수의 생각으로는 물이 결코 허물을 없애지 못하기 때문이다. 그는 물이 아니라 바로 그 자신이 "땅에서 죄를 사하는 권세가 있다"고 단언한다.「마가복음」2장 10절

예수가 중풍 환자에게 "네 죄가 사하여졌느니라" 하고 말하자 사람들은 그 말을 듣고 너무 황당해서 어쩔 줄 모른다. 무리가 일제히 소리친다.

"이 사람이 어찌 이렇게 말하는가 신성모독이로다 오직 하나님 한 분 외에는 누가 능히 죄를 사하겠느냐"　　　　　「마가복음」2장 7절

이처럼 도저히 받아들일 수 없는 터무니없는(?) 주장을 하면서 나사렛인은 신과 인간 사이의 유일한 중개자가 된다. 그는 이해하지 못하는 제자들과 무리에게 상세히 설명한다.

"내 아버지께서 모든 것을 내게 주셨으니 아버지 외에는 아들

을 아는 자가 없고 아들과 또 아들의 소원대로 계시를 받은 자 외에는 아버지를 아는 자가 없느니라" 「마태복음」11장 27절

이처럼 예수는 자신을 다른 사람들과 비슷한 존재로 생각하지 않는다. 그는 자신이 본질적으로 다르다고 주장하며, 자신이 아람어로 '아바Abba', 즉 '파파'라 부르는 신과 자신의 남다른 친밀감을 강조한다. 예수가 말하는 그의 아버지는 자녀를 향한 사랑으로 충만한 아버지이며, 우리가 전적으로 신뢰를 보내는 아버지이다. 예수는 바로 그런 아버지를 향한 사랑으로 충만하다.

그러나 예수의 적대자들은 그가 주장하는 친자 관계를 전혀 인정하지 않았으며, 예수의 어떠한 말에도 설득되지 않았다. 설득되기는커녕 지나칠 정도로 당당하게 주장하는 예수의 모든 말이 오히려 그들의 분노를 키우고 나아가 예수를 반드시 죽여야 한다는 의지를 점점 자극한다. 누가는 당시의 상황을 "그들은 노기가 가득하여 예수를 어떻게 할까 하고 서로 의논하니라" 하고 설명한다.「누가복음」6장 11절

천사인가 악마인가?

사람들을 걱정시키든 매혹시키든 어쨌든 예수는 잠시도 가만있지 않았다. 나사렛인은 어떻게 기적을 행할 수 있는가? 도대체 그의 말을 뭐라고 설명할 수 있는가?

고대 유대인 사회에서는 카리스마[23]를 지닌 사람들을 모호하게 평가했다. 예를 들면 마술사들에게는 그들의 행위에 대해 사람들의 저주가 뒤따른다. 사람들은 그들의 재능이 마귀에게서 왔다고 생각하기 때문이다. 그런데 그와 똑같은 비난이 예수에게도 쏟아진다. 율법사들은 예수의 기적을 보며 "더러운 귀신이 들렸다"고 하고「마가복음」3장 30절 "그가 귀신의 왕의 도움으로 귀신을 쫓아낸다"고 외친다.「마가복음」3장 22절

그의 형제들조차 크게 걱정하며 "그가 미쳤다"고 말한다.「마가복음」3장 21절 형제들은 힘껏 병자를 고치고, 잠시도 쉬지 않고 귀신을 쫓아내며, 소수자를 위해 끊임없이 설교하는 형제의 정신 건강을 염려해 이제 그만 집으로 돌아가라고 요구하고는 그를 멀리한다. 십자가 처형이 있던 날, 오직 어머니 마리아만 예수와 함께 있었을 뿐 다른 가족은 모두 그를 버렸다.

그러나 그를 믿지 않는 사람들과 맞서 갈릴리인을 동조하는 거센 물결이 일어난다. 그들의 눈에는 이 사람이 악마의 도구가 아니라 오히려 근본적으로 그와 반대였기 때문이다. 그의 기적은 크나큰 사랑을 품은 신이 사람들에게 드러낸 관심의 뚜렷한 징표일 뿐이다. 그것은 신이 옛날에 선지자들의 중개로 보여주었을 뿐 아니라 성인들을 통해 보여준 의심할 바 없는 신의 표적이다.

---

23. 여기에서 카리스마는 대중을 따르게 하는 남다른 능력이나 특별한 분위기를 말하는 현대적 의미가 아니라 사람의 능력을 넘어서서 신으로부터 파생하는 초능력이나 은사를 의미한다. _역자

예수가 태어나기 수십 년 전 한 사람이 나타나 놀라운 능력을 보이며 전례 없는 명성을 얻었다. '원을 그리는 사람'[24]이라는 별명을 지닌 호니(또는 오니아스)가 주인공이다. 그가 행하는 기도의 결과는 마침내 그가 겪은 오랜 시간의 삭막한 삶에 종지부를 찍는다. 랍비들은 그의 성공을 보고는 호니가 신과 뭔가 특별한 관계를 맺고 있다고 해석하면서 그를 '신의 아들'이라 칭송한다. 그러나 그 명성이 끝까지 행운을 가져다주지는 못한다. 반대자들을 제거하기 위해 그의 재능을 이용하려던 유대의 한 정파가 호니를 유혹하지만 거절당하고, 그는 이내 처형되고 만다.

가끔 예수와 병행하는 한 인물이 있다. 예수와 동시대 사람으로 같은 갈릴리 출신인 '하니나 벤 도사'이다. 완전한 몰입 기도로 다른 사람들과 뚜렷이 구별되는 하니나 벤 도사는 뜨거운 신앙심을 지녔으며 놀라운 치유 능력을 보였다. 기적 같은 치유 능력으로 명성이 드높았고, 바리새인 스승들조차 도움을 청할 만큼 그의 권위는 절대적이었다. 심지어 어떤 사람들은 그를 메시아라고 칭송한다.

기적이 마술의 산물이 아니라면 그것은 신의 사람들, 즉 신의 아들들이 지니는 특권으로 여겨진다. 그렇다면 호니와 하니나 벤

---

24. '원을 그리는 사람'은 마술적 의미를 지니는 별명으로 호니를 가리킨다. 호니는 하늘에서 비가 내리게 하기 위해 자기 둘레에 둥근 원을 그리고 기도하면서, 만약 신이 비를 내리지 않으면 영원히 원 밖으로 나가지 않겠다고 야훼를 위협했다. _저자

도사처럼 예수도 신의 아들이 아닐까? 그러나 히브리 성서에서 신의 아들이라는 호칭은 그 당시 유대인의 신앙에서 매우 유행하던 천사를 가리키는 말이다. 그렇다면 피할 수 없는 질문이 나온다. 예수는 천사인가? 나사렛인 스스로 자신이 "아버지의 영광으로 거룩한 천사들과 함께 올 때에"라고 말하지 않았는가?「마가복음」8장 38절 예수는 평범한 한 인간의 모습에서 점점 초자연적인 존재로 위상이 달라지고 있는 것이다.

초자연적인 존재

　　초기의 저서들에는 인간의 이성을 초월하는 예수의 수많은 기적이 서술되어 있다. 치유의 능력을 훨씬 넘어서는 예수의 출생과 죽음에 대한 초자연적 사건들이 기록된다. 마태와 누가의 복음서들이 이처럼 예수의 출생에 대한 신비한 조건들을 상기시키고 있다.

　　그런가 하면 세 권의 공관복음과 「사도행전」 그리고 바울의 서신들은 더욱 놀라운, 도무지 믿기지 않는 사건을 말한다. 그것은 죽은 자 가운데서 살아난 예수의 부활, 실로 충격적인 증언이다.

신비한 출생

마태와 누가에게 예수는 잉태 순간부터 초자연적인 존재이다. 그들의 증언에 따르면 예수는 사람의 씨로 태어난 것이 아니라 놀랍게도 하나님의 성령으로 태어났다. 성관계를 맺고 임신한 게 아니라 숫처녀인 동정녀 마리아의 몸에서 순결하게 잉태되었다. 천사가 마리아에게 예수의 출생을 미리 전하고, 마리아의 약혼자 요셉은 어린 부인의 놀라운 태몽으로 모든 사실을 알게된다. 아기는 성령으로 잉태되었으며, "그가 자기 백성을 그들의 죄에서 구원할 자"라는 도저히 믿기지 않는 태몽이었다. 「마태복음」 1장 18~21절

가브리엘 천사[25]가 미래의 어머니를 찾아와 이렇게 말한다.

"마리아여 무서워하지 말라 네가 하나님께 은혜를 입었느니라 보라 네가 잉태하여 아들을 낳으리니 그 이름을 예수라 하라 그가 큰 자가 되고 지극히 높으신 이의 아들이라 일컬어질 것이요"

「누가복음」 1장 30~32절

예수는 극도로 열악한 조건에서 태어난다. 마리아가 누추한 외양간에서 분만하기 때문이다. 「누가복음」 2장 7절 그러나 그가 태어나는 날 천사들이 찾아와 주민들에게 거룩한 '예수 탄생'을 알린다.

---

25. 가브리엘 천사는 이후 6세기가 지나서 마호메트가 코란의 계시를 받을 때도 나타난다. _저자

"오늘 다윗의 동네에 너희를 위하여 구주가 나셨으니 곧 그리스도 주시니라" 「누가복음」 2장 11절

동방 박사(마태에 따르면)와 목동들(누가에 따르면)도 방금 태어난 유대인의 왕에게 경배하려고 먼 길을 달려온다. 「마태복음」 2장 1절

행복한 사건은 삽시간에 마을에 두루 전해지고, 그 소문을 들은 헤롯왕은 안절부절못한다. 그는 자기의 권위에 맞설 수 있는 어떤 경쟁자도 원치 않았다. 헤롯왕은 베들레헴에 살고 있는 두 살 이하의 아이를 모두 잡아 죽이라고 명령한다. 그러나 예수는 자신에게 닥친 죽음의 운명을 멋지게 벗어난다. 천사에게 헤롯왕의 음모를 전달받은 요셉이 어린 부인과 갓난아기를 데리고 밤길을 재촉해 사전에 이집트로 피신한 것이다.

예수의 출생에 대해서는 이처럼 천사, 기적, 예언 들이 넘쳐난다. 수많은 표적들은 단번에 예수가 신이 선택한 자이며 특별한 존재라는 사실을 밝힌다. 물론 우리는 그 모든 이야기가 사실이라고 단정하지 못하며, 그것이 신앙의 영역에 속하는지 역사의 영역에 속하는지조차 명백히 알지 못한다. 어쨌든 많은 전문가들은 예수의 출생이라는 주제가 마태와 누가의 복음서 이전의 구전口傳에는 나타나 있지 않다고 말한다. 이는 진정성에 대한 의문의 제기이며, 실제로 「마가복음」에도 예수의 출생에 관한 기적은 기록되지 않았다.

어쩌면 고대사회에서 잘 알려진 것처럼 그것은 출생에 특별한 동기를 부여해 신봉자들의 신앙을 더욱 굳게 세우려고 나중에 만

들어진 이야기일 수도 있다. 신화를 살펴보면 뭔가 이상한 환경에서 수태가 이루어지는 인물들이 많다. 로물루스와 레무스의 유명한 쌍둥이 설화는 그의 어머니 레아 실비아가 마르스신의 개입으로 임신하게 되는 이야기다. 붓다에 관한 서적들도 그의 특별한 출생을 묘사하며 초자연적인 기적을 인용한다. 이는 고대사회에 유행하는 문학 장르에 속하며, 어떤 인물의 운명에 대해 예외적인 특징을 믿게 하려는 의도로서 많은 주석가들은 그런 이야기의 진정성을 의심하고 있다.

신의 인장이 새겨진 삶

우리는 갈릴리인의 어린 시절에 대해서 거의 알지 못한다. 그가 일찍부터 신앙에 관심을 보였는지, 또는 누가가 밝힌 내용 「누가복음」 2장 41~50절, 즉 예루살렘 성전의 율법사들 앞에서 예수가 설교한 일화가 증명하듯 남다른 지적 능력을 지니고 있었는지 등 그의 어린 시절에 대한 정보는 많지 많다. 그러나 복음서에 따르면 갈릴리인이 정말 신이 택한 자라는 사실을 많은 사건들이 확인하고 있다. 먼저 네 권의 정경에 빠짐없이 기록된 요한의 세례를 살펴보자.

세례는 예수가 대략 서른의 나이로 공생애를 처음 시작할 무렵 요단 강가에서 이루어졌다. 마태는 세례에 대해 매우 상세하게 기록했다. 「마태복음」 3장 13~17절 예수의 사촌(요한)은 "내가 당신에게 세례를 받아야 할 터인데 당신이 내게로 오시나이까" 하며 처음에는 그에게 세례 주기를 거절했다. 세례자의 생각에는 예수가 자신에게 배울 게 없었기 때문이다. 그러나 갈릴리인은 고집을 꺾지 않았고, 마침내 세례를 받고 난 뒤 놀라운 사건이 일어난다.

"예수께서 세례를 받으시고 물 위로 올라오실새 하늘이 열리고 하나님의 성령이 비둘기같이 내려 자기 위에 임하심을 보시더니 하늘로부터 소리가 있어 말씀하시되 이는 내 사랑하는 아들이요 내 기뻐하는 자라 하시니라"　　　　　　　　　　「마태복음」 3장 16~17절

　이 이야기는 『구약성경』에 있는 구절을 연상시킨다. 즉, 선지자 에스겔은 그의 선지서에 "하늘이 열리며 하나님의 모습이 내게 보이니"라고 기록했다. 하늘의 신성한 열림은 신이 선택한 자에게 뭔가 말하려는 표적이다. 하늘이 열리고 신의 음성을 듣는 예수의 세례는 그가 받은 신의 소명과 선택을 증거하는 근본적 사건이며, 복음서 저자 마가는 세례 이야기로 그의 복음서를 시작한다.
　공관복음에 나타나는 나사렛인의 변형에 관한 일화도 매우 의미 있는 초자연적 사건이다. 예수는 세 명의 제자, 즉 베드로와 요한 그리고 야고보를 데리고 이름이 언급되지 않은 어떤 산[26]의 정상에 오른다. 스승이 기도에 깊이 빠져 있을 때 기적이 일어난다.

"기도하실 때에 용모가 변화되고 그 옷이 희어져 광채가 나더

---

26. 기독교의 전승은 이 산을 다볼 산이라고 한다. _저자

라 문득 두 사람이 예수와 함께 말하니 이는 모세와 엘리야라 영광중에 나타나서 장차 예수께서 예루살렘에서 별세하실 것을 말할새"

「누가복음」 9장 29~31절

예수의 동행자들은 넋을 잃은 채 멍하니 바라보고 있었다. 그때 하늘에서 신비한 음성이 들려와 "이는 나의 아들 곧 택함을 받은 자니 너희는 그의 말을 들으라"고 말한다.「누가복음」 9장 35절

크게 충격을 받은 제자들은 "잠잠하여 그 본 것을 그때에는 아무에게도 말하지" 않았다.「누가복음」 9장 36절 이 사건 역시 『구약성경』의 많은 구절을 상기시킨다. 이와 같은 사건이 모세가 시내 산에 오르고 엿새 후에도 일어났다. 하나님이 그의 백성들과 맺은 언약에 대한 공식적 결론을 얻기 위해 산에 오른 지 엿새가 지나고 일곱째 되는 날에 모세는 장엄한 신의 음성을 듣는다. 예수에게 말하는 두 명의 선지자, 모세와 엘리야 역시 시내 산에서「출애굽기」 19장 20절,「열왕기상」 19장 9~13절 신의 계시를 받았다는 것은 결코 우연이 아니다. 하늘이 열리는 것이 신의 선택을 나타내는 상징이라면 산은 이처럼 계시의 장소가 된다.

복음서는 이에 대해 분명히 말하고 있다. 예수는 성령의 능력으로 영감을 받았다. 따라서 그는 보통 사람들이 절대로 이루지 못하는 능력을 행할 수 있다. 만약 치유와 귀신 쫓는 능력이 그를 비범한 사람이 되게 하는 것이라면, 다른 기적들은 그의 초자연적 능력을 의미한다. 다시 말해 예수는 단순한 치유자를 뛰어넘는 초월적인 존재가 되는 것이다. 예수가 물 위를 걷자 제자들은 "유령

인가 하여 소리지르며" 두려워한다. 「마가복음」 6장 49절 예수는 두 번이나 떡으로 기적[27]을 일으킨다. 「마태복음」 5장 35~43절, 「누가복음」 7장 11~17절 그러나 수많은 사건과 기적을 넘어서서 예수의 초자연적 특성을 가장 완벽하게 제시하는 것은 그의 죽음이다.

죽은 자 가운데서 부활한 자

갈릴리인의 처형은 분명히 '예수 사건'의 마침이 되어야만 했다. 최소한 그를 고발하고 십자가에 처형한 사람들은 그렇게 생각했다. 그들의 입장에서 보면 예수는 그들을 지나치게 괴롭혔다. 열정적인 설교와 치유만으로도 그는 이미 많은 군중을 사로잡았다. 그 때문에 소요를 일으킬 수 있는 집단 행동을 꺼리던 로마인들의 눈에는 예수가 안정을 해칠 위협적 존재로 보였다. 그리고 유대 실력자들에게도 자신이 누리는 대단한 명성을 빌미로 그들의 권위를 향해 끊임없이 비판의 화살을 쏘아대는 갈릴리인은 결코 가만히 두고 볼 존재가 아니었다. 더욱이 예수는 신성모독을 일삼고, 거룩한 성전의 붕괴를 예언하며, 성직자들을 향해 불행과 저주를 예언하고 다녔다.

결국 이 두 집단을 위해서라도 당연히 예수는 눈앞에서 사라져

---

27. 오병이어와 칠병이어의 기적으로, 다섯 개의 떡과 두 마리 생선으로 5천 명을 먹이고 일곱 개의 떡과 두 마리의 생선으로 4천 명을 먹인 기적을 말한다. _역자

야 했다. 그것도 가능한 한 빠른 시간에!

마침내 재판이 시작된다. 산헤드린 공회와 본디오 빌라도가 흉내내는 어설픈 형식을 소송이라 부를 수 있다면, 그를 죽이려는 소송은 급속히 진행된다.「마가복음」14장 53~65절 대제사장은 심문 때 예수가 한 말에 격분했고, 그 분노를 참지 못해 자기 옷을 찢었다. 갈릴리인은 머뭇거리지 않고 담대하게 주장한다.

"인자가 권능자의 우편에 앉는 것과 하늘 구름을 타고 오는 것을 너희가 보리라"　　　　　　　　　　　　　　　「마가복음」14장 62절

대제사장의 사주를 받은 군중은 빌라도에게 "그를 십자가에 못 박게 하소서!" 하고 소리친다.「마가복음」15장 11~13절

"나사렛 예수 유대인의 왕"이라는 죄명이 적힌 플래카드를 괴상하게 휘감은 죄인은 예루살렘의 골고다 언덕에 있는 추악한 처형장까지 십자가를 지고 올라간다. 그리고 나무에 못 박혀 끔찍한 고통으로 울부짖으면서 예수는 '지극히 높으신 이'를 향해 마지막으로 자신의 믿음을 고백하고 서서히 죽어간다.

"아버지 내 영혼을 아버지 손에 부탁하나이다"　　　　　　　　「누가복음」23장 46절

유대인의 유월절 축제 기간에 십자가에 매달린 부정한 시체를 보이지 않기 위해 무덤에 신속히 옮기는 작업이 이루어졌다.

이토록 잔인한 종말, 이토록 모욕적인 죽음은 그의 제자들을 깊은 절망의 수렁에 빠뜨린다. 자신들이 속은 것인가? 예수도 결국 다른 사람들과 마찬가지로 한 인간일 뿐이었는가? 짙은 의심이 제자들을 사로잡고 큰 두려움이 엄습한다. 갈릴리인과 가까웠다는 이유로 궁지에 몰리지 않을까 걱정한 베드로는 스승이 처형당하기 전 세 번이나 거듭 예수를 부인했다. 「누가복음」 22장 54~62절 어쨌든 예수를 믿었던 사람들은 이제 오도 가도 못하는 신세가 되고 만다. 엠마오로 가던 제자들은 노상에서 "우리는 그가 이스라엘을 구원하기를 원했다"는 말로 자신들이 품었던 믿음과 기대를 고백한다. 그렇다면 이것이 결국 종착점인가? 아니면 우리가 느끼지 못하는 새로운 출발점인가?

유월절 아침, 그가 죽고 이틀이 지나고 나서 충격적인 그 사건, 바로 그[28] 기적이 일어난다. 시체에 향유를 뿌리기 위해 무덤을 찾았던 여인들은 옆으로 비스듬히 옮겨진 돌과 텅 빈 스승의 무덤을 발견한다. 전혀 믿기지 않는 사건이지만, 다행히 이 사건에는 많은 증인이 있다. 막달라 마리아를 비롯한 여러 증인들이 눈으로 직접 부활한 예수를 보았다. 형체가 없는 유령이 아니라 살과 뼈가 있는 예수다.

---

28. 저자는 기적을 나타내는 정관사의 글씨체를 바꾸면서 그 기적을 특별히 강조한다. 부활의 기적은 곧 예수의 신성을 밝히고 예수의 완전한 승리를 상징하는 절대적 의미를 지닌 기적이기 때문이다. _역자

"내 손과 발을 보고 나인 줄 알라 나를 만져 보라"

「누가복음」 24장 39절

의심 많은 도마는 실제로 그 상처를 만져보기까지 한다. 그리고 사도들은 구운 생선 한 토막을 내놓아 부활한 예수와 함께 먹는다. 「누가복음」 24장 42절

부활한 예수의 소식은 예루살렘의 폭탄이 된다. 겁에 질려 있던 제자들에게 스승의 부활은 이제 의심할 바 없이 분명한 신의 계시가 된다. 갈릴리인은 이처럼 '전능자'와 뗄 수 없는 관계다. 바울은 "하나님께서 그를 죽은 자 가운데서 살리셨다"고 말한다. 「로마서」 10장 9절 신은 마침내 그의 아들 예수에게만 주는 유일한 은총을 내렸다. 예수는 믿지 않는 제자들에게 자신이 곧 죽을 것이며, 삼일째 되는 날 부활할 것이라고 세 번이나 반복해서 말했다. 그리고 그 예언은 이처럼 실제로 이루어졌다.

이 사건은 갈릴리인의 주변에서 걷잡을 수 없는 반향을 불러일으킨다. 메시지의 전도자였던 예수는 이제 그 스스로 전도의 목적이 되는 것이다. 예수의 심오한 본질에 대한 질문은 더욱 의미심장하게 제기된다. 예수가 부활하고 40일이 지나 "하늘에 올려지고 하나님 우편에 앉으면서" 그의 육신은 세상에서 사라진다. 그러나 그의 정체성에 담긴 근본적 질문은 세상에 그대로, 온전히 남아 있다.

유대 성서의 완성
'사람의 아들'

　신비를 풀기 위해 기독교의 초기 저서에서는 예수를 어떻게 부르는지 먼저 살펴보자. 우리는 예수에게 선지자, 종, 메시아 또는 그리스도, 사람의 아들, 신의 아들 등 많은 이름이 붙는다는 사실을 잘 알고 있다. 그렇다면 초기 제자들은 예수의 정체성에 대해 어떤 생각을 가졌으며, 그의 다양한 이름은 구체적으로 무엇을 말하는가?

선지자

예수와 동시대의 사람들은 기꺼이 그를 선지자라 불렀다. 예루살렘에 들어오는 예수를 보고 무리는 "갈릴리 나사렛에서 온 선지자 예수라" 하고 외친다. 「마태복음」 21장 11절 나인 성 과부의 아들이 다시 살아나자 이를 지켜본 증인들은 "큰 선지자가 우리 가운데 일어나셨다"고 열광적으로 환호했다. 물론 "이 사람이 만약 선지자라면 자기를 만지는 이 여자가 누구며 어떠한 자 곧 죄인인 줄을 알았으리라" 하며 시몬처럼 믿지 않는 사람들도 있었다. 「누가복음」 7장 39절 그럼에도 불구하고 무리는 열광하며 예수를 선지자로 칭송하고, 선지자라는 호칭은 예수에게 주어진 가장 중요한 이름들 가운데 하나가 된다.

선지자란 무엇인가? 선지자는 그리스어 프로페테스*prophétés*에서 유래하며, 신의 의지를 전달하는 대리인, 달리 말하면 신의 대변인을 뜻한다. 신성으로 감동을 받는 선지자는 신을 섬기는 자로서 유대 일신교에만 있는 것은 아니다. 이란에서 페니키아를 거치며 이집트에서 그리스에 이르기까지 고대 종교는 선지자들의 자취를 보존했으며, 그중 많은 사람들의 이름이 오늘날까지 전해지고 있다. 기원전 2000년경 활동한 이집트의 선지자 네페르-로후의 권위 있는 예언은 히브리 성경에서 놀라운 반향을 일으킨다. 야훼와 그 백성 사이의 관계를 밝힌 이 책은 마치 예언의 집대성처럼 보인다. 하나님의 말씀은 처음부터 끝까지 예언을 통해 전달된다.

"여호와께서 이같이 말씀하시니라"

「아모스」 1장 3절, 「이사야」 1장 20절, 「예레미야」 2장 3절

'전능자'는 엘리야, 이사야, 예레미야, 에스겔 등 선지자들을 보내어 인류 역사에 개입하고, 백성들을 인도하며, 그들에게 자신과 백성 사이에 맺은 언약을 지킬 것을 상기시킨다. 그러나 선지자들의 일이 언제나 안전하고 편한 것은 아니다. 많은 선지자들이 백성들의 몰이해, 나아가 반감에 부딪히거나 심지어 살해를 당하기까지 했다. 유대교의 전설에 따르면 이사야는 마나세 왕정(기원전 7세기) 치하에서 순교했다. 선지자가 전하는 말에 격분한 왕이 잔인하게 톱으로 썰어 토막내서 죽인 것이다.

예수는 선지자인가? 당사자(예수)는 스스로 이 호칭을 자주 사용했다. 그가 자란 나사렛에서 버림을 받았다고 생각한 예수는 "선지자가 자기 고향과 자기 친척과 자기 집 외에서는 존경을 받지 못함이 없느니라" 하며 탄식한다. 「마가복음」 6장 4절 또한 헤롯왕이 자기를 죽이려 한다는 것을 알면서도 그는 유대의 수도를 향해 발걸음을 옮기며 "선지자가 예루살렘 밖에서는 죽는 법이 없느니라" 하고 비장하게 말한다. 「누가복음」 13장 33절

그 당시에는 선지자가 사회적으로 그리 높은 평가를 받지 못했다는 사실을 분명히 알아두자. 어떤 유대인 집단, 특히 사두개파는 선지자 시대가 스가랴와 말라기와 더불어 끝났다고 선언한다. 그들은 이를 "하늘이 닫혔다"고 표현했다. 그 시기에는 로마의 점령으로 인한 정치적 혼돈을 틈타 수많은 거짓 선지자들이 나타나 나라를 휘젓고 다니며 시위를 선동하고 질서를 위협했다. 유대의 실력자들은 그 소요로 인해 닥칠 로마의 끔찍한 진압을 두려워한다. 예수도 "거짓 선지자들을 삼가라 양의 옷을 입고 너희에게 나

아오나 속에는 노략질하는 이리라"고 말하며 그들에 대한 경계를 늦추지 않았다.「마태복음」 7장 15절

대부분의 정치적 선지자들은 비극적인 죽음을 맞았는데, 그중에 유명한 테우다스가 있었다. 서기 44년경 그는 수많은 제자들을 모아 요단 강가로 데려간다. 거기에서 '언약의 땅'을 정복하기 직전 여호수아가 행한 물가름의 신비를 재현하려고 시도한다. 그러나 바닥이 드러난 마른 강을 건너기는커녕 대부분의 추종자들이 죽거나 총독의 군사에게 잡혔고, 테우다스는 참수형을 당한다.

물론 예수는 이처럼 예루살렘에 범람하던 선지자들을 닮을 생각이 전혀 없었다. 다만 제자들은 예수가 그들과는 달리 진정한 선지자임을 확신했다. 스승이 비극적으로 죽은 뒤 엠마오로 가던 두 제자가 "그는 하나님과 모든 백성 앞에서 말과 일에 능하신 선지자였다"고 한 고백이 그것을 증언한다.「누가복음」 24장 19절

그리고 제자들은 그를 히브리 민족의 지도자 모세와 비교한다. 야훼는 모세에게 이렇게 말했다.

"내가 그들의 형제 중에서 너와 같은 선지자 하나를 그들을 위하여 일으키고 내 말을 그 입에 두리니 내가 그에게 명령하는 것을 그가 무리에게 다 말하리라" 「신명기」 18장 18절

제자들은 "옛 선지자 한 사람이 다시 살아났다"면서 그들의 스승이 바로 성서가 예언하는 '새로운 모세'라고 생각한다.「누가복음」 9장 8절 어떤 사람들은 예수가 바로 기원전 9세기에 가나안의 바알

선지자들을 물리치며 야훼 신앙의 으뜸가는 승리자로 인정되는 엘리야, 즉 '새로운 엘리야'라고 생각한다. 엘리야처럼「열왕기상」17장 17~24절 예수도 기적을 행하는 사람이었고, 하나님이 엘리야를 불수레에 태워 하늘로 데려간 것처럼「열왕기하」2장 예수도 하늘로 올라갔다. 승천은 그를 유대 문화의 상징적 인물들, 특히 노아의 조상이자 신의 은총으로 하늘에 올라간 에녹에게「창세기」5장 24절 다가서게 한다. 오늘날 에녹은 천국의 환상을 무대에 올리려는 외경 문학에서 열광적으로 지지를 받고 있다.

그런 인물들이 사람들을 매혹한다. 신과 특별히 친밀한 그들은 신이 인간에게 전하려는 비밀을 알고 있으며, 사람들의 고통을 덜어주기 위한 초자연적 능력을 지니고 있다.

"저물매 사람들이 귀신 들린 자를 많이 데리고 예수께 오거늘 예수께서 말씀으로 귀신들을 쫓아내시고 병든 자들을 다 고치시니"

「마태복음」8장 16절

제자들에게 예수는 이처럼 능력 있는 선지자로 자리잡는다.

나사렛인이 자신을 구약의 전설적 인물인 요나와 비교하면서 은연중에 암시하는 죽음에도 선지자의 자취가 남아 있다. 고난의 선지자 요나는 신이 자신에게 맡긴 사명을 거부했다가 큰 물고기의 뱃속에 갇히게 되고, 회개하고 다시 따르기로 결단한 뒤에야 거기서 빠져나올 수 있었다.

예수는 요나를 인용하며 자신의 죽음을 예언하기를 "요나가 밤낮 사흘 동안 큰 물고기 뱃속에 있었던 것같이 인자도 밤낮 사흘 동안 땅 속에 있으리라" 했다. 「마태복음」 12장 40절 예수가 무덤에서 이틀 밤과 하루 낮을 보낸 것을 생각할 때 밤낮 사흘 동안 물고기 뱃속에 갇혔던 요나와는 부분적으로 수치의 차이가 있지만, 어쨌든 그의 비극적 죽음은 이사야 선지자가 한 예언의 완성처럼 들린다.

"그의 영혼을 속건제물로 드리기에 이르면 그가 씨를 보게 되며 또 그의 손으로 여호와께서 기뻐하시는 뜻을 성취하리로다"

「이사야」 53장 10절

메시아-그리스도

그러나 제자들의 말을 들으면 갈릴리인은 분명 선지자를 넘어서는 그 이상의 존재로서 유대인의 '메시아', 즉 '그리스도'가 된다. 두 용어가 같은 의미를 나타낸다는 사실을 분명히 알자. 그리스도Christ는 히브리어 메시야*Mashib*를 그리스어로 번역한 것에 지나지 않는다. 문자적으로 말해서 그리스어 크리스토스*khristos*는 (성유를 사용해) 기름 부음을 받은 자를 말한다. 이스라엘 왕들에게 전통적으로 행해지던 도유식은 대부분의 교황과 제사장에게도 해당하는 의식이었다. 이스라엘의 전통에 따르면 메시아는 신의 의지에 따라 기름 부음을 받고, 이스라엘의 옛 왕조를 재건하기 위해 카리스마적 권능을 부여받은 사람이다.

이 왕국은 정확히 무슨 왕국을 말하는가? 기원전 10세기에 다윗왕이 통치하기 전의 이스라엘 영토는 완전히 둘로 쪼개져 있었다. 북쪽에는 이스라엘 왕국이 있었고, 남쪽에는 유다 왕국이 있었다. 다윗왕은 두 영토를 통일한 뒤 통일 왕국의 수도를 예루살렘으로 정한다. 전승에 따르면 다윗왕의 아들 솔로몬이 여기에 예루살렘 성전을 세운다. 그러나 불행하게도 통일 왕국은 솔로몬 시대를 넘기지 못한다. 나라가 다시 분열되는 그때부터 이스라엘의 모든 군주들은 이전 통일 왕조의 재건을 꿈꾼다.

비록 고고학자들은 통일된 이스라엘 왕국의 역사성을 수세기에 걸쳐 이루어진 어떤 이상理想의 산물일 뿐이라고 반박하지만, 유대인들에게 중요한 것은 이념일 뿐 사실事實이 아니다. 다윗은 신적 권위로 나라를 다스리는 모범적 군주의 표상으로서 유대인의 가슴에 새겨지고, 유대인은 그들의 영토에서 이방인을 몰아내고 완전한 이스라엘 왕국을 다시 세우는 메시아, 새로운 다윗을 기다린다.

그런데 예수 시대의 사람들이 모두 메시아의 도래를 기다렸다고 말하는 것은 옳지 않다. 진심으로 통일을 기다린 사람들은 권력자들이 아니라 바리새인들과 일반 백성들이다. 로마 지배 하의 정치적 상황에서는 매우 신중한 태도가 요구되기 때문이다. 사회의 엘리트, 특히 사두개인들은 이른바 메시아라고 자처하는 자들의 출현을 매우 못마땅하게 생각한다. 그들이 유대 백성을 잘못 인도하고 그들의 나라에 끔찍한 학살이 일어나게 만들었다는 판단에서다.

『신약성경』은 그중 한 사람으로 갈릴리인 유다를 기억하고 있다.「사도행전」5장 37절 야망을 품은 유다는 혁명적 조직인 지하 젤로트당을 만들면서 이스라엘의 연대기에 새로운 소재를 제공한다. 그들은 로마 점령군들과 맞서 쉴 새 없이 소요를 일으켰다. 신만이 이스라엘의 유일한 지도자이므로 유대인들은 신에게 복종할 뿐 다른 권력, 그저 일시적일 뿐인 권력을 따를 수 없다는 것이 그들의 생각이다. 그러나 그들의 신적 민족주의는 동조자들에게 행운을 가져다주지 못한다. 그들은 도망을 다녀야 했고 대부분 처형되었다.

이처럼 메시아라는 호칭은 이단의 냄새를 풍기고 있었다. 게다가 메시아라는 이름은 예수가 재판을 받을 때 그를 처벌하는 주요한 고소 조항 가운데 하나가 된다. 사람들은 그를 조롱하며 자칭 유대인의 왕이라고 고발한 것이다.

바로 그런 이유로 예수는 제자들이 스승인 자신을 메시아라는 호칭으로 부를 때 주의하라고 말한다. 베드로가 그를 그리스도라고 말하자 예수는 "그에 대해 아무에게도 말하지 말라"고 명령한다.「마가복음」8장 29~30절

"예수께서 꾸짖으사 그들이 말함을 허락하지 아니하시니 이는 자기를 그리스도인 줄 앎이러라"　　　　　　「누가복음」4장 41절

그러나 나사렛인(예수)이 공개적으로 금했는데도 예수가 죽고 부활한 뒤 초기 기독교 공동체는 앞다투어 이 칭호를 사용한다.

그래서 예수를 믿는 사람들을 일컫는 그리스도인이라는 말이 바로 그리스어 크리스토스에서 파생된다. 마가는 갈릴리인이 예루살렘에 입성할 때 메시아라고 분명하게 말하지 않았는가? 무리가 열광하며 이렇게 외친다.

"호산나[29] (…) 찬송하리로다 오는 우리 조상 다윗의 나라여"

「마가복음」 11장 9~10절

그가 정말 메시아라는 사실을 증명하기 위한 모든 일들이 이미 태어날 때부터 이루어지고 있었다. 우리가 살펴본 대로 마태와 누가는 예수가 부모의 고향인 나사렛이 아니라 베들레헴에서 태어났다고 말한다. 실제로 그들은 로마 황제가 명령한 인구조사를 받기 위해 베들레헴에 가야만 했다. 이것은 요셉이 베들레헴에서 태어난 위대한 왕 다윗의 계보와 집안 출신이라는 뜻이 된다. 요셉의 혈통, 예수의 혈통은 곧 다윗의 혈통이다. 그래서 천사가 나타나 "오늘 다윗의 동네에 너희를 위해 구주가 나셨으니 곧 그리스도 주시라" 하고 선언한다. 「누가복음」 2장 11절

예수의 족보는 그가 살아 있는 동안에는 확인할 수 없었다. 혈통에 대해 열등감이 있는 헤롯왕이 그런 종류의 주장을 사전에 차단하기 위해 유대인의 족보를 모두 불태워버렸기 때문이다. 그러나 마태는 예수를 다윗의 자손이라 부르기를 주저하지 않는다. 「마

---

29. 히브리어 호쉬아-나에서 유래하며 "우리를 구원하소서"라는 뜻이다. _저자

태복음」1장 1절 복음서의 기록을 시작하면서 마태는 예수의 철저한 계보, 즉 아브라함부터 다윗까지 14대, 다윗부터 유대인들의 바벨론 이주까지 14대, 그리고 다시 14대를 거쳐 마침내 예수까지의 계보를 다시 작성한다.

예수가 베들레헴에서 태어났다고 강조하는 데는 나름대로 이유가 있다. 그것은 구약의 미가 선지자가 말한 대로 다윗의 자손인 메시아가 베들레헴에서 태어나리라는 예언의 구체적 실현이 된다.「미가」5장 2절 성전에 들어오는 예수의 일화가 상기시키는 예언들이 있다. 신생아는 시므온이라는 독실한 남자에게 메시아로 인정받았다.

"보라 이 아이는 이스라엘에서 많은 사람들을 패하거나 흥하게 하리라"
「누가복음」2장 34절

여선지자 안나도 예수의 방문을 환대했다. 안나는 예루살렘의 속량을 기다리는 모든 사람에게 그(예수)에 대하여 말했다.「누가복음」2장 38절

예수는 구원자로 인정받으며, 이는 그의 이름이 지니는 뜻이기도 하다.

"이름을 예수라 하라 이는 그가 자기 백성을 그들의 죄에서 구원할 자이심이라"
「마태복음」1장 21절

그러나 바로 이 순간, 즉 예수를 구원자라고 인정하는 순간 제자들의 입에서 곤혹스러운 질문이 터져나온다. "주께서 이스라엘 나라를 회복하심이 이 때니이까?"「사도행전」 1장 6절

제자들의 이런 어리석은 질문에 훗날 바울은 이렇게 설명한다.

"하나님 나라는 먹는 것과 마시는 것이 아니요 오직 성령 안에 있는 의와 평강과 희락이라"   「로마서」 14장 17절

달리 말해 예수가 전하는 것은 세상이 아니라 하늘나라의 영적인 왕권이다.

초기 기독교 저서들을 주의 깊게 읽다보면 예수가 유대 성서들의 예언을 완성하기 위해 세상에 왔음을 밝히려는 저자들의 세심한 배려가 드러난다. 예언의 형식을 빌려 그가 세상에 온 것과 그의 삶의 중요한 사건들을 알리고 있는 것이다. 복음서 저자들은 예수의 입을 통해 예언이 빠짐없이 이루어지는 과정을 서술한다. 예수가 잡히는 날, 한 제자가 대제사장의 종에게 칼을 내리치려고 하자 예수는 "네 칼을 도로 칼집에 꽂으라 (…) 내가 만일 그렇게 하면 이런 일이 있으리라 한 성경이 어떻게 이루어지겠느냐?" 하고 말했다.「마태복음」 26장 52~54절 그리고 부활한 다음 날, 제자들에게 마지막 교훈을 주면서 갈릴리인은 분명히 선언한다.

"모세의 율법과 선지자의 글과 시편에 나를 가리켜 기록된 모든 것이 이루어져야 하리라"   「누가복음」 24장 44절

예수는 이사야 선지자가 말한 진정한 메시아, 즉 '고난의 종'과 일치한다.「이사야」 53장 그는 자신의 권능으로 지상의 왕국을 세우려고 오는 것이 아니라 자신의 삶을 희생시켜 이스라엘의 구원을 넘어서서 인류의 구원을 이루는 진정한 메시아다.

자신과 맞선 예수

예수가 자신에 대해 말하면서 '사람의 아들'[30]이라는 표현을 의도적으로 자주 사용한 데는 이유가 있다. 이 표현은 정경 복음서(네 복음서)에서 82번 언급되고, 언제나 3인칭 단수로 사용된다. 오늘날에는 사람의 아들이라는 호칭이 특별히 연상적인 의미를 지니지 않지만 나사렛인의 시대에는 그렇지 않았다. 이 호칭은 구약의 위대한 예언서인 「다니엘」에서 유래한다. 선지자(다니엘)는 자신이 본 환상을 묘사하면서 이렇게 말했다.

"내가 또 밤 환상 중에 보니 사람의 아들 같은 이가 하늘 구름을 타고 와서 옛적부터 항상 계신 이에게 나아가 그 앞으로 인도되매 그에게 권세와 영광과 나라를 주고 모든 백성과 나라들과 다른 언어를 말하는 모든 자들이 그를 섬기게 하였으니 그의 권세는

---

30. 성경은 예수의 특성을 드러내지 못하는 사람의 아들이라는 표현 대신 한자어를 차용해 인자人子라는 단어를 사용한다. _역자

소멸되지 아니하는 영원한 권세요 그의 나라는 멸망하지 아니할 것이니라"

「다니엘」7장 9~14절

'사람의 아들'의 도래는 세상의 마지막 날에 새로운 시대를 여는 것이다. 언뜻 보면 사람의 아들이라는 표현이 실제로 의미하는 것과 달리 관계된 인물의 인성을 강조하는 듯하지만 사실은 그렇지 않다. 예수는 이 이름을 신에게 부여받은 권세, 즉 죄를 용서하는 권세를 주장하기 위해 사용했다. 한 중풍 병자의 병을 고치면서 예수는 "사람의 아들이 땅에서 죄를 사하는 권세가 있노라" 하고 말했다.「마가복음」2장 10절 우리가 이미 본 대로 안식일을 달리 정의하는 권세도 마찬가지다.

"사람의 아들이 바로 안식일의 주인이니라"

「마가복음」2장 28절

나사렛인은 마지막 날에 세상을 심판하려고 보내지는 '신이 선택한 자'와 자신을 동일시한다. "하나님 나라가 이미 왔다"는 선언이 사실이라면 예수는 결국 세상의 종말에 앞서 나타난 선행자가 아닌가? 그는 바리새인들에게 "하나님 나라는 너희 안에 있느니라"라고 말했다.「누가복음」17장 21절

예수는 최후 심판의 순간에 자신의 역할이 결정적일 것이라고 이렇게 예언한다.

"누구든지 사람 앞에서 나를 시인하면 사람의 아들도 하나님의

사자들 앞에서 그를 시인할 것이요 사람 앞에서 나를 부인하는 자는 하나님의 사자들 앞에서 부인을 당하리라" 「누가복음」 12장 8~9절

그러나 정작 제자들과 복음서 저자들은 예수를 사람의 아들이라 부르지 않았다. 사람의 아들은 예수의 인격과 사명이 지니는 신비한 권세를 나타내지만, 자칫하면 신성을 부인한 채 갈릴리인의 인성에서 유래하는 것으로 들릴 수 있기 때문이다. 그러나 사람의 아들이 평범한 인성을 의미하는 호칭이 아니라는 것은 분명하다.

유대 성서의 초월
'하나님의 아들'

'예수 사건'은 유대교의 생각과 해석의 좁은 틀을 벗어나 새로운 규모로 급속히 발전한다. 예수에게 주어진 명칭에서 새로운 변화가 감지된다. 다른 명칭들이 그를 유대 성서에 가두지 않고 새로운 세계로 나가게 한다. 유대인들이 보기에 충격적인 호칭의 사용은 사실 명백한 관점에 따른 것이다. 나사렛인의 구원은 "이스라엘 집의 길 잃은 양들"에게만 해당하는 게 아니라 인류를 향해 그리고 모든 피조물을 향해 뻗어나간다.

능력 많으신 이

선지자 세례 요한은 예수를 이렇게 전한다.

"나는 물로 너희에게 세례를 베풀거니와 나보다 능력이 많으신 이(예수)가 오시나니 (…) 그는 성령과 불로 너희에게 세례를 베푸실 것이요"
「누가복음」 3장 16절

갈릴리인은 이전에 있었던 사람들이 아무리 위대했다 해도 분명히 그들을 넘어선다. 사실 세례 요한만 해도 이미 작은 인물이 아니다. 플라비우스 요셉에 따르면, 사람들은 요한이 살아 있을 때 그를 유대 종교 역사에서 가장 뛰어난 인물 가운데 하나라고 생각했다. 그러나 놀랍게도 복음서는 예수가 세례 요한은 물론 심지어 모세마저 넘어서는 특별한 존재라고 말하고 있지 않은가! 홍해 바닷물을 가른 것은 모세의 지팡이를 매개로 신이 이룬 기적이다. 광야에서 만나를 뿌린 것은 모세가 직접 행한 게 아니라 신이 베푼 기적이다. 이와는 달리 나사렛인은 자신의 능력으로 물 위를 걷고 오병이어의 기적을 행했다. 신이 예수에게 주신 영광을 증거하려고 유대의 위대한 선지자 모세와 엘리야가 변형의 순간 그를 찾아온다. 바울은 모세의 얼굴에도 신의 영광이 나타났지만 그것은 일시적이라고 말한다.「고린도후서」 3장 7절
의심의 여지 없이 예수는 선지자 이상의 특별한 존재가 된다. 세례 요한보다 능력 많고 모세보다 위대한 예수는 상속으로 받은

이름이 무엇과도 비교할 수 없기 때문에 하늘의 천사보다 우월한 존재다.

"그가 천사보다 훨씬 뛰어남은 그들보다 더욱 아름다운 이름을 상속으로[31] 얻었기 때문이니"　　　　　　　　　　　　　　「히브리서」1장 4절

그렇다면 신비의 호칭은 과연 무엇인가?

신의 아들

전능자는 "이는 내가 사랑하는 아들이니 너희는 그의 말을 들으라"고 말한다.「마가복음」9장 7절 그때부터 예수가 신을 아버지(아바)라 부르고 그와 맺은 특별한 관계를 강조하는 것은 그리 놀라운 일이 아니다. 그러나 고대사회에서 '신의 아들'이라는 호칭은 우리가 언뜻 생각하듯 드물게 사용된 말이 아니다. 이집트의 왕이나 디비 필리우스*Divi filius*라는 수식어를 사용하는 로마 황제에게도 적용되며, 이교도 국가에서는 이미 잘 알려진 명칭이다. 그런 이

---

31. 한글 성경에는 '기업으로'라고 번역되어 있으나 문맥의 의미를 보면 '상속으로'라고 번역하는 것이 옳다. '상속으로'라는 말은 '기업으로'에 비해 신과 예수의 친자 관계를 분명히 명시하며, 예수가 모세나 천사보다 우월한 근거가 바로 유일한 상속자로서 하나님의 아들이기 때문이다. _역자

름을 사용하면서 의도하는 메시지는 분명하다. 최고의 권위는 신에게서 나온다는 것이다. 유대 문학에서도 신의 아들이라는 호칭은 익숙하게 들린다. 그것은 천사처럼 천상의 존재들과 더불어 이스라엘이나 유다의 왕(특히 다윗이나 그의 후손들), 힘 있는 사람들(이를테면 고대의 족장들)과 심지어 이스라엘 백성을 통틀어 가리키는 명칭이다.

"이스라엘은 내 아들 내 장자라" 「출애굽기」 4장 22절

그러나 그리스도인의 눈에는 신의 아들이라는 표현이 이교도 국가나 유대 성서에 기록된 것과는 근본적으로 다른 의미를 지니며, 예수가 신과 유일한 관계를 맺는다는 것을 뜻한다. 『신약성경』에서는 신의 아들이라는 명칭이 자주 반복되는데, 이는 아마 예수에게 주어진 가장 오래된 이름 가운데 하나일 것이다. 물 위를 걷는 예수를 보고 친구들(제자들)은 "진실로 당신은 하나님의 아들이라" 하고 인정한다.「마태복음」 14장 33절 더욱이 하나님의 아들은 복음서 저자들 사이에서 만장일치를 이룬 칭호다. 실제로 모든 저자들이 그 이름을 사용했다.

나사렛인과 신을 결합하는 특별한 관계를 강조할 수는 있지만, 그 명칭이 단번에 예수를 전능자와 동등한 위치에 두지는 않는다. 바울은 "아들 자신도 만물을 자기에게 복종하게 하신 이에게 복종하리니"라고 분명하게 설명한다.「고린도전서」 15장 28절 예수도 기꺼이 인정하며 스스로 "아버지가 나에게 모든 것을 주셨으니" 하고 말

한다. 그러나 복종을 말하면서도 한편으로는 자신이 아버지와 맺은 유일한 관계를 내세우며 스스로 하나님의 아들이라 부르는 것은 유대 실력자들의 눈에는 명백한 신성모독일 뿐이다. 대제사장이 심문할 때 예수는 자신이 하나님의 아들이라고 거침없이 말한다. 이 말을 들은 대제사장은 미친 듯이 소리친다.

> "그가 신성 모독 하는 말을 하였으니 어찌 더 증인을 요구하리요 보라 너희가 지금 이 신성 모독 하는 말을 들었도다"
>
> 「마태복음」 26장 65절

그러나 여기에는 아이러니가 존재한다. 어떤 사람들에게는 신성모독으로 들리는 말이 다른 사람들에게는 도리어 신실한 신앙고백이 되는 것이다. 로마인 백부장과 십자가를 지키던 사람들은 똑같이 "이는 진실로 하나님의 아들이었도다" 하고 증언했다.「마태복음」 27장 54절

신에게 주어지는 이름

『신약성경』에서 예수는 아버지의 권위에 복종하면서도 일반적으로 신에게 정해진 이름들을 부여받는다. 그것은 예수가 그리스도인들에게 전하려는 메시지에 대해 더 많은 정보를 제공한다. 구약에서 신을 나타내는 '거룩'이라는 명칭이 이 경우에 해당한다.

"내가 거룩하니 너희도 거룩하라"는 야훼가 내린 명령이다.「레위기」

11장 45절

바울은 「고린도전서」의 서한을 "그리스도 안에서 거룩해지고 성도라 부르심을 입은 자"에게 보냈다.「고린도전서」1장 2절 또한 예수는 스스로 '신랑'이라고 말했다.「마태복음」9장 14~15절 이는 야훼가 이스라엘과 자신의 결합을 나타내기 위해 사용하는 이름 가운데 하나다.

우리는 예수에게 주어진 호칭들이 전통을 생명처럼 중시하는 유대 종교인들에게 얼마나 큰 충격을 주었을지 상상해볼 수 있다. 예수의 제자들은 지나치게 급진적인 명칭들을 서둘러 포기한다. 자신들을 곤경에 빠뜨릴 수 있는 명칭을 피하려는 것인가? 그러나 완전히 예외인 하나의 명칭이 있는데, 그것은 바로 주主[32]라는 명칭이다. 주는 새로운 미래를 약속하는 이름이다!

주, 예수

베드로는 엄숙하게 선언한다.

---

32. 한글 성경에는 주 또는 구주救主라고 번역되어 있지만, 실제로 두 단어는 같은 의미가 아니다. 주는 예수의 호칭일 뿐 아니라 사회 계급으로서 높은 자, 즉 주인主人의 의미가 있지만 구주는 오직 예수에게만 해당하는 호칭이기 때문이다. 따라서 한글 성경에서 단어의 선택은 어쩔 수 없이 문맥에 따라 적용해야 한다. _역자

"너희가 십자가에 못 박은 이 예수를 하나님이 주와 그리스도가 되게 하셨느니라" 「사도행전」 2장 36절

또한 제자들은 부활한 예수를 보고 "주께서 과연 살아나시고 시몬에게 보이셨다"고 소리친다.「누가복음」 24장 34절

그렇다면 예수는 주와 일치하는가? 이 호칭 또한 유대인들에게는 매우 도발적이다. 주는 구약에서 신을 가리키는 명칭이기 때문이다. 주를 뜻하는 그리스어 키리오스Kyrios는 기원전 3세기에 만들어진 그리스어 번역 성경인 70인역[33]에 야훼를 대신하는 명칭으로 나온다. 또한 서기가 시작될 무렵의 유대 문학에서도 전능자에게 정해진 이름으로 등장한다. 예를 들면, 「창세기」의 외경에서 "찬송 받으소서, 지극히 높은 하나님, 모든 시대의 주인이여. 당신은 주이시며, 우주의 주인이시니이다"라는 구절을 볼 수 있다.(20장 12~15절) 게다가 『신약성경』에서도 이 명칭을 정기적으로 신에게 헌정한다.

그것은 유대 문화에서는 분명 존귀한 명칭이지만, 이교도 국가에서는 매우 세속화된 표현이다. 그들에게 키리오스는 실상 사회의 상위 계층을 차지하는 지주나 노예 상인 그리고 주인을 나타내는 것 외에 다른 의미는 없다. 그렇다면 예수는 세속적 의미의 주인이 되는가? 그럴 리 없다! 예수에게서 주의 권위가 드러나는 것은 세상의 집이 아니라 바울이 「에베소서」(2장 19~22절)에서 말

---

33. 70인 또는 72인의 석학들이 번역한 데서 유래하는 명칭이다. _저자

한 대로 '하나님의 집'이다. 게다가 동양의 이교도 국가에서 키리오스는 신들에게 주어지는 명칭이기도 하다. 우리는 '주 오시리스' 혹은 '주 이시스'라고 찬양하는 말을 듣는다.

우리가 말할 수 있는 것은 이 호칭이 매우 모호하다는 사실이다. 화를 입지 않으려고 일부러 애매한 호칭을 사용했을 수도 있는 예수의 제자들을 불쾌하게 만들려는 것은 아니다. 서기가 시작될 무렵의 범세계적인 배경에서 키리오스라는 이름은 예수에게 무관심한 사람들에게는 하찮은 것이 될 수 있지만, 나사렛인의 열렬한 동조자들에게는 지극히 명예로운 표현이 될 수 있다.

행간의 의미를 따지는 사람에게 주라는 명칭은 실로 많은 의미를 담고 있다. 그 표현을 극도로 아끼는 마가를 제외하고 주는 그리스도인이 의도적으로 자주 사용하는 단어들 가운데 하나다. 특히 바울의 붓에서 키리오스는 무려 194회나 등장한다! 바울에게는 주라는 호칭이 진실한 신앙고백이 되기 때문이다. 바울은 "모든 입으로 예수 그리스도를 주라 시인하라"고 외친다.「빌립보서」 2장 11절 "마라나 타Marana Tha"[34] 즉 "주여, 오소서"라는 단문短文은 최후의 심판을 위한 예수의 재림이 임박하다고 믿었던 초기 기독교 공동체가 한마음으로 터뜨리는 감동적 외침이다.

---

34. 아람어로 마르Mar는 주를 뜻한다. _저자

끈질긴 전도

과연 무엇이 예수의 제자들로 하여금 유대인을 극도로 자극할 만한 생각들을 과감하게 전파하게 만들었는가? 왜 그들은 자신들이 속해 있고 또한 스승이 속한 뿌리 깊은 공동체에서 단절될 수 있는 위험을 감수했는가? 예수가 승천하고 이미 많은 시간이 지났다. 따라서 그 기간 동안 무슨 일이 일어났는지 알아보려면 그리스도 교리를 일단 떠나는 것이 좋을 듯하다.

물론 초기 그리스도인의 의도적 관점을 담고 있기는 하지만 「사도행전」은 이에 대해 매우 소중한 정보를 제공한다. 그렇다면 「사도행전」은 우리에게 무엇을 알려주는가? 예수는 승천하기 바로 전 제자들에게 "예루살렘과 온 유대와 사마리아와 땅 끝까지 이르러 내 증인이 되라"고 말한다. 「사도행전」 1장 8절 그리고 성령으로 충만한 제자들은 스승의 뜻을 받들어 열심히 사역한다. 「사도행전」은 마침내 예수가 부활하고 50일, 그러니까 승천하고 10일이 지난 성령강림일에 일어난 사건을 이렇게 기록하고 있다.

"마치 불의 혀처럼 갈라지는 것들이 그들에게 보여 각 사람 위에 하나씩 임해 있더니 그들이 다 성령의 충만함을 받고 성령이 말하게 하심을 따라 다른 언어들로 말하기를 시작하니라"

「사도행전」 2장 3~4절

'방언'이라 불리는 이 현상은 자기가 모르는 언어로 말하는 능력이며, 생전의 예수가 제자들에게 이미 말한 바 있다.

"믿는 자들에게 이런 표적이 따르리니 곧 그들이 내 이름으로
귀신을 쫓아내며 새 방언을 말하며 뱀을 집어 올리며 무슨 독을
마실지라도 해를 받지 아니하며 병든 사람에게 손을 얹은즉 나으
리라"
「마가복음」 16장 17~18절

성령의 능력을 받은 사도들은 이제 무섭지도 두렵지도 않다.
그들은 "하나님이 그를 사망의 고통에서 풀어 살리셨다!"고 예수
부활의 복음을 힘껏 전한다.「사도행전」2장 24절 그들은 이제 소리 높
여 외치며, 개종해서 예수를 믿으라고 사람들에게 자신 있게 주장
한다. 심지어 서기 37년경 가이사랴의 유세비우스가 "나라 전체
가 사도들과 복음서 저자들의 외침으로 진동한다"고 조금 과장되
게 표현했다 해도 한 가지 분명한 것은 그들의 끈질긴 전도의 영
향을 결코 무시할 수 없다는 사실이다.

그때부터 천천히, 그러면서도 확실하게 세상은 새로운 모습을
드러낸다. 유대인에게 먼저 복음을 전하려는 예수의 의지에 따라
제자들이 처음으로 행동을 개시한 곳은 이스라엘, 특히 예루살렘
이며 베드로가 선봉에 선다. 베드로가 앞장선 것은 그리 놀랄 일
이 아니다. 갈릴리 출신의 어부였던 그는 예수가 선택한 열두 제
자 가운데 늘 수제자로 손꼽힌다. 예수가 붙잡히던 날, 스승을 보
호하기 위해 주저하지 않고 칼을 빼들 만큼 베드로는 예수에게 충
성한다.「요한복음」18장 10~11절 물론 그도 연약한 인간임에는 틀림없

다. 예수가 이미 예언한 대로 그는 스승을 세 번이나 부인했고, 스승으로 인해 상황이 점점 나빠지기 시작하자 뒤도 돌아보지 않고 예루살렘을 떠난다.

그러나 예수의 부활로 신앙을 되찾은 그는 이전의 수제자로 돌아가 매우 강해진 모습을 보인다. 성령강림일[35]에 예루살렘에 운집한 유대인에게 나사렛인의 실상을 전파하기 위해 처음으로 군중 앞에서 설교한 사도가 바로 베드로다. 베드로가 행하는 기적으로 말미암아 사람들이 구름처럼 몰려들었다.「사도행전」2~4장 세베대의 두 아들 요한과 야고보도 가만있지 않는다. 그들도 예수가 모았던 사람들의 핵심 일원이었으며, 베드로와 마찬가지로 갈릴리인이 산에서 변형을 드러내는 자리에 함께 있었다. 제자들에게 함께 시샘을 받던 트리오는 이제 서로 경쟁자가 된다. 마침내 최초의 기독교 공동체가 성지 예루살렘에 세워진다.

예수를 믿는 사람들 가운데는 두 개의 큰 집단이 있다. 먼저 이스라엘 본토의 유대 그리스도인으로 구성된 '히브리파'가 있다. 그들은 아람어나 히브리어를 사용하며, 처음에는 베드로가 지도자였다가 그가 로마로 떠나자 예수의 친동생 야고보가 그 뒤를 잇는다. 그리고 '헬라파'가 있다. 그들은 디아스포라 출신으로 헬라어를 사용하며, 에시엔이 대표적인 지도자다.

---

35. 그날은 유대인의 절기 맥추절(칠칠절)이었다. 그때까지 예수를 제대로 모르던 유대인들이 예루살렘에 모인 이유는 성령강림 때문이 아니라 유대교 절기를 지키기 위해서였으며, 베드로는 그들에게 설교한 것이다. _역자

팔레스타인의 연안 도시, 특히 총독이 거주한 가이사랴가 있는 사마리아에 복음을 전한 최초의 전도자들은 헬라파 그리스도인이다.「사도행전」8장 4~8절 그들은 로마제국에서 세 번째로 큰 도시인 시리아의 안디옥에도 복음을 전하고, 예수의 제자들은 바로 그곳에서 서기 80년경 최초로 크리스티아노이*christianoi*, 즉 그리스도인이라는 호칭을 얻게 된다.

히브리파 그리스도인[36]도 가만있지 않았다. 베드로는 팔레스타인 전역, 특히 갈릴리를 중심으로 집중적인 선교 활동을 펼친다. 여러 차례 감옥에 갇혔던 사도(베드로)는 마침내 서양으로 발걸음을 옮긴다. 바로 그곳 로마에서 베드로는 그리스도인에 대한 네로 황제의 끔찍한 박해가 있었던 64년에 처형당한다. 구전에 따르면 베드로는 로마 대화재의 원인이라는 누명을 쓴 뒤 자진해서 십자가에 거꾸로 매달려 피를 쏟으며 순교했다.

그러나 초기 기독교의 박해 역사에서 가장 두드러진 중심인물은 역시 바울이다. 그는 예수가 살아 있는 동안에는 그와 친밀한 관계가 아니었고, 실제로 한 번도 예수를 만나지 못했다. 그러나 훗날 바울이 스승에게서 받은 신비한 환상은 그를 복음 전파의 핵심적인 사도로 만들기에 충분했다. 바울은 오래전부터 사도들의 신뢰를 받던 신실한 바나바의 도움으로 처음 사역을 시작했으며, 세 번에 걸쳐 전도 여행을 떠난다(그러나 그의 전도 여행에 대한 연대기의 기록은 부분적으로만 남아 있다).

---

36. 한글 성경에는 '유대 그리스도인'으로 번역되었다. _역자

44~48년에 시작한 첫 여행은 바울을 키프로스의 안디옥으로 이끌고, 이어 그의 출신 지역이자 인맥이 있는 소아시아로 인도한다. 바울은 주요 도시를 여행하면서 비시디아 안디옥, 루스드라, 이고니온, 버가, 더베 등에 신앙 공동체를 세운다. 그리고 마침내 에베소에서 바울은 구전이 복음서의 저자로 인정하는 누가를 만난다.

두 번째 여행(51~53년경)에서 바울은 아나톨리안의 공동체를 방문하고, 베뢰아를 거쳐 갈라디아(켈트 시대에 이주한 현재의 터키 지역)로 여행을 떠난다. 배를 타고 마케도니아로 떠나 그곳에서 여러 교회(데살로니가, 빌립보)를 세운 바울은 마침내 그리스에 상륙한다. 막상 아테네에 이르자 그의 사역은 많은 사람들의 조롱거리가 된다. 광장을 지나던 행인들은 "저 앵무새[37]가 도대체 무슨 말을 하려는 건가?" 하고 조롱하고, 바울이 '죽은 자들의 부활'에 대해 말하자 청중들은 폭소를 터뜨린다.『사도행전』1장 32절 반면 고린도에서는 그의 사역이 대대적인 성공을 거둔다. 바울은 고린도에서 18개월을 체류한 뒤 에베소로 자리를 옮긴다. 뒤이은 세 번째 전도 여행은 바울을 소아시아와 마케도니아, 그리스로 데려간다.

동양에서 거둔 성공에 만족할 수 없었던 바울은 로마를 거쳐 스페인에 들어갈 계획을 세운다. 그러나 바울에게 닥친 상황은 그가 다른 결정을 내릴 수밖에 없게 만든다. 바울에게 뿌리 깊은 반감을 품은 유대 실력자들이 꾸민 음모 때문에 그는 죄수 신분으로 영원

---

37. 한글 성경에는 '말쟁이'라고 번역되었다. _역자

한 도시(로마)에 들어가게 된다. 도대체 무슨 일이 일어난 것인가?

이방인에게 개방, 진정한 문제가 제기되다

역설적인 상황이 펼쳐진다. 바울은 다른 복음 사역자들과 마찬가지로 전도의 희생양이 된다. 그는 유대인보다 이교도들, 특히 일신교에 마음이 끌려 신을 두려워하는 사람들이 자신이 전하는 메시지를 더 적극적으로 받아들인다는 사실을 깨닫는다. 물론 바울이 처음으로 이방인들에게 복음을 전한 것은 아니다. 헬라파 그리스도인들은 자주 여행을 다니며 이방인들과 지속적인 접촉을 가졌다. '할례받은 사람들의 사도'라 불리던 베드로는 놀랍게도 로마의 백부장 고넬료를 개종시켰고, 뒤이어 수많은 이교도들을 개종시키지 않았는가!「사도행전」 10장

그러나 바울과 함께 상황은 완전히 새로운 국면으로 전개된다. 유대인들 사이에 불거진 반목에 지친 바울은 정작 유대인들이 그리스도의 발화發話[38]를 무시하자 마침내 "우리가 이방인에게로 향하노라"고 선언한다.「사도행전」 13장 46~47절 그런 결정은 힘겨운 결론

---

38. 우리나라 독자들에게는 다소 생소한 단어로서, 프랑스의 언어학 용어인 '파롤'의 한자어 번역이다. 개인이 실제로 표현하는 말이나 글을 뜻하며, 개인의 자율적인 선택에 따라 본질적으로 주관적, 심층적 의미를 내포한다. 말이나 글로 사용되기 이전의 부호 체계로서, 사전적 의미로서 객관성을 지닌 언어(랑그)와 구별된다. _ 역자

에 부딪힌다. 갓 태동한 신앙 공동체에 이교도들을 힘껏 끌어들이던 그가 정작 마주치는 사건은 이스라엘의 종교적 운명을 분열시키는 것이 되기 때문이다. 유대 출신의 많은 그리스도인에게는 단순히 그리고 간단히 말해 바울의 생각이 도저히 받아들일 수 없는 허튼 주장일 뿐이다. 스승을 배신하는 것으로 생각되는 바울의 주장에 대해 유대 그리스도인은 격앙된 감정을 감추지 않았다.

그러나 그리스도의 메시지를 모든 사람들에게 전하려는 진정한 열망이 문화적인 망설임을 점점 앞지른다. 하지만 그 열망은 얼마나 많은 분쟁을 일으키는가! 더 이상 피할 수 없는 가시 돋친 질문이 쏟아진다. 유대인의 생활 방식과 확연히 다른 이방인들에게조차 유대의 율법을 강요해야 하는가? 안식일이나 율법에 허용된 음식[39]과 같은 유대 의식을 반드시 지켜야 하는가?

바울은 이방의 그리스도인들을 유대 율법에서 자유롭게 풀어주어야 한다고 생각한다. 머잖아 사라질 것으로 판단되는 원칙의 적용보다는 오직 예수만이 유일한 구원의 약속이기 때문이다.

"너희는 유대인이나 헬라인이나 종이나 자유인이나 남자나 여자나 다 그리스도 예수 안에서 하나이니라" 「갈라디아서」 3장 28절

---

39. 허용된 음식의 규정은 모세오경에 설명되어 있다. 주로 부정한 짐승이나 피, 고기와 젖이 뒤섞인 음식의 소비를 금하며, 짐승은 반드시 정해진 규정에 따라 죽여야 한다. 고대사회에서는 여기에 덧붙여 이방신에게 제물로 바쳐진 고기를 먹지 못하게 한다. 이것은 우상을 배척하려는 유대교의 신앙 행위에 해당한다. _저자

그러나 많은 유대 그리스도인은 "너희가 모세의 법대로 할례를 받지 아니하면 능히 구원을 받지 못하리라" 하며 그의 말에 전혀 귀를 기울이지 않는다. 「사도행전」 15장 1절 마침내 서기 48년에 유명한 안디옥 사건이 벌어지면서 두 집단은 날카롭게 대립한다. 그 일화는 비록 조금 다르게 기록되었지만 「사도행전」(15장 1~4절)과 「갈라디아서」(2장 11~14절)에 등장한다.

베드로와 같은 시기에 안디옥에 체류하던 바울은 이방인들과 함께 음식을 먹지 말라는 유대인의 정결 의식을 어기고 이방 그리스도인들과 함께 식사하던 베드로를 보게 된다. 그런데 갑자기 베드로가 도망친다. 그 자리에 방금 들이닥친 예루살렘 출신 유대 그리스도인의 맹렬한 비난이 두려웠기 때문이다. 그런 위선이 바울로 하여금 "네가 유대인으로서 이방인을 따르고 유대인답게 살지 아니하면서 어찌하여 억지로 이방인을 유대인답게 살게 하려느냐?" 하고 분노하게 만든다. 「갈라디아서」 2장 14절 결국 큰 싸움이 벌어지고, 그 사건은 48년(또는 49년)으로 알려진 예루살렘 총회에서 격렬한 논쟁을 불러일으킨다.

이 모임은 태동하는 교회의 가장 중요한 인물들을 불러 모으는 첫 번째 총회가 되며, 사람들은 종종 이것이 기독교 역사에서 실제적인 첫 번째 공회라고 표현한다. 이제 명백히 밝힐 때가 왔다. 교인들의 화합과 일치에 비상이 걸린 것이다. 베드로가 먼저 자신의 생각을 바꾼 듯하다. 그는 공동체의 오랜 지기들과 사도들 앞에서 상황을 설명하면서 이방 그리스도인들에게 무슨 근거로 모세의 율법을 지키라고 강요하겠느냐고 날선 질문을 던진다.

"어찌하여 하나님을 시험하여 우리 조상과 우리도 능히 메지 못하던 멍에를 제자들의 목에 두려느냐" 「사도행전」 15장 10절

바울과 바나바가 이에 가담하고, 마침내 예수의 형제 야고보가 중재에 나선다. 야고보는 "이방인 가운데 하나님께로 돌아오는 자들을 괴롭게 하지 말아야 한다"고 주장하면서 "다만 우상의 더러운 것과 음행과 목 매어 죽인 것과 피를 멀리하라고 편지하는 것이 옳다"고 제안한다. 「사도행전」 15장 19~20절 할례 문제는 이렇게 해서 해결되고, 첨예한 주제들의 뒷전으로 밀려났다.

그렇다면 기독교에서 처음으로 일어난 갈등을 해결한 것은 타협이라는 말이 된다. 그리고 이 타협에서 우리는 매우 중요한 사실을 발견한다. 예수의 제자들은 이제 어쩔 수 없이 유대교의 근본에서 점점 그리고 분명히 거리를 두게 된다는 것이다. 유대교의 예언이 성취된 것처럼 해석되던 예수에 대한 담화가, 특히 바울에게서 서서히 빛을 잃어간다. 유대인들이 운집한 자리에서 바울이 쏟아내는 질책은 점점 강도가 높아진다. 바울은 탄식하며 "이 백성의 마음이 우둔하여졌다!"고 외친다. 「사도행전」 28장 27절

우리는 할례받지 않은 그리스도인들의 사도(바울)가 궁지에 몰릴 위험을 감수하면서도 예수에 대해 주 또는 하나님의 아들이라는 호칭을 주저 없이 사용하는 이유를 알 수 있다. 바울의 말에 격분한 극단적 유대 실력자들은 마침내 그를 죽이려고 음모를 꾸민다. 그들의 음모에 걸려든 바울은 마지막 여행을 마치고 마침내 로마에서 순교한다. 구전에 따르면 바울은 60년대 말에 목이 잘

리는 참수형을 당한다. 그리고 그가 죽은 오스티엔세 거리에 훗날
성바울 대성당이 세워진다.

유대교와의 단절

베드로와 바울이 죽자마자 엄청난 사건이 터져 유대 그리스도
인과 이방 그리스도인 사이의 위태로운 관계에 최후의 일격을 가
한다. 서기 70년에 로마의 공격으로 예루살렘과 성전이 붕괴된
사건이다.

60년대 후반기에 이르러 유대인과 로마인의 갈등은 점점 고조
되고 있었다. 그 당시 로마인이 유대인에게 전혀 관용을 베풀지
않았다는 사실을 알아야 한다. 그들은 유대인을 탄압하고, 과중
한 세금을 부과했으며, 종교 탄압을 멈추지 않았다. 66년 게시우
스 플로루스 총독은 탄압의 수단으로 예루살렘 성전의 보물에 대
해 18달란트[40]의 세금을 징수하기로 결정한다. 분명 지나친 이 결
정에 반대해 유대인들이 들고일어난다. 대규모 학살이 벌어지고,
그에 맞서 무장한 젤로트 당원들의 끈질긴 투쟁이 이어진다.

예루살렘에서 쉴 새 없이 도시 게릴라전이 벌어진다. 유대인과
로마인이 맞붙은 전쟁에 덧붙여 이제 유대교의 종파 사이에도 갈
등이 생긴다. 유대교의 신중한 엘리트들의 생각에는 막강한 전력

---

40. 달란트는 고대사회에서 사용된 화폐의 단위이다. _저자

을 갖춘 점령군에 맞설 힘이 그들에게 없었기 때문이다. 그들은 유대 형제들에게 진정하라고 요구하고 평화적 해결을 위한 방법을 찾는다. 그러나 쓸데없는 일이었다.

예루살렘에 불기둥이 치솟고 흥건한 피가 도시를 적신다. 반란군은 처음에는 괄목할 만한 승리를 거두어 로마군을 가이사랴까지 몰아낸다. 무력 측면에서의 뚜렷한 불균형을 고려한다면 이는 놀라운 승리였다. 그러나 그것은 순간의 환희에 불과했다. 로마에서 무서운 반격이 시작된다. 황제는 동양에 주둔한 로마군의 지휘권을 노련한 베스파시아누스에게 맡긴다. 그는 아들 티투스(디도)와 함께 이스라엘로 진격하는데, 삽시간에 갈릴리를 평정하고 예루살렘을 향해 진군한다.

68년 네로의 죽음으로 잠시 휴전이 이루어지지만 이것도 그리 오래가지 않는다. 70년 1월 황제 자리에 오른 베스파시아누스는 아들에게 반란 도시를 전멸시키라고 명령한다. 도시는 마침내 초토화되고 성전은 불탄다. 플라비우스 요셉에 따르면, 성전의 방화에 티투스는 크게 절망했다.

"전투의 피로로 막사에서 휴식을 취하던 티투스는 그 자리에서 벌떡 일어나 불을 끄려고 성전으로 달려갔다."

그러나 헛수고였다.

"흥분한 군사들의 행동을 막을 길 없는 상태에서 불길은 다시 치솟았고, 부하들의 호위를 받으며 황제가 성전 안으로 들어와 성전 내부를 물끄러미 쳐다보고 있었다. 외국에 알려진 소문보다 훨씬 뛰어난 보물, 자기 국민들 사이에서 전해지는 영광스러운 명성에 전혀 어긋나지 않는 보물로 가득한 성전을 그저 물끄러미 바라보고 있었다. 황제가 보는 앞에서 성전은 그렇게 불타고 있었다."

그리고 예루살렘 주민은 노예가 되어 팔려나갔다.

예루살렘 성전의 붕괴는 유대인들에게 매우 비통한 국가적 비극이다. 그들에게 성전은 단순히 천 년의 건물이 아니라 그것을 훨씬 뛰어넘는 의미를 지니기 때문이다. 성전은 피흘리는 희생 제물을 바치고, 야훼와 그의 백성 사이에 맺은 언약이 이루어지는 성소다. 모든 종교적 삶이 바로 그곳에서 이루어진다. 성전의 붕괴는 그곳에서 정치적·종교적 권력을 행사하던 성직자들의 몰락으로 이어진다. 유대인은 장차 인도자가 없고 지표도 없이 방황하는 자신들의 모습을 보게 된다. 그들은 근본적으로 종교를 다시 생각하지 않을 수 없었으며, 전통 문화의 급격한 중단을 변명하기 위해 뭔가 방법을 찾아야 했다.

대혼란을 겪으며 모든 종교적 열정이 사라지고 오직 두 개의 사조, 즉 바리새인과 유대 그리스도인만이 가까스로 살아남는다. 그럼에도 불구하고 유대 그리스도인은 로마인에 맞선 무력 항쟁과 거리를 두고자 했다. 그들은 66년부터 예루살렘을 떠나기 시작하며, 요르단 동쪽에 있는 데카폴리스[41]의 도시 펠라로 피신한다. 반면 바리새인은 예루살렘 서쪽으로 40여 킬로미터 떨어진

얌니아에 모여들고, 그때부터 유대 그리스도인은 바리새인과 완전히 분리되어 마침내 그들과 함께 지낸 오랜 관계가 단절된다. 바리새인이 이전과 같은 국가 통합을 이루려고 애쓰면서 두 집단 사이에 팬 구덩이는 더욱 깊어지고, 바리새인은 조국을 버리고 떠난 그리스도인에게 더 큰 반감을 가진다.

예수라는 이름은 결국 유대 그리스도인과 바리새인 사이에서 도저히 넘을 수 없는 장애물이 되고 만다. 예수를 메시아로 인정하는 사람들과 그것을 부인하는 사람들 사이에는 더 이상 타협의 여지가 남아 있지 않았다.

---

41. 데카폴리스는 요르단 서쪽에 자리한 10개 도시로 이루어져 있으며, 기원전 2세기에 그리스 이주민들이 기초를 세웠다. 도시의 이름은 저자에 따라 다르다. _저자

논쟁의 발단
예수는 사람인가, 신인가?

매우 오래된 『신약성경』의 텍스트를 읽으면서 느끼는 점은 예수의 형상에 대한 서술이 극도로 복잡하다는 사실이다. 그를 명백하게 정의하는 것은 사실 불가능하다. 갈릴리인(예수)은 2세기에 알렉산드리아의 클레멘스 교황이 말한 것처럼 절대 "평범한 사람이 아니다". 기적을 행하기 때문에 그렇고, 그의 강림이 유대 성서로 알려졌기 때문에 그렇고, 신이 그를 죽은 자 가운데서 다시 살렸기 때문에 그렇다. 그리고 그가 승천하고 나서 수년이 흐른 뒤 바울에게 나타났기 때문에 그는 분명 보통 사람을 훨씬 뛰어넘는 특별한 존재가 된다.

그렇다고 해서 그를 명시적으로 신이라고 정의하기에는 아직 주저하게 만드는 한 걸음이 남아 있다. 왜 넘지 못하는가?

일신교의 문제

복음서 저자들과 초기 그리스도인은 처음부터 근본적 문제와 맞부딪친다. 즉, 일신교의 근본을 문제 삼지 않으면서 어떻게 신의 호칭을 예수에게 부여할 수 있는가 하는 문제다. "너는 나 외에 다른 신들을 네게 두지 말라"는 야훼의 제1계명은 단호하다.「출애굽기」20장 3절

또한 하루에 두 번 암송하는 이스라엘 기도문은 「신명기」의 명령을 상기시킨다.

"이스라엘아 들으라 우리 하나님 여호와는 오직 유일한 여호와시니라"

「신명기」6장 4절

예수를 신과 동일시한다는 것은 단순하고 간단하게 말해서 이전까지 지켜온 신적인 질서를 깨뜨리는 것이다. 그러나 예수의 제자들을 일신교의 옷자락에서 빼낸다는 것은 사실 아무런 의미가 없다.

나사렛인은 제2의 신[42]이 아니다. 물론 다른 신들 사이에 끼어 있는 하나의 신도 아니다. 그리스인이나 로마인이 즐거운 마음으로 그들의 신전에 하나씩 추가시키는 신들과 비교조차 할 수 없다. 그런 신들은 점점 매력을 잃고 있다. 플라톤과 아리스토텔레스 이후 대부분의 철학자들은 하나의 유일한 신성에 초점을 맞추고 있다. 진정한 신성을 지닌 한 인물을 마치 그리스 신화의 한 그

리스인처럼 1세기의 한 유대인(예수)에게 그대로 적용시키는 것은 상상할 수 없는 일이다.

초보적인 그리스도 교리

초기 기독교 증인들의 저서는 그들이 스승의 모습을 이야기할 때 마치 계란 위를 걷듯 얼마나 신중을 기하는지 잘 보여주고 있다. 그에게 부여되는 매우 인상적인 호칭부터 살펴보는 것이 좋을 듯하다. 샤를르 페로는 이렇게 분석했다.

"예수에 대한 지금까지의 다양한 호칭들은 다시 택할 새로운 호칭을 찾아 서로 충돌하고, 서로 기대고, 서로 고쳐지고 있었다."

마치 어떤 호칭도 예수라는 존재가 지니는 생소함을 충분하게 설명하지 못하고 진실하게 정의하지 못하는 것 같았다. 선지자, 분명 그렇다. 그러나 다만 그뿐인가? 메시아, 물론이다. 그러나 이스라엘을 구원하기 위한 메시아인가, 아니면 인류의 구원을 위한 메시아인가? 신의 아들, 분명하다. 그러나 아버지와 견주어 그

---

42. 제2의 신과 제2위의 신은 반드시 구별해야 한다. 제2의 신은 유일신에 종속하는 다른 신, 다시 말해 일체一體가 아닌 별개의 존재를 말한다. 그리고 제2위의 신은 삼위일체에 근거하는 성자聖子를 의미하며, 다른 위격을 지녔지만 본질은 하나인, 다시 말해 삼위일체를 의미한다. _역자

는 정확히 어떤 자리를 차지하는가? 주, 당연하다. 그러나 그 명칭에 대해 이방인이 말하는 의미에서의 주인가, 아니면 유대인들이 부여하는 의미의 구주인가? 어떤 호칭도 다른 호칭들을 완전히 배제시키는 절대적 호칭이 못 되기 때문에 초기 그리스도인은 결국 예수를 지칭하기 위해 여러 명칭을 동시에 사용했다.

물론 신자들의 출신 지역과 배경에 따라 크든 작든 더욱 섬세한 특징이 나타난다. 이방 그리스도인에게 메시지를 전하기 위해 로마에서 집필된 「마가복음」의 경우, 로마에서는 주라는 호칭이 종교적 의미가 거의 없기 때문에 아주 드물게 사용할 뿐이다. 반대로 누가는 그 역시 이방 출신의 그리스도인을 대상으로 복음을 기록하지만 주라는 표현을 유난히 선호한다. 「누가복음」이 기록된 장소로 판단되는 그리스에서는 주라는 명칭이 종교적으로 매우 연상적인 의미를 지니기 때문이다.

물론 메시아라는 호칭은 유대 그리스도인에게서 특별히 호의적으로 사용된다. 복음서의 저자 마태는 예수가 이스라엘이 오랫동안 기다려온 '다윗의 자손'이라는 사실을 밝히기 위해 이 호칭을 자주 사용한다. 그렇다고 메시아가 이방 그리스도인 사이에서 전혀 성공을 거두지 못했다는 말은 아니지만, 거기에서 사용되는 호칭의 의미는 분명 다른 색깔을 띤다. 예수가 다윗의 자손이라는 주제에 지나치게 매달리지 않으려고 의도적으로 조심하는 마가의 붓에서 그 의미는 유대인을 넘어 더욱 보편적 범주를 드러낸다.

예수를 유대인의 왕으로 지칭하는 경우도 마찬가지다. 마태가 특별히 강조하는 이 호칭은 누가가 사용할 때는 더욱더 정신적인 의미를 나타냈다. 갈릴리인(예수)은 물론 왕이다. 그러나 그는 세상의 왕이 아니라 하늘나라의 왕권을 지닌 왕이다. 이처럼 한 저자에서 다른 저자로 바뀌면서 심지어 같은 호칭마저 다른 의미를 지니게 된다.

그렇다고 해도 예수의 제자들이 속한 다양한 공동체들이 근본적으로 대립되는 생각을 지닌 것은 아니다. 매우 미묘하게 변할 수는 있으나 근본적으로 다른 것은 아니다. 누가는 「사도행전」에 "믿는 무리가 오직 한마음과 한뜻을 가질 뿐이다"라고 기록했으며,(4장 32절) "믿는 사람이 다 마음을 같이한다"고 덧붙인다.(5장 12절) 그러나 그 무엇보다 신앙의 핵심을 이루는 근본적인 일치는 예수가 부활했다는 놀라운 사실을 모두 인정하는 것이다.

예수의 호칭은 공생애 기간 동안의 그를 지칭하는가, 아니면 부활한 예수를 지칭하는가에 따라 민감하게 달라진다. 물론 어떤 호칭은 때와 상관없이 사용되기도 하는데, 그리스도나 선지자의 경우 특히 그렇다. 그러나 분명한 것은 부활 사건 이전과 이후에 근본적으로 달라진다는 점이다. 부활 이전에는 갈릴리인을 의도적으로 랍비, 스승, 다윗의 자손으로 부른다. 그러나 부활 이후 그는 하나님의 아들이 되고 주가 된다. 부활은 예수를 근본적으로 새롭게 보게 하기 때문이다. 베드로는 예수의 새로운 모습을 정확하게 해석한다.

"너희가 십자가에 못 박은 이 예수를 하나님이 주와 그리스도가 되게 하셨느니라"
「사도행전」 2장 36절

이에 뒤질세라 바울도 「로마서」에서 예수의 정체성에 대해 자세히 설명한다.

"그의 아들에 관해 말하면 육신으로는 다윗의 혈통에서 나셨고 성결의 영으로는 죽은 자들 가운데서 부활하사 능력으로 하나님의 아들로 선포되셨으니 곧 우리 주 예수 그리스도시라"

「로마서」 1장 3~4절

엄격하게 인간적 관점에서만 고려한다면 다윗의 자손으로 매우 존귀한 계보를 지닌 예수가 바로 하나님의 아들이 되는 것이다.

게다가 문화적 기원이 무엇이든 이 호칭은 모든 사회에서 찬란하게 꽃피운다. 예수가 전능자를 배제하지 않으면서도 어느 정도까지 신적인 신비에 다다르는가를 밝히는 이점이 있기 때문이다. 결정적으로 가장 큰 성공을 가져오는 두 호칭, 즉 신의 아들과 주는 매우 다양한 상황에서도 적용될 수 있다. 다의적이면서도 경직되지 않는 이 호칭들은 예수의 절대적 위대성을 손상시키지 않으면서도 택하는 관점에 따라 다르게 이해될 여지를 남긴다.

위대함? 그렇다. 그러나 예수의 신성에 대해서는 정확히 어떻게 말해야 하는가? 엄격히 말하면, 쉽게 넘지 못하는 어떤 웅덩이가 하나님의 아들의 신성과 하나님의 신성을 나누고 있다. 그것은 결코 부인할 수 없다. 초기 그리스도인은 예수에게 신의 이름을 부여하는 것을 주저했기 때문에 종종 넌지시, 그리고 수줍게 소곤

거린다. 그러나 바울은 조금도 머뭇거리지 않고 예수의 형상을 과감하게 선언했다.

"그는 보이지 아니하는 하나님의 형상이시요 모든 피조물보다 먼저 나신 이시다"　　　　　　　　　　　　　　　　「골로새서」 1장 15절

"그 안에는 모든 충만이 육체로 거하신다"　　　　　「골로새서」 2장 9절

마침내 예수의 신성을 증거하는 '강생'의 개념이 이방인의 사도 바울의 입을 통해 이처럼 거의 터져나올 뻔했다.

"그는 근본 하나님의 형체[43]시나 하나님과 동등됨을 취할 것으로 여기지 아니하시고 오히려 자기를 비워 종의 형체를 가지사 사람들과 같이 되셨고 사람의 모양으로 나타나사 자기를 낮추시고 죽기까지 복종하셨으니 곧 십자가에 죽으심이라 이러므로 하나님이 그를 지극히 높여 모든 이름 위에 뛰어난 이름을 주사 하늘에 있는 자들과 땅에 있는 자들과 땅 아래에 있는 자들로 모든 무릎을 예수의 이름에 꿇게 하시고 모든 입으로 예수 그리스도를 주라 시인하여 하나님 아버지께 영광을 돌리게 하셨느니라"

「빌립보서」 2장 6~8절

---

43. 한글 성경에는 '본체'로 번역되었으나 문맥상 저자가 택한 '형체'가 옳다. 본체는 삼위일체의 개념을 전제로 하는데, 「로마서」의 집필 시점은 공회에서 삼위일체가 인정되기 전이기 때문이다. _역자

그가 택한 단어가 암시하듯 바울은 매우 과감하면서도 절대로 신중함을 잃지 않았다. '하나님의 형체시나'와 '하나님처럼'이라는 단어의 조심스러운 사용이 그렇다.

2세기 초에 이르러서도 사람들은 예수의 신성을 여전히 우회적으로 표현한다. 예수의 신성에 개방적인 사람들에게서조차 많은 의문이 사라지지 않은 채 맴돌고 있다. 어떻게 성부가 갈릴리인을 낳았는가? 그는 아버지인 하나님에 비해 열등한 존재인가? 어떻게 그에게 신의 몫과 사람의 몫을 동시에 부여할 수 있는가? 신성을 인정한다면 그는 인간이 먼저인가, 아니면 신이 먼저인가?

예수의 정체성에 대한 논쟁은 아직 끝나지 않았다. 다만 시작일 뿐이라고 해두자.

2부

예수의
여러 형상

이교도 국가의 그리스도인

2세기 벽두에 새로운 시대가 열리고 있다. 초기 제자들의 지칠 줄 모르는 열정으로 마침내 교회의 씨앗이 온 세상에 뿌려진다. 유대교의 주변 종파에 머무르던 기독교가 이제 완전한 종교로, 그리고 유대인을 넘어서서 보편적 종교로 인정받기 시작한다. 보편성을 의미하는 그리스어 카톨리코스*katolikos*(가톨릭)는 새로운 종교인 기독교를 지칭한다. 기독교는 세상과 사람을 생각하는 방법과 신을 생각하는 방법에 이르기까지 끊임없이 새로운 영감을 불어넣는다.

마치 허기증에 걸린 환자가 쉴 새 없이 먹을거리를 찾듯이 예수의 형상은 언제나 새로운 생각을 요구하며, 또한 다양한 해석을 낳는다. 여러 해석이 때로는 모여지고, 때로는 서로 흩어진다. 사실 예수에게는 하나의 형상만 있는 것이 아니라 다양한 형상이 있다. 서로의 관점이 지나치게 멀어질 때 서로 다투고, 갈라지고, 배척한다. 그러면서도 그리스도인들은 서로 연합할 때 힘을 얻는다는 사실을 잘 알고 있다. 그러려면 서로 다른 의견을 미리 조율해야 한다. 그런데 기독교가 아직 불법적 종교여서 그리스도인이 지속적으로 박해를 받던 시기에 신앙의 일치된 주장을 위해 종교회의를 여는 게 결코 쉬운 일은 아니다. 그러나 다양한 가운데서도 유난히 강한 음성이 점점 크게 들려오기 시작한다. 비록 초보 단계이기는 하지만 대교회의 목소리가 그들의 고유한 주장을 펼치게 된다.

내가 이 책에서 자주 사용하게 되는 '대교회'라는 말은 셀즈라는 이교도 철학자가 처음 사용한 표현이다. 그리스도인을 비난하기 위해 178년경 『진정한 담화』를 집필한 셀즈는 기독교 사상사에서 매우 유명한 저자다. 그는 동일한 교리를 주장하는 기독교 공동체를 지칭하기 위해 대교회라는 명칭을 사용했다. 그 집단의 힘은 무엇보다 조직의 단단한 구성에 있다. 대교회는 주교-신부의 서열에 기반을 둔 종교적 권위를 바탕으로 정통성의 기준을 제정하고, 자신들이 만든 기준을 반대하는 집단은 이단으로 몰아낸다. 소수를 밀어내고 서서히 다수를 형성함으로써 기독교의 중심에 자리잡는다. 현대 사학자들은 대교회라는 용어에 함축된 가치판단을 배제하고 단지 2~3세기에 다수를 차지한 기독교 집단을 대교회로 규정하고 있다.

2~3세기의 부흥

다음 장에서 예수의 정체성에 대한 신학적 논쟁을 자세히 다루기에 앞서 2~3세기 광대한 로마제국에서 급속히 발전한 기독교 공동체에 대해 잠깐 언급하고 넘어가는 것이 좋을 듯하다. 바울은 십자가의 죽음을 말하는 기독교가 분명 이방인들에게는 '미련한 것'으로 보일 뿐이라는 것을 잘 알고 있었다. 하지만 하나님의 아들이 비천한 종의 모습으로 죽었다는 메시지가 아무리 미련해 보여도 우상을 숭배하던 사회에서는 뭔가 생소함으로 새롭게 주목을 끌 수 있었다.

그렇다고는 하나 당시 사람들에게 매우 생경했던 기독교가 이교도의 척박한 땅에서 제대로 뿌리내리는 작업이 결코 하루아침에 이루어질 수는 없었다. 제자들은 잘해야 조롱당하고 잘못하면 죽을 만큼 심한 체형을 당하면서도 복음을 전파하기 위해 수십 년에 걸쳐 필사적으로 매달린다. 그들의 끈질긴 노력은 3세기 말에 이르러 마침내 제국의 여러 지방에서 기독교가 다수의 종교가 되는 뚜렷한 결실을 맺는다.

이교도들 안에서, 다시 말해 매우 위협적인 상황에서 기독교가 영향력을 펼치는 일은 마치 벼룩이 그 자리에서 튀듯 초기에는 이 도시 저 도시를 옮겨 다니며 뚜렷한 진전을 보이지 못한다. 하지만 2세기 초가 되면서 상황이 달라진다. 지중해 연안의 큰 도시들에서 기독교는 분명 새로운 변화를 보이기 시작한다. 양지바른 골목에서, 넓은 광장에서, 북적거리는 시장에서 남녀가 군데군데

모여 자신들이 보지도 듣지도 못한 새로운 종교에 대해 이야기 나누는 모습이 자주 보인다. 그들은 전적으로 유대인도 아니고, 그렇다고 완전히 이교도도 아니다. 그들은 스스로 '그리스도의 신봉자'라고 주장했기 때문에 서기 80년경 처음으로 그리스도인 christianoi라는 별명을 얻게 된다. 아이러니하게 사용된 별명에서 그들은 영광스러운 호칭을 얻는다. 서기 115년경 이그나티우스 주교는 '기독교christianism'라는 신조어로 그리스도인들의 종교를 지칭하기에 이른다.

안디옥의 이그나티우스는 한 유일한 인간 안에서 육화肉化된 초기 그리스도인의 열정의 대명사라 할 수 있다. 이교도 출신으로 교회의 선구자가 된 그는 예수를 철저히 닮기 위해 스스로 영광의 종말을 선택하며, 자신이 진정으로 바란 순교의 길을 기꺼이 따른다. 열정적인 이그나티우스는 '교부 시대'라 불리는 당시의 특별한 증거들로서 지금까지 흔적이 남아 있는 일곱 편의 서한을 작성한 저자다. 교부[1]는 사도들과 동시대 사람들이거나 관계가 있었던 사람들로 추정된다. 이그나티우스는 시리아의 수도 안디옥에 그리스도의 형상을 전하는 데 크게 기여한다. 큰 성소가 헌정된 거만한 아폴로신은 이후 무섭게 전파되는 그리스도의 형상과 화해할 수밖에 없게 된다.

---

1. 교부는 성직자인 동시에 최초의 기독교 신학자들이며, 그들의 저술과 교육은 기독교 교리의 제정에 절대적 기준으로 받아들여졌다. 구체적인 목록은 공식적으로 만들어지지 않았지만, 교부들은 두 개의 큰 집단, 즉 라틴어를 사용하는 라틴 교부들과 그리스어를 사용하는 헬라 교부로 분류된다. _저자

시리아의 수도 안디옥은 서기 3세기에 인구가 30만 명에 달했으며, 그리스도의 사명을 이루기 위한 핵심 근거지가 된다. 복음 전도자들은 주랑柱廊이 길게 세워진 도로를 떠나, 시리아 국경에서 북동쪽으로 오스로에네라는 지역에 있는 에데사의 작은 왕국으로 향한다. 에데사의 군주 가운데 한 사람이 예수와 정기적으로 편지를 주고받았다는 이야기는 비록 그것이 허구일지라도 180년경 아브가르 9세가 세례를 받았다는 주장이 사실일 수 있다는 근거가 된다. 맨 먼저 기독교를 공식적으로 받아들인 국가는 4세기 초의 아르메니아였다. 기독교 신앙은 3세기 말 조심스럽게 아디아벤(아시리아)에 들어가고, 또한 페르시아에도 전파된다.

안디옥에서 출발한 전도 사역은 전체적으로 볼 때 매우 성공적인 결실을 맺었다. 로마제국의 세 번째 대도시 안디옥이 비추는 후광이 동양에서 맹위를 떨치며, 빠르게 쇠진해 마침내 이름마저 사라져버린 예루살렘의 잔영을 대체하게 된다. 132년에서 135년까지 로마에 맞섰던 유대인의 저항이 무위로 돌아가면서 예루살렘은 완전히 파괴되고, 도시 이름은 아엘리아 카피톨리나로 새롭게 명명된다. 유대교 출신의 예루살렘 기독교 공동체는 가까스로 명맥만 유지한 채 팔레스타인 도시들을 향해 희미한 신앙의 불빛을 비출 뿐이었다. 그 도시들 가운데 2세기의 유명한 기독교 저자인 유스티누스의 고향 플라바아 네아폴리스가 있었다. 한편, 예루살렘에 거주하던 유대 그리스도인들은 고향을 떠나 아라비아로 발걸음을 옮긴다.

지금의 그리스에 자리잡은 교회들은 처음 기독교가 전파된 이후 줄곧 역동적이었으며, 아카이, 카파도스, 폰트, 갈라디아, 리시아, 팜필리, 비티니, 이오니아 등 여러 고장에서 단단하게 뿌리를 내린다. 다양한 문화를 자랑하는 수준 높은 도시 고린도는 '비할례자의 사도(바울)'의 방문을 받았다는 사실에 적잖이 긍지를 느낀다. 고린도 지협과 매우 활발한 두 항구를 지배하는 지리적 이점을 갖춘 고린도는 2세기가 되면서 절정에 이른다. 하지만 고린도는 해협을 사이에 두고 마주한 도시 에베소에는 미치지 못한다.

이오니아의 수도 에베소에는 고대 7대 불가사의 가운데 하나인 아르테미 신전이 있다. 에베소 사람들은 바울이 그들의 도시를 방문해 54년에서 57년까지 살았다는 사실을 매우 자랑스러워한다. 또한 에베소에는 요한 사도의 무덤이 있다. 예수의 제자 가운데 가장 나이가 어렸던 요한은 에베소에서 수년간 살았다. 전승에 따르면 요한(또는 그의 제자들)은 이곳에서 복음서를 집필한다. 다양한 문화로 채색된 에베소의 울타리 안에 25만 명을 헤아리는 인구가 있었으며, 아나톨리아인, 그리스인, 로마인, 유대인, 그리스도인이 한데 어우러져 도시의 풍요로움을 만끽했다.

에베소에서 멀지 않은 비티니아에서는 그리스도인들의 급격한 팽창이 로마 총독을 곤경에 빠뜨린다. 112년경 로마 총독 플리니우스는 그리스도인의 신앙이 "도시와 농촌을 가리지 않고 도처에 퍼져 있다"고 초조하게 말하면서, 이제 그들을 제압해야 하지 않겠느냐고 황제에게 묻는다. 이것은 기독교의 전파가 도시에서 나타나는 현상이라는 전통적 생각을 반박하는 증거가 된다. 물론 문화적 접근이 수월한 도시가 상대적으로 훨씬 유리하지만, 농촌 또한 도시에 미치지는 못해도 자신들이 모르던 새로운 신앙에 많은 관심을 나타냈다는 증거가 된다.

동양의 활력에 이집트와 오만한 알렉산드리아도 부응한다. 알렉산드리아 태생이 아닌 이집트 원주민들의 경우는 3세기까지 알렉산드리아 거주가 금지되었다. 그리스 문화에서 성장한 교양 있는 시민들이 넘쳐나는 대도시의 인구는 2세기 말에 대략 50만 명을 넘보며 로마 다음으로 제국에서 가장 큰 도시가 된다. 밤이 되면 도시의 거대한 등대가 어김없이 수천 개의 등불을 비춰 항해자들을 구원한다. 그러나 더욱 영적인 구원, 즉 부활한 예수가 전파하는 구원의 메시지는 1세기부터 헬라파 그리스도인들에 의해 유대인 공동체 안에서 전해졌으며, 나중에는 이교도들 주변에 직접 전해진다.

3세기 초에는 도시 지식인들이 너나없이 기독교 사상을 받아들이게 된다. 여기에서 잘못 전해진 내용이 다시 드러난다. 2세기 말 셀즈가 기록한 내용, 다시 말해 기독교가 노예나 구두수선공 그리고 면직공 같은 사회의 하류층만 끌어들였다는 것은 사실과 전혀 다르다. 어쨌든 2세기 초 로마의 엘리트들이 새로운 신앙을 무시했다는 누군가의 주장은 불과 100년 후 이처럼 사실이 아닌 것으로 밝혀졌다.

알렉산드리아에서 새로운 신앙이 디다스칼레의 후광을 입었다는 사실을 알아야 한다. 디다스칼레는 위대한 스승 오리게네스(185~251년경)와 디오니시우스(264년 사망)가 가르친 기독교 신학과 주석학의 핵심적 학파로 명성을 떨친다. 그들은 기독교 사상과 그리스 철학의 접목을 시도하고 알렉산드리아를 종교의 중심으로 만든다. 그리고 그리스도인 내부에서 일어나는 주제를 포함한 모든 사조가 그 안에서 서로 조화를 이루게 한다. 정통 신학자들이 그렇지 않은 사람과도 어울리는 가운데 곳곳에서 진지한 논쟁이 벌어진다.

박물관이 있고, 50만 권이 넘는 파피루스 수사본을 소장한 도서관이 있으며, 문화의 백과사전이라 일컬어지는 알렉산드리아에서 이러한 지성의 토론이 이루어진 것은 지극히 자연스러운 일이 아니겠는가! 이미 기원전 3세기에 유대 석학들이 이곳에 모여 히브리어 토라를 그리스어로 번역하지 않았는가! 기독교는 3세기 중반에 이집트 전역으로 규모를 넓힌다. 50개가 넘는 교구가 세워지고, 이웃한 키레나이크(오늘날의 리비아)에는 16개의 교구가 설립된다.

서쪽으로 나아가 북아프리카에도 새로운 종교가 들어간다. 2세기 말이 되면 카르타고를 주축으로 그리스도인의 첫 흔적이 관찰된다. 도도하게 지중해를 굽어보는 카르타고에서는 테르툴리아누스(160~225년경)와 키프리아누스(205~258년경) 같은 최초의 라틴 교부들이 배출되고, 이들은 서양사에 매우 중요한 지적 유산을 남긴다. 하지만 로마가 지배하는 대도시들은 이방 종교에 절대적으로 매달렸기 때문에 초기 기독교 연대기를 기록하는 내용은 그리스도인들이 당한 박해의 역사로 뒤덮여 있다. 그럼에도 불구하고 기독교의 힘찬 물결을 막을 수는 없었으며, 새로운 신앙은 오래된 종교의 심층을 거침없이 파고든다. 테르툴리아누스는 "우리(그리스도인)가 당신들의 광장과 시장과 원형경기장을 가득 채울 것이다'라고 자신 있게 선언한다. 수치가 그 결과를 말해준다. 256년 북아프리카에 무려 87개의 교구가 세워진다.

갈리아(골:오늘날의 프랑스 지역)의 복음화는 다른 지역에 비해 상대적으로 느리게 진행된다. 그러나 2세기 말부터 리옹, 아를, 비엔나에 기독교 공동체가 하나둘 세워진다. 푸르비에르와 크롸루스 언덕에서 내려다보이는 빛의 도시 리옹은 서머나 출신 이레네우스(140~202년)의 카리스마로 빛을 발한다. 첫 주교 포티누스를 승계한 이레네우스는 2세기의 가장 뛰어난 신학자로 평가받으며 신약 연구에 결정적 역할을 한다. 툴루즈를 선두로 갈리아 남서쪽이 복음화되고, 툴루즈의 첫 주교 사튀르넹은 250년에 순교한다. 그의 유해 주변에 지하 분묘가 조성되어 오늘날 생레몽 박물관 아래서 경이로운 유적이 발견되었다.

북쪽의 렌 지방과 다뉴브 지방에도 그리스도인들이 해야 할 일이 많이 남아 있었다. 부르타뉴(오늘날의 영국)에는 3세기 말까지 3개의 교구가 있었을 뿐 북아프리카의 활기찬 모습과는 도저히 비교할 수 없었다. 스페인에도 꾸준히 기독교가 전파된다. 특히 남부(오늘날의 안달루시아)에는 3세기가 끝나갈 무렵 37개의 공동체가 세워진다.

그러나 바람은 언제나 돌고 돈다. 복음화의 진정한 가치를 느낄 수 있는 곳은 역시 제국의 수도 로마다. 3세기에 인구가 80만 명에 달했던 로마는 가장 오래된 기독교 공동체 가운데 하나가 된다. 바울은 그곳에 억류되어 있는 동안 교인들에게 많은 위로를

받는다. 「사도행전」 28장 15절

　역사학자들에 따르면 로마의 그리스도인은 어림잡아 2~5%에 해당하는 3만~5만 명으로서 이는 무시할 수 없는 숫자다. 2세기 초부터 특별한 권위를 드러낸 로마 교회는 상대적으로 이탈리아 중부(라티움과 캄파니아)에 편중된 반도의 교회에 영향을 끼치며 점차 다른 지역에까지 기세를 떨쳤다. 로마에는 60년대 후반 순교를 당한 기독교의 거목 베드로와 바울의 유해가 있지 않은가! 또한 베드로는 예수가 그의 이름으로 교회를 세우기로 한 사도이자 로마의 첫 주교가 아닌가! 「마태복음」 16장 18절

　결과적으로 로마는 비록 동양과 서양의 다른 교회에 비해 실제적으로 우월함을 보이지는 않았다 해도 크든 작든 분명 특별한 권위를 누리고 있었다. 카르타고의 주교 테르툴리아누스는 로마 교회에 대해 이렇게 노래한다.

　"행복한 로마 교회여! 사도들이 피를 쏟으며 로마에서 교리를 전했다. 베드로는 여기에서 주님과 똑같은 십자가 고난을 당했다.[2] 바울은 여기에서 세례 요한처럼 목이 잘리는 참수형을 당했다. 요한은 펄펄 끓는 기름에 산 채로 던져졌지만 죽지 않고 살아났다.[3] 로마가 배우고 가르치며 북아프리카의 모든 교회와 더불어 로마가 확신하는 것을 우리는 반드시 알아야 한다."

---

2. 전승에 따르면 베드로는 자진해서 머리를 아래로 내린 채 십자가에 거꾸로 매달렸다. _저자

기독교 안에서 중요한 역할을 맡은 사람들 또는 큰 영향을 끼친 사람들에게 로마는 반드시 거쳐야 하는 도시다. 사람들은 교리의 해석이 분분하던 시대에 로마에 와서 자신의 이론이 정통성을 지니는지 확인했다. 그런 가운데 지칠 줄 모르는 도전이 있고, 끊임없는 논쟁이 벌어지는 동시에 조화로운 타협이 이루어진다. 복음의 메시지는 영원의 도시(로마) 전체로 뻗어나간다. 복음은 노동자들이 모여드는 수부로의 더러운 동네에서부터 황제의 궁전에 이르기까지 거침없이 전해진다. 1세기 말부터 베스파시아누스 황제의 부인 도미틸레가 복음을 받아들이고, 황제의 조카도 새로운 신앙을 품에 안으며, 카라칼라의 유모도 그들을 따른다.

물론 복음의 전파가 아무 문제 없이 일사천리로 진행된 것은 아니다. 카르타고의 주교 키프리아누스는 황제 데시우스가 "로마에 교구가 세워지는 것을 가만히 두고 보지 않겠다"고 공언했다는 일화를 전해준다. 그러나 온갖 위협과 박해에도 불구하고 기독교는 뚜렷이 인장을 찍으며 로마에 새로운 지형을 만든다. 특히 그리스도인들이 죽은 사람을 묻고 추격과 박해를 피하려고 숨었던 카타콤(고대 로마의 지하묘지)으로 도시의 지하가 점점 채워지고 있었다.

4세기가 되면서 로마제국의 모습은 눈에 띄게 변한다. 여전히 불법이기는 하지만 기독교는 어느덧 종교적·사회적으로 새로운 패가 되어 함께 맞춰나가야 하는 힘 있는 세력이 된다. 그러나 여

---

3. 이 주장은 믿을 만한 역사적 증거에 근거한 것이 아니다. 따라서 훗날 교회에 의해 공식적으로 부인된다. _저자

전히 그리스도인이 이교도에게 인기가 있었던 것은 아니기 때문에 모든 일이 쉽게 이루어지지는 않는다.

그리스도인들에 대한 혐오

셀즈는 반기독교적인 저서『진정한 담화』에서 기독교를 이렇게 고발한다.

"그것은 갓 생겨난 종족에 불과하다. 조국도 없고 전통도 없이 종교와 사회제도에 맞서 급조되었으며, 정의를 피해 도망다니고, 일반적으로 비열하며, 모든 사람들의 혐오를 대단한 영광으로 여기는 패거리들, 그들이 바로 그리스도인이다."

실제로 그리스도인은 뭔가 일을 꾸미고 있었다. 그들은 항상 세상과 거리를 두고 살며, 밤의 은밀한 의식儀式에 몰두한다. 사람들은 그리스도인을 가리켜 세상을 등진 염세주의자라 비난하고, 그들은 어린아이들의 피를 마시며, 매일 밤 술에 취해 집단 혼음에 빠진다고 말한다. 익숙지 않은 생소한 이질성이 주는 반감 때문에 소수를 향한 그런 식의 과장된 비난은 옛날부터 있어왔다. 중세와 르네상스 시대에 카타리파와 유대인들도 비슷한 경험을 한다.

그 당시 로마의 정신세계에서 새로운 것은 다르다는 것과 더불어 분명한 죄악이다. 혁신은 언제나 의혹과 보조를 맞춘다. 로마인은 단지 오래된 것만이 전통적이고, 따라서 합법적이라고 생각한다. 그렇기 때문에 로마는 유대교에 대해서는 합법적 종교의 위상을 부여한다. 야훼 신은 얼마나 오래된 신인가! 반면 예수는 정말 풋내기가 아닌가! 그들이 보기에 그리스도인의 신앙은 참으로 터무니없어 보인다. 그리스도인은 뿌리 깊은 조상의 신들을 경배하지 않기 때문에 그들이 믿는 것은 무신론과 별로 다르지 않다.

플리니우스는 이를 두고 비합리적 미신일 뿐이라고 말한다. 어떻게 그들은 신이라는 존재가 천상의 행복을 포기하고 세상에 와서 사람들과 더불어 살며 함께 고통을 나눈다는 것을 믿을 만큼 어리석단 말인가! 더욱이 논리적으로 사람이 죽으면 썩어서 없어지기 마련인데, 부활하기 위해 십자가에서 죽는다니 정말 황당하지 않은가! 분명 신들은 인간들보다 훨씬 더 쾌락을 즐긴다. 이교도 지식인들은 그리스도인을 빗대어 '약장수 말을 그대로 믿고 꿀꺽 약을 삼키는 멍청이들'이라고 마음껏 조롱한다. 이것이 2세기 중반 루시아노스가 그의 저서 『나그네들의 죽음』에 기록한 내용이다.

그러나 적대자들의 입장에서 바라볼 때 그리스도인은 단순히 순진한 사람들로 끝나지 않는다. 제국의 입장에서 보면 그들은 매우 위험한 사람들이다. 로마의 신화를 문제 삼고, 이교도의 종교 의식을 비판하며, 로마의 전통 신들을 경배하기는 커녕 모욕을 주기 때문에 언젠가는 끔찍한 사태를 일으킬 우려가 있지 않은가? 게다가 로마 사회로부터 일부를 단절시킴으로써 로마의 화합을 깨뜨린다면, 그것은 외부의 침입 때 중대한 위험이 될 수 있음을 뜻하는 것이다. 그들로서는 더 이상 머뭇거리지 말고 허튼 선동꾼들을 빨리 없애야 한다. 그러려면 그리스도인이 스스로 그들의 신앙을 버리게 할 방법을 찾아야 한다.

산발적인 박해

2~3세기에 그리스도인들은 이처럼 공적으로 박해의 표적이 된다. 게다가 전쟁이나 시위 같은 폭력에 익숙한 고대사회에서 그런 일이 그리 놀라운 일이겠는가? 그 당시에는 잔인함이 오히려 일상적인 모습이 아닌가? 마침내 정치권력이 앞장서서 시범을 보인다. 네로는 64년 로마를 삼켜버린 대화재의 원인으로 자신이 의심을 받게 되자 그리스도인을 희생 제물로 삼기로 작정하고 음흉한 계략을 꾸민다.

타시투스가 쓴 다음 글에서 알 수 있듯이 흥분한 로마 시민들이 내뱉는 저주의 함성이 빗발친다.

"자백을 받기 위해 사람들을 뒤쫓기 시작했고, 그들의 거짓 밀고에 따라 마침내 그리스도인이 저지른 방화로 조작되었다. 게다가 그들은 단순히 방화범이 아니라 인류에 대한 증오를 드러낸 반인류적 범죄자로 몰렸다. 그들의 처형에는 뭇 사람의 조롱이 뒤따랐다. 사람들은 죄인들의 몸에 피묻은 짐승 가죽을 뒤집어씌워 개들이 그 역겨운 피냄새를 맡고 몰려들어 물어뜯어 죽이게 하는가 하면, 죄인을 십자가에 매달고는 해가 지면 불을 지펴 인간 횃불로 만들어 태워 죽이기도 했다."

그러나 황제들이 모두 그리스도인을 박해하려 했던 것은 아니다. 그들을 사로잡는 이상한 감정! 그것은 죽음을 무릅쓰면서까지 자신의 신앙을 절대 포기하지 않는 그리스도인의 무서운 확신 앞에서 느끼는 당혹감이었다. 트라야누스 황제가 플리니우스에게 보낸 편지가 이를 잘 웅변해준다. 플리니우스 총독이 그리스도인들을 계속 뒤쫓아야 하느냐고 묻자 트라야누스 황제는 이렇게 답한다.

"우리는 하나의 형식을 지니는 하나의 규칙을 일반적 범주로 세울 수는 없다. 그들을 뒤쫓지 말라. 그들이 법정에 소환되어 유죄로 인정되면 그때 그들을 처벌하고, 그리스도인이 아니라고 부인하는 자는 (…) 과거에 어떤 혐의가 있었든 뉘우칠 수 있게 용서를 받을 것이다."

테르툴리아누스는 이렇게 말하며 황제의 판단을 조롱한다.

"오직 모순만이 돋보이는 실로 멋들어진 문장이다. 마치 그리스도인들이 무죄라고 말하려는 듯 그들을 뒤쫓지 말라고 명령한다. 그러고는 그들이 유죄인 것처럼 처벌하라고 명령한다. 그는 그리스도인들을 돌보라고 말하는 동시에 그들을 위협한다. 범죄에는 눈을 감으면서도 그들을 징벌한다. 정의여! 무엇 때문에 너는 그렇게 난처한 상황에 빠져드는가? 네가 그리스도인을 단죄하려면 왜 그들을 뒤쫓지 않는가? 그들을 뒤쫓으면서 왜 그들을 용서하는가?"

머뭇거리던 정치권력은 차라리 주민들이 그리스도인을 공격하게 내버려둔다. 당시 외환外患의 위기를 겪고 있던 로마로서는 좋은 돌파구를 찾은 셈이다. 3세기 초 황제는 마침내 결단을 내린다. 202년 셉티무스 세베루스 황제가 유대인과 그리스도인들의 선교를 금지하는 칙령을 공포한 것이다. 이것은 법적으로 그리스도인을 직접 겨냥한 첫 번째 사례가 된다.

이어서 3세기 중반부터 이방족과 페르시아로부터 침입을 당하는 중대한 위기 상황을 맞으면서 로마의 반기독교적 법령은 점점 강화된다. 그러나 그들의 박해가 약하든 강하든 그것이 그리스도인을 완전히 제압하지는 못한다. 더욱이 그리스도인이 보여준 불굴의 신앙은 이교도들이 그 무서운 용기에 감동받아 개종하게 만드는 자극제가 된다. 테르툴리아누스는 "거룩한 순교의 피가 온 세상에 그리스도인의 생명의 씨앗을 뿌렸다"고 말한다.

어떤 그리스도인들의 태도가 로마인을 놀라게 한 것은 사실이다. 안디옥의 이그나티우스 주교가 로마의 기독교 공동체에 보낸 편지를 살펴보자. 그는 115년경 순교하러 로마로 끌려가면서 비장한 편지를 남긴다.

"나는 그들이 방해만 하지 않는다면 신을 위해 기꺼이 죽을 것입니다. 바라건대 나를 위한 부적절한 호의를 거두시기 바랍니다. 나를 짐승의 먹이가 되도록 내버려두십시오. 이를 통해 나는 하나님을 만날 수 있을 것입니다.

나는 하나님의 밀이 되고, 짐승의 이빨에 물어뜯김으로써 마침내 그리스도의 순결한 빵이 될 것입니다. 차라리 나의 무덤이 되고 나의 육신에서 아무것도 남기지 않을 짐승들을 사랑으로 쓰다듬어주십시오.

(…) 나를 위해 예비된 짐승들을 나는 기꺼이 사랑할 수 있을 것입니다. 짐승들이 나를 위해 머뭇거리지 말고 서둘러 일을 해치워주기를 바랍니다. (…) 만약 짐승들이 잘못된 판단으로 나를 거절한다면, 나는 어떻게든 짐승들이 나를 물어뜯게 할 것입니다.

눈에 보이는 것이든 보이지 않는 것이든 세상의 그 어떤 것도 내가 그리스도를 만나는 것을 방해하지 못합니다. 저주의 불길이나 십자가가 닥쳐와도, 뼈를 파헤치거나 사지가 절단되더라도, 몸이 으깨어지고 악마의 더러운 도리깨가 나를 치더라도 오직 내가 예수 그리스도를 만날 수 있다면 나는 진정 행복하며, 그것으로 나는 만족합니다!"

가슴을 저미는 충격적인 죽음이 이어진다. 167년 산 채로 불에 던져지는 순간 서머나의 노주교 폴리캅이 보여준 용기는 매우 감동적이다. 그는 그리스도를 저주하라고 명령하는 총독에게 조금의 망설임도 없이 단호하게 대답한다.

"내가 하나님을 섬긴 지 이제 86년이 되었지만 그는 지금까지 한 번도 나에게 악을 행하지 않으셨소. 어떻게 내 생명을 구원하신 나의 왕을 모독하라는 말이오?"

이교도 출신으로 북아프리카의 젊은 귀족 부인이었던 페르페튀도 눈물겨운 감동을 보여준다. 페르페튀가 아기를 막 분만했을 때 그녀의 아버지는 살기 위해서 신앙을 버리라고 간청한다. 그러나 페르페튀는 이를 단호하게 거절한 채 펠리시테라는 여인과 함께 그리스도를 찬양하며 맹수 우리로 뛰어든다.

『페르페튀와 펠리시테의 고난』에는 이들의 순교 내용이 자세히 묘사되어 있다. 이처럼 그리스도인이 겪은 처절한 박해는 기독교 문학의 발전을 자극하며 신자들의 열렬한 호응을 얻는다. 물론 모든 그리스도인이 다 함께 순교를 찬양했다고 한다면 그것은 분명 과장이다. 박해 위협이 닥치자 많은 그리스도인은 교회 지도자들이 느끼는 절망에 아랑곳없이 이교도들이 요구하는 대로 그들의 우상을 섬기기 위해 앞다퉈 떠났다. 250년경 알렉산드리아의 디오니시우스 주교는 이렇게 탄식했다.

"공동체의 쇠퇴를 막을 길이 없으며, 널리 알려진 인물들조차 자진해서 신앙을 버렸다. (…) 죽음이 두려워 물러서는 비겁한 행동이라는 것을 이미 모든 사람들이 알고 있다."

그렇다면 2~3세기에 얼마나 많은 순교자가 생겼는가? 사실 정확한 수를 알 수는 없다. 기독교 문인들은 다소 과장하는 경향이 있고, 어떤 사학자들은 300년 동안 수천 명의 희생자가 있었을 것이라고 말한다. 마치 20세기 전체 국가들이 이념 차이와 인종차별로 저지른 민중 학살처럼…….

박해에 대응하다

결론적으로 박해는 그리스도인이 오랜 침묵을 깨고 밖으로 나오게 만들었고, 반대자들에 대항해서 서둘러 기독교 교리를 다듬게 만들었다. 교부 시대(1세기 말~2세기 중엽)에 서서히 시동을 걸었던 그리스도인의 노력은 호교론자護教論者(대표적 인물로 네아폴리스의 순교자 유스티누스가 있다)로 일컬어지는 주교들과 더불어 2세기 후반부터 본격적으로 확대된다. 더 일반적인 움직임은 3세기의 위대한 신학자들, 특히 오리게네스와 더불어 크게 발전한다. 오리게네스는 그의 사상이 빛나는 안디옥에서 250년경 셀즈의 유명한 책 『진정한 담화』에 대한 반론으로 『셀즈에 반反하여』를 집필한다.

개종한 이교도로서 그리스-라틴 수사학에 정통한 호교론자들은 기독교의 기본 원리를 반드시 설명해야 한다는 강한 의무감을 느낀다. 기독교에 대한 근본적 무지가 터무니없는 오해를 불러일으킨다고 보았기 때문이다.

인류에 대한 증오? 정작 그리스도인들은 모든 사람들이 즐기는 검투사들의 피 흘리는 놀이를 비난하고, 사람의 생명을 소중하게 생각해 신생아를 버리거나 제물로 바치는 것을 단호하게 거부하는데 그런 주장이 가능한가!

무신론자? 온 우주의 창조자인 신을 경배하는 그들이 무신론자가 될 수 있겠는가!

뿌리가 없는 신흥종교? 그들의 신앙은 유대교에서 상속된 것인데 뿌리가 없단 말인가!

선동자? 신봉자들에게 로마 권력에 따를 것을 권하는데 어떻게 선동자가 될 수 있는가!

테르툴리아누스는 자신의 책 『호교론자』에서 이렇게 해명한다.

"우리는 황제들을 위해 장수를 기원하고, 조용한 통치와 안정된 궁정, 용감한 군인들, 충성스러운 원로원, 준법적인 국민, 평화로운 세상… 결국 황제가 바라는 모든 것을 위해 쉴 새 없이 기도했다!"

기독교의 중심인물들은 그리스도인에 대한 이교도의 비난이 사실상 아무 근거가 없다고 반박한다. 그들은 여기에서 더 나아가 부도덕과 폭력을 부추기는 이교도에 대한 기독교의 도덕적 우위를 은연중에 밝히고 있다.

모범적인 도덕

실제로 그리스도인의 생활 방식은 이교도들과 선명한 대조를 이루며 가치관도 분명 다르다. 즉, 그리스도인의 근본적인 가치관은 사도들의 교육에서 인용한 다음의 명령에 따르는 것이다.

- 살인하지 말라
- 간통하지 말라
- 남색, 간음, 절도, 마술, 주술을 피하라
- 이웃의 재산을 탐내지 말라
- 거짓 증언 하지 말며 거짓 맹세 하지 말라
- 저주하지 말며 원한을 품지 말라
- 속이지 말며 거짓말하지 말라
- 탐욕과 위선을 부리지 말며 악독하고 교만한 자가 되지 말라
- 아무도 미워하지 말고 자신처럼 다른 사람들을 사랑하며 그들을 위해 기도하라

여기에서 보는 바와 같이 기독교의 도덕은 절제와 정직을 추구한다.

특히 가정 규범과 성적인 면에서 기독교 신앙이 더욱더 개혁적으로 나타나며, 이는 가부장적 사회에서 매우 중요한 변화를 의미한다. 기독교는 분명 그 분야를 신중하게 다루면서 다른 종교와 뚜렷이 구별된다. 이를테면 남녀의 결혼은 그리스도와 교회의 결

합을 표현하는 비유가 된다. 혼인 관계는 사람의 생각으로 끊을 수 없기 때문에 남녀의 결혼은 더욱 진실한 사랑에 토대를 둔다. 그리고 그리스도인은 성생활의 근본 목적을 쾌락이 아니라 출산에 둔다. 금욕으로 정결하게 생활하던 오리게네스는 성적인 욕망으로 마음이 흔들리자 성경 구절을 자신에게 그대로 적용하면서 스스로 거세를 감행한다.

"어머니의 태로부터 된 고자도 있고 사람이 만든 고자도 있고 천국을 위하여 스스로 된 고자도 있도다" 「마태복음」 19장 12절

기독교의 일부 사상에 지나치게 극단적인 면이 있다는 것은 부인할 수 없는 사실이며, 이는 금욕주의자들에게서 두드러지게 나타난다. 그들은 순결을 최고의 가치로 삼고 성생활을 전적으로 금하라고 가르친다. 심지어 부부에게 헤어지라고 권한다. 알렉산드리아의 클레멘스 주교는 획일적 해석에 빠지지 않으면서 기독교 도덕관의 정립에 크게 기여했는데, 그를 따르는 신학자들은 "배와 그 아래를 엄하게 다스리라"고 조언한다.

또한 부모는 자녀를 잘 보살펴야 하며, 무엇보다 자녀에게 질 좋은 교육을 제공해야 한다. 그리고 특별한 배려로 과부들을 감싸며, 사회적으로 소외되고 힘없는 사람들을 진정으로 돌보라고 가르친다.

자기 절제에 근거한 기독교의 개인 윤리는 2세기에 로마의 엘리트들에게 큰 영향을 끼쳤지만, 그리스도인들은 나아가 사회 윤

리에서도 근본적으로 변화해야 한다고 주장한다.

성생활의 절제를 주장하는 그리스도인은 여가 생활에서도 남다른 절제를 강조한다. 앞에서도 말했듯이 원형 투기장의 잔인한 살인놀이를 즐긴다는 것은 그리스도인에게 절대 있을 수 없는 일이다.

타티아누스는『그리스인들에게 보내는 서신』에서 이교도들을 신랄하게 꼬집고 있다.

"당신들은 고기를 먹기 위해 짐승을 희생시킨다. 그러나 당신들의 영혼은 사람들을 돈으로 사들여 그들이 서로 피 흘리며 죽어가는 처절한 모습을 즐기고 있다. 당신들은 모든 연민을 내던지고 다만 흥건한 피를 맛보며 자극적인 쾌락을 즐기고 있다. 강도들은 기껏해야 훔치거나 빼앗으려고 사람들을 죽이지만, 당신들은 자신들의 쾌락을 위해 검투사들을 돈으로 사서 잔인하게 죽이는 것이다."

한편, 외설적인 연극도 그리스도인의 호감을 얻지 못한다.

일상생활에서도 그리스도인은 양심을 지키려 노력하고 손을 더럽히지 않으려 애쓰지만, 종종 복잡한 문제가 생긴다. 군대에 있는 사람들이 의무를 충실히 지키는 동시에 피를 손에 묻히지 않고 깨끗이 하기는 결코 쉽지 않다. 마찬가지로 돈을 벌기 위해서 장사하는 사람들에게 도덕적인 주문을 지나치게 강요하는 것도 간단한 일이 아니다.

이처럼 그리스도인의 삶에서 드러나는 커다란 역설이 작자 미상의 『디오그네투스에게 보낸 편지』(2세기 말)라는 유명한 책에 요약되어 있다.

"그리스도인들은 그들의 조국이나 언어, 의복에 따라 구별되지 않는다. 그들에게만 고유한 나라에서 살지 않고, 특별한 방언을 사용하지도 않으며, 삶의 방식이 전혀 생소하지도 않다. (…) 삶의 방식과 음식, 의복 등에서 지역적 관습에 따르면서도 그들은 영적 세계의 진실로 말미암아 역설적이고 평범치 않은 삶의 모습을 드러낸다. 그들은 각자의 조국에서 살지만 마치 외국의 거류민처럼 살아간다. 시민으로서 지켜야 하는 의무를 모두 이행하지만 마치 외국인처럼 그것을 떠맡는다. 모든 외국인의 땅이 그들의 조국이 되고, 모든 조국이 외국인의 땅이 된다.

그들도 다른 사람들과 마찬가지로 결혼을 하고 아이를 낳지만 성생활에 탐닉하지는 않는다. 그들은 언제나 식탁을 함께하지만 잠자리는 멀리한다. 육신을 입고 살지만 육신에 따라 살지는 않으며, 지상의 삶을 뛰어넘어 하늘나라의 시민이 된다. 세상의 법에 복종하지만 그들이 살아가는 방식은 세상을 초월한다. 모든 사람을 사랑하지만 모든 사람들은 그들을 박해한다. 사람들은 그들을 알지 못하면서도 그들을 비난한다. 사람들은 그들을 죽이지만 그들은 그로 말미암아 오히려 진정한 삶을 얻는다.

그들은 가난하지만 다른 사람들을 풍요롭게 한다. 모든 것이 부족하지만 진정 그들에게는 모든 것이 넘친다. 사람들은 그들을 멸시하지만 그들은 정작 멸시 가운데 영광을 발견한다. 사람들은 그들을 모략하지만 그들은 그것으로부터 정당성을 부여받는다. 사람들은 그들을 저주하지만 그들은 사람들을 축복한다. 사람들은 그들을 모욕하지만 그들은 사람들을 공경한다.

오직 선善을 행하면서도 그들은 악인처럼 징계를 받는다. 처벌을 받고 고난을 당하면서도 그들은 마치 세상에 다시 태어나는 것처럼 순전한 기쁨을 누린다. (…) 한마디로 그리스도인들이 세상을 사는 방법은 마치 영혼이 육신에 거하듯 그렇게 세상에 거주하는 것이다."

이를 달리 말하면 그리스도인은 이 세상現世을 살면서도 다른 세상別世에 살고 있는 것이다.

교회가 세워지다

교회[4]를 위한 새 시대가 열리면서 사도들의 계승자인 주교[5]를 중심으로 성직자 조직이 강화된다. 주교는 잘 구분된 한 지역[6]의 신앙 공동체를 운영하고 종교 의식을 주재한다. 그는 교리의 책임

---

4. 교회는 그리스어 에클레시아*ekklesia*에서 유래하며, 건물이 아니라 모임 또는 회의를 뜻한다. _저자

5. 그리스어로 에피스코포스*episcopos*이며, 감독하는 사람을 의미한다. _저자

자이며, 문제가 생길 경우 교인들의 삶에 관여한다. 공동체에서 선출되지만, 사실상 주교 후보자는 그 지역에 있는 다른 교회의 주교들에 의해 사전에 지명된다. 그러면 교인들로 구성된 회의는 지명자가 정식으로 취임할 수 있도록 주교들의 제안을 법적으로 인정한다. 단위 교회별로 자율적으로 운영되는 것이 원칙이지만, 알렉산드리아, 안디옥, 카르타고, 로마, 에베소, 고린도 같은 거대 도시에는 2세기부터 대주교가 존재했다.

3세기 초부터 주교의 통제 아래 각 지역의 주교들이 모여 지역 공회를 열고 교리와 규범을 진지하게 논의한다. 그러나 동방과 서방의 주교들을 한자리에 모두 불러 모으는 전체 공회는 니케아 공회 이전에는 열리지 않았다. 왜냐하면 그리스도인 공동체가 여전히 합법적인 집단으로 인정받지 못하던 시기에 주교들이 한자리에 모인다는 것은 위험한 일이 될 수도 있었기 때문이다.

그 당시에 주교들을 통솔하는 교황이 있었는가? 아니다. 그 당시 로마 교회의 대주교가 가끔 교황*pape*으로 불리기는 했지만, 아버지를 뜻하는 그리스어 '파파'라는 애칭이 실제로 정서적 의미를 담고 교황을 지칭한 적은 없었다. 고대에 알렉산드리아와 카르타고의 주교들에게도 가끔 같은 호칭이 주어졌다. 그러나 그 당시의 호칭은 도시와 세계에 축복을 선언하며 절대적 권위를 지닌 지금의 교황과는 매우 거리가 있었다. 교황권에 대한 개념은 오랜 시간이 지난 뒤에야 서서히 윤곽을 드러내기 시작하고, 중세가 되어

---

6. 일반적으로 도시를 말하지만, 가끔 지방에도 주교가 있었다. _저자

서야 마침내 현대적 의미의 교황이 세워진다.

어쨌든 우리가 살펴본 대로 로마 교회의 주교는 다른 주교들에
비해 특별한 권한을 누리고 있었으며, 로마의 주교는 다른 공동체
들의 일에 중재권을 행사하면서, 태동하는 기독교 집단의 조정자
역할을 맡았다. 로마의 주교 클레멘스는 96년 기독교 공동체에서
처음으로 고린도 교회에 공식 서한을 보내 교인들을 대립시키는
갈등을 중재한다. 268년 안디옥 교회에서 그리스도인을 분열시키
는 격렬한 싸움이 벌어진다. 아우렐리우스 황제는 이 사태를 종식
시키기 위해 모든 교회가 "로마 주교와 생각을 같이하는 사람들의
의견에 따라야 한다"고 선언한다.

주교 밑에는 사제들, 즉 프레스뷔테로스*presbyteros*가 있다. 사
제들의 주된 역할은 주교로부터 권한을 위임받아 주교를 보좌하
고 조언하는 일이며, 주교와 다른 사제들에 의해 임명되는 사제들
은 기독교에 갓 입문한 예비신자들을 가르친다. 사제 밑에는 그들
을 돕는 집사들이 있는데, 그들은 교회의 재산 관리와 구제를 담
당하고 전례典禮에도 일정한 역할을 맡는다.

주교와 사제 그리고 평신도들로 구성된 집사들 밑에는 하부 기
능을 담당하는 직분자들이 있다. 그 가운데 고해자들은 관리자의
역할을 맡아 양심적으로 일을 처리한다. 그들은 이전에 신앙적인
이유로 로마 권력에 의해 투옥된 적이 있거나 신앙을 버리라는 요
구를 거부한 평신도들이다. 이 밖에도 찬양 대원, 성경 낭독자, 시
편 낭송자, 부집사, 시종 들이 업무를 분담한다. 문지기들은 이름
대로 교회 문을 지켜야 하지만 특정 건물이 없는 경우에는 모이는

장소의 문을 지킨다. 또한 치유자와 귀신 쫓는 사람의 경우 상시적 역할이 정해진 것은 아니며, 각자가 지니는 재능이나 카리스마에 따라 결정된다.

성직자들은 반드시 독신이어야 하는가? 2∼3세기에는 그에 관한 엄격한 규정이 없었다. 성직자의 독신 의무는 당시에는 일부 교회에서만 있었고, 4세기가 되어서야 점진적으로 나타날 뿐이며, 서방교회에서는 7세기에야 나타난다. 반면 2세기부터 성직자들에게는 엄격한 단혼제가 요구되어 모든 성직자들의 재혼이 전적으로 금지된다. 3세기가 거의 끝나갈 무렵 금욕주의자들이 사막에 들어와서 안토니우스의 주변에 모여들었다는 사실을 상기하면, 중세에 이르러 큰 성공을 거두는 수도원 생활의 기원을 보게 된다.

여자들의 삶은 어떤가? 초기에는 여집사들이 보조 역할을 맡았는데, 특히 여신도들 주변에서 일정 사역을 담당했다. 무엇보다 여자 예비신자가 세례를 받기 위해 벗은 채 세례조에 들어갈 때는 여집사들의 도움이 필요했다. 주교나 신부가 그런 장면을 보는 것은 예나 지금이나 부적합한 일이기 때문이다. 여집사들의 사역은 이후 517년 에파온 공회 때 그들의 고유한 직분이 사라질 때까지 존속한다.

과부들은 기도를 통한 중보 사역을 맡는다. 여자에게 사제직을 서품한 경우는 없었으며, 더욱이 대교회 공동체에서 여주교가 나온다는 것은 상상조차 할 수 없는 일이었다. 2세기 말에 이르러 대교회의 권위가 뚜렷해지기 시작하면서 대교회는 소수파 교회들에 강제적 영향력을 행사하며, 그 권위에 따르지 않는 공동체들을 작은 종파의 자리로 몰아낸다.

그리스도인을 위해 일정한 종교의식이 필요해지고, 특히 그리스도 신앙의 입문을 상징하는 세례가 엄격히 실행된다. 이 의식의 역사는 매우 오래되었으며, 예루살렘의 초기 기독교 공동체에서 부활하신 이(예수)의 다음 명령에 따라 처음으로 세례를 베풀었다.

"너희는 가서 모든 민족을 제자로 삼아 아버지와 아들과 성령의 이름으로 세례를 베풀라"　　　　　　　　　　　　「마태복음」 28장 19절

예비신자들은 세례를 받기 위해 일정한 양육 기간을 거쳐야 하는데, 2세기 후반에는 훈련 기간이 3년이었다. 이 기간이 지나면 세례를 받고 죄의 사면이 이루어지므로 세례는 '새로운 출생'의 의미를 지닌다. 세례를 받은 사람은 기독교의 중요한 의식인 성찬식에 참여할 수 있는 자격을 얻게 된다. 성찬식은 최후의 만찬에서 예수가 제자들과 함께 나눈 식사를 기념하는 것으로, 이 의식을 통해 예수의 희생을 기억하는 동시에 떡과 포도주를 통해 예수의 존재를 상기시킨다.

교회는 부활절을 중심으로 교회력을 결정한다. 유대인의 축제인 유월절[7]은 모세의 인도를 받으며 출애굽한 역사적 사실을 기념하는 절기였으나, 이제 기독교와 더불어 새로운 의미로 변한다. 즉, 그리스도인들에게 이날은 예수의 죽음과 부활을 기념하는 날이며, 일요일은 그리스도가 부활한 날로서 주일主日로 신성

화된다. 그리스도인들은 일주일을 보내면서 일주일에 두 번, 수요일과 금요일에 금식의 규정을 따라야 한다. 금욕의 표시로 해가 지고 난 뒤 하루에 한 끼만 먹는다. 또한 고행의 다른 징표로서 자선과 개인 기도를 실행하는데, 그리스도인에게 기도는 공동 기도와 함께 구원자와 연합을 이루는 신앙의 표현이다.

그러나 공동 기도를 하기 위해 그리스도인들은 적잖은 문제에 부딪혔다. 교회의 재력이 부족한 시기에는 모든 사람이 모일 수 있는 적절한 장소를 구하는 일이 쉽지 않았던 것이다. 모든 그리스도인이 함께 모일 수 있는 장소가 생기게 되는 3세기 전까지는 공동체 안에서 재산이 많은 사람들이 교인들이 함께 사용할 장소를 제공했다.

우리는 이와 관련해서 유프라테스 강가에 자리잡은 도시 두라 유로포스에서 매우 감동적인 예를 보게 된다. 256년 페르시아에 의해 도시가 파괴된 뒤 사막의 모래밭으로 내몰렸던 그리스도인의 신앙의 자취, 즉 세례당이 당시의 전반적 상황이 잘 보존된 상태로 세상에 모습을 드러낸 것이다.

교회당은 250년부터 세상에 모습을 드러내기 시작해 천천히 그러나 확실히 그리스도인의 신앙의 증거로서 세상에 뿌리를 내린다. 마침내 이교도들은 기독교가 허접한 미신이 아니라 완전한 종

---

7. 예수가 십자가에 못 박힌 날은 이스라엘의 출애굽을 기념하는 유월절 전날이고, 부활한 날은 그다음 날이다. 그래서 예수의 희생을 가리켜 '유월절의 희생양'이라 부르며, 그날은 기독교와 더불어 부활절로 자리잡는다. _역자

교라고 생각하게 되며, 예수 또한 오래전에 살았던 한 사람일 뿐 아니라 초자연적 존재, 나아가 그리스도인의 주장대로 신의 강생일지 모른다고 생각하게 된다.

혁명!
사도 요한과 신의 로고스

예수의 형상에 관한 점진적 탐구에서는 「요한복음」이 매우 결정적인 역할을 한다. 「요한복음」과 더불어 나사렛인(예수)의 정체성에 대한 해석은 큰 분수령을 넘는다. 요한이 말하는 것은 놀랍게도 카리스마를 지닌 갈릴리의 한 선지자 이야기가 아니라 인류를 구원하기 위해 육신을 입고 세상에 온 신에 대한 이야기이기 때문이다.

요한은 누구인가?

우리는 앞에서 세베대의 아들이자 야고보의 형제인 요한의 존재를 살펴보았다. 베드로를 부른 예수는 곧이어 벼락 같은 기질 때문에 '우레의 아들'이라는 별명을 얻은 두 형제, 요한과 야고보를 부른다. 요한은 당시 아주 어린 나이로 기독교의 저서에서 '수염 없는 애송이'라고 부른 유일한 사도가 된다. 세 명의 갈릴리인, 즉 베드로와 요한 그리고 야고보는 스승 주변에서 다른 사도들을 앞지르고 가장 친밀한 관계를 유지한다. 이들만이 유일하게 예수가 회당장 야이로의 죽은 딸을 살릴 때 함께 있었으며,「마가복음」5장 37절 스승의 변형을 직접 목격했다.「누가복음」9장 28절 이들은 예수가 겟세마네 동산에서 기도하는 동안 자지 말고 깨어 있으라고 했을 때 밀려드는 졸음을 이기지 못해 잠들어버린 제자들이기도 하다.
「마가복음」14장 32~42절

전승은 예수가 사랑한 제자가 바로 제4복음서(「요한복음」)의 저자로 알려진 요한이라는 것을 인정한다. 최후의 만찬이 있던 날 스승에게 기대어 누워 있던 제자 또한 요한이라고 한다.「요한복음」13장 23~25절 그는 십자가가 세워지는 골고다까지 스승과 동행했으며, 예수가 자신의 어머니 마리아를 부탁한 제자이다.「요한복음」19장 26~27절 그는 디베랴 호숫가에 나타난 '부활하신 자'(예수)를 만난 제자이기도 하다. 바울은 그를 야고보(요한의 형제), 베드로와 함께 교회의 기둥이라 불렀다.「갈라디아서」21장 7절

리옹의 이레네우스는 로마의 박해로 인해 에베소에 머무를 수밖에 없게 된 요한에 대해 기록하고 있다. 그는 로마에 잠시 머무르다가 유배지로 유명한 에게 해의 밧모섬으로 추방되었고, 96년 도미니티아누스 황제가 죽고 나서야 다시 에베소로 돌아올 수 있

었다. 요한은 101년에 아흔여덟(?)의 나이로 죽는다. 그의 죽음으로 살아 있는 동안 예수를 알았던 사람들 가운데 유일하게 남은 마지막 제자가 역사의 뒤안길로 사라진다.

전승은 제4복음서의 저자가 요한이라고 말하지만, 현대 주석가들은 이 문제를 매우 조심스럽게 생각하면서 요한이 바로 '예수가 사랑한 제자'[8]라고 단정하지는 않는다. 나의 개인적 생각으로는 「요한복음」이 일일이 꾸며낼 수 없을 만큼 매우 자세하고 구체적인 내용으로 기록되었다는 점에서 분명 예수의 삶을 자기 눈으로 직접 본 증인이었을 것으로 판단된다. 매우 역설적인 것은 「요한복음」이 가장 사변적인 복음서이며, 가장 심오한 동시에 예수의 물리적 실체, 즉 그의 눈길과 눈물, 배고픔, 기쁨, 피로 등이 가장 잘 느껴지는 복음서라는 사실이다.

따라서 나는 제4복음서의 집필자가 요한 사도가 아니라고 부정하는 것은 옳지 않다고 생각한다. 그것은 2세기 중반부터 거의 만장일치를 이뤄온 가장 전통적인 주장이며, 「요한복음」을 제자들의 연구와 고찰의 산물로 지적하는 현대 주석의 비평과도 전혀 배치되지 않는 견해이기 때문이다. 제4복음서는 제자들의 저서일 수 있으며, 결국 요한의 권위 아래 스승의 증언과 아울러 에베소에서 가르쳤던 요한의 신앙적 교훈을 바탕으로 심층적으로 구성했다고 보는 것이 타당하다.

---

8. 「요한복음」에 기록된 '예수가 사랑하는 제자'가 복음서를 기록했다는 구절 때문에 이 호칭은 「요한복음」의 저자와 일치시키는 절대적 기준이 된다. _역자

분명한 것은 이 책이 매우 늦게 집필되었으며(2세기 초), 마가·마태·누가의 공관복음과 비교해볼 때 서술 형식뿐 아니라 교리 내용 면에서도 뚜렷이 다르다는 사실이다. 요한에게서는 예수의 기적이나 엑소시즘, 비유에 대한 지나친 과장을 기대할 수 없다. 「요한복음」은 전반적으로 분명한 신적 존재로 나타나는 예수의 구원 사역에 초점을 맞추고 있으며, 주저 없이 그리고 꾸밈없이 예수의 신성을 담담하게 기록하고 있다. 알렉산드리아의 클레멘스 주교가 시적인 문체로 쓰여진 이 책을 주저 없이 '가장 영적인 복음서'라고 말한 것은 분명 그럴 만한 이유가 있기 때문이다.

태초에 말씀이 계시니라

"태초에 말씀이 계시니라 이 말씀이 하나님과 함께 계셨으니 이 말씀은 곧 하나님이시니라 그가 태초에 하나님과 함께 계셨고 만물이 그로 말미암아 지은 바 되었으니 지은 것이 하나도 그가 없이는 된 것이 없느니라 그 안에 생명이 있었으니 이 생명은 사람들의 빛이라 (…) 말씀이 육신이 되어 우리 가운데 거하시매 우리가 그의 영광을 보니 아버지의 독생자의 영광이요 은혜와 진리가 충만하더라 (…) 본래 하나님을 본 사람은 없으되 아버지 품 속에 있는 독생하신 하나님이 나타내셨느니라"

「요한복음」의 서론을 요약한 구절이다. 복음서 저자는 이처럼 예수와 하나님의 말씀을 하나로 일치시킨다. 그렇다면 이 '말씀'과 그리스어 로고스*logos*는 어떤 관계인가?

로고스 개념은 원래 그리스 철학에 의해 다듬어졌다. 로고스의 의미는 다양한 문화가 서로 어울리고 사상이 빠르게 순환하는 정신세계인 지중해 연안에서 어려움 없이 널리 전파되었다. 그러나 그것은 결코 쉽게 파악할 수 있는 개념이 아니다. 기원전 4세기에 로고스 개념을 처음 수립한 에베소의 헤라클리토스는 "로고스는 언제나 존재하지만 정작 사람들은 깨닫지 못한다"고 탄식하며, 로고스를 사유思惟의 근원이라고 설명했다. 로고스는 문자적으로 파롤[9]이 아니라 의미를 창조하는 근원적 이성[10]으로 해석해야 한다. 사람들은 파롤을 통해 사실을 표현하고 의미를 부여한다.

헤라클리토스 이후 말과 동시에 이성의 복합적 개념으로 나타난 로고스는 세상을 다스리는 합리성을 가리킨다. 이 개념은 예수와 동시대의 유대 철학자인 알렉산드리아의 필론을 통해 디아스

---

9. 파롤parole은 화자에 의해서 구체적으로 실현된 말이나 글을 의미한다. 사용되기 이전의 일반적 부호로서 언어를 나타내는 랑그langue와는 구별해야 한다. _역자

10. 그럼에도 불구하고 로고스를 한글 성경은 말씀, 영어 성경은 Word, 프랑스어 성경은 Verbe로 번역한다. 그러므로 로고스가 언어적 의미의 '말'과 다르다고 주장하면 독자들로서는 이해가 쉽지 않을 것이다. 로고스가 말씀(Word나 Verbe)이라면 파롤로 번역하지 않고는 달리 방법이 없기 때문이다. 다만, 의미론적으로 해석해 로고스를 화자(저자)에 의해 실현되는 말이나 글을 의미하는 파롤과는 분명히 구별해야 한다. 로고스는 일반 언어로서 개인이 사용하는 개별적이고 구체적인, 따라서 불완전한 언어 행위가 아니라 신이 전달하는 '완전하신 말씀'의 의미로서 언어가 아닌 언어, 즉 신적 의지 나아가 '말씀' 자체로 보아야 한다. _역자

포라의 유대교와 만난다. 필론은 로고스 개념을 신의 생각 또는 신의 말씀과 동일한 개념으로 파악한다. 즉, "지적인 모든 것들 가운데 가장 오래된 신의 형상이다"라고 정의하고 있다. 그리스 문화에 해박했던 필론은 신이 말씀으로 천지를 창조하고 지혜로 사람을 지었다고 설명한 지혜의 성서 「잠언」에서 공감대를 얻어냈다. 「잠언」 9장 1~2절

필론의 생각들이 제4복음서의 저자에게 깊은 영향을 끼쳤으리라는 데는 의심의 여지가 없다. 「요한복음」에서 나사렛인(예수)은 육신이 된 하나님의 말씀, 곧 신의 로고스와 다르지 않다. 갈릴리인(예수)은 신의 대변인을 훨씬 뛰어넘는 존재이며, 그가 곧 말씀이다. 말씀은 세상의 창조보다 먼저 존재했다. 왜냐하면 신은 말씀과 함께 세상을 창조했기 때문이다. 그리고 이 말씀은 하나님의 아들 안에서 강생한다. 다시 말해 예수는 육체적 출생 이전에 이미 존재했다.

세례자(세례 요한)는 "(예수가) 나보다 먼저 계심이라"고 단언했으며, 예수 또한 이렇게 선언한다.

"진실로 진실로 너희에게 이르노니 아브라함이 나기 전부터 내가 있느니라"
「요한복음」 8장 58절

「요한복음」에서 예수는 자신에 대해서 주저 없이 일인칭[11]으로 표현한다. 그렇다면 이제 '사람의 아들'은 퇴장하는 것인가! 예수는 자신이 누구인지 이미 알고 있으며, "아버지여 (…) 아버지께서

창세 전부터 나를 사랑하시므로" 하고 고백한다. 「요한복음」 17장 24절

하나님의 품에서 태어난 예수는 다시 하나님의 품으로 돌아가야 한다. 그의 모든 실존은 처음부터 끝까지 신적인 신비의 중심에 뿌리를 내린다.

따라서 「요한복음」은 예수의 신성을 분명히 알려주는 획기적인 전환점이 된다. 「요한복음」에서 드러나는 예수는 이제 단순한 메시아가 아니며, 신과 순전한 친자 관계도 아니다. 그는 성부와 같은 본질로서 동일한 신성을 지닌다. 공관복음에서는 형식화되지 않은 이런 심층적 내용이 「요한복음」에서 자유로운 고백으로 표현된다. 마지막 복음서(「요한복음」)는 '믿지 않는 도마'가 자신의 손을 예수의 상처에 깊숙이 집어넣는 순간 터뜨리는 환성으로 의미의 절정을 이룬다.

"나의 주님이시요 나의 하나님이시니이다" 「요한복음」 20장 28절

이제 (원래 하나님이었던 예수가) 다시 원점으로 돌아온 것이다.

예수를 구주로 그리고 신으로 인정하는 일은 이런 호칭을 자신의 개인적 왕위에 적용했던 도미티아누스 황제를 면전에서 조롱

---

11. '내가 …이니라' 형식의 일인칭 문장은 구약에서 야훼가 자신을 드러내는 형식으로 신성을 표현하는 말이다. 따라서 예수가 일인칭으로 말한다는 것은 곧 스스로 신성을 표현한다는 뜻이 된다. _역자

12. 학자들은 바울 서신을 바울이 직접 집필한 서신과 바울이 직접 쓰지는 않았지만 그의 권위로 집필된 서신으로 구별하며, 후자를 제2서신이라고 한다. _역자

하는 것처럼 보인다. 사실 마지막 복음서의 집필 시점이 도미티아누스 황제의 통치 이후이므로 황제가 그런 호칭을 사용했다는 것을 저자가 몰랐을 리 없다.

『신약성경』에서 가장 늦은 시기(100~125년)에 집필된 「베드로후서」도 예수의 신성을 인정하고 있다. 여기에서 베드로는 예수를 "우리 하나님과 구주"라고 말한다. 이것은 그보다 몇 년 앞선 제2 바울 서신[12]인 「디도서」에도 자세히 기록되어 있다. 그리고 우리는 2세기 중반에 예수의 신성을 말한 매우 흥미로운 물적 증거를 확보할 수 있다. 『신약성경』으로 알려진 최초의 파피루스 수사본에 의미 있는 약어가 나타나 있는 것이다. 즉, 예수를 뜻하는 IE와 IS라고 쓴 철자 위에 수평선을 긋고 그리스도를 뜻하는 키로스*Kyros*의 KS가 씌어 있다. 이런 용례는 70인역 성경에서 신성을 나타내는 네 글자의 서술[13]에서만 나타날 뿐이다.

강생이라고 일컫는, 육신이 된 말씀의 개념은 그때부터 예수의 정체성에 대한 그리스도인의 생각을 근본적으로 변화시킨다. 연약한 인간이 되기 위해 세상에 내려오는[14] 그리스도에 대한 연구는 우리가 종종 바울 서신인 「로마서」(1장 3절)에서 보듯 인간 예

---

13. 유대 전통에서 사람들은 절대로 신의 이름을 부르지 않는다. 불경으로 여기기 때문이다. 그리고 문자로 신을 나타내기 위해 네 글자로 된 낱말을 사용한다. 이를테면 YHWH처럼 네 글자를 연이어 써서 야훼*Yabvé*를 의미하는 방식이다. 히브리어에서는 모음을 쓰지 않기 때문에 단어는 네 개의 자음으로 구성된다. 또한 구두로 사용할 때는 아도나이*Adonai*로 '주'를 대신하고, 엘로힘*Elobim*으로 '하나님'을 대신한다. _저자

수가 신의 의지에 따라 하늘로 올라가는[15] 그리스도에 대한 연구와 쌍을 이룬다.

예수는 강생을 통해 그 안에 모든 것을 함축한다. 그것은 요한이 밧모섬으로 추방당했을 때 집필한 매우 중요한 저서 「요한계시록」의 내용에 잘 드러난다. 이 책은 그리스어 아포칼립시스 *apokalypsis*에서 유래하며, 오늘날 우리가 잘못 알고 있는 '재앙'이 아니라 '계시'를 뜻한다. 「요한계시록」은 예수의 죽음과 아울러 그가 악의 권세를 물리치고 완전한 승리의 귀환을 하기까지 반드시 일어나는 일들에 대한 신의 계시를 기록하고 있다. 로고스의 선상에서 그리스도는 신이 보여준 '창조의 원리'가 된다. 「요한계시록」3장 14절 예수는 스스로를 그리스어 철자의 시작이자 끝인 알파요 오메가라고 표현하고, 자신이 곧 처음이자 마지막이라고 선언한다. 「요한계시록」22장 13절 예수는 영원부터 영원까지 존재한다!

삼위일체의 씨앗

그리스 철학에서 인용한 로고스의 개념은 추상적 관념에 익숙

---

14. 신이었다가 인간의 몸을 입고 세상에 내려오는 강생의 개념을 말한다. _역자
15. 내려오는 그리스도와 대립되는 개념으로, 인간의 몸을 입고 세상에 온 그리스도가 사명을 마치고 다시 본래의 모습으로 돌아가기 위해 하늘로 올라가는 것을 말한다. _역자

한 이방 문화에 들어갈 수 있는 지적知的 교량이 된다. 또한 세대의 개념으로 아버지와 아들 사이의 구별을 설명하므로 '말씀'인 예수를 더 명확하게 이해시키는 이점이 있다. 예수는 아버지에게서 태어난 아들로 그들의 본질은 서로 같다. 아직 의미가 구체적으로 형식화되지 않았지만, 요한의 저서는 삼위일체 개념의 씨앗을 품고 있다. 그것은 아버지와 아들뿐 아니라 성령을 상기시킨다.

물론 성령의 개념은 성서에 이미 언급되어 있다. 즉, 「마태복음」(1장 8절)에서 마리아는 성령으로 말미암아 잉태하며, 「사도행전」(2장 1~4절)에서 누가는 성령강림일에 성령이 제자들에게 내려오는 장면을 서술한다. 이처럼 성령은 새로운 개념이 아니라는 사실을 분명히 밝혀둘 필요가 있다.

성령의 개념은 『구약성경』에도 배어 있다. 성령을 나타내는 그리스어 프뉴마pneuma는 '숨결'을 뜻하는데, 이것은 이미 「창세기」부터 나타난다. 하나님은 숨결을 통해 아담에게 생명을 불어넣는다. 또한 다윗왕은 "여호와의 영이 나를 통하여 말씀하심이여 그의 말씀이 내 혀에 있도다"라고 성령을 언급한다. 「사무엘하」 23장 2절

성령은 달리 표현하면 하나님의 일하는 능력이다. 바로 성령이 그리스도인을 행동하게 만들고 그들에게 영감을 주며 그들에게 생기를 불어넣는 것이다.

우리가 종종 사도-복음서 저자라고 별명을 붙이는 것처럼 요한-복음서 저자는 '아버지의 진리의 영'이 공동체를 인도하고 파라클레토스[16], 즉 그들의 보호자가 된다고 설명한다.

"진리의 성령이 오시면 그가 너희를 모든 진리 가운데로 인도하시리니 그가 스스로 말하지 않고 오직 들은 것을 말하며 장래 일을 너희에게 알리시리라"

「요한복음」 16장 13절

말씀의 연구

요한의 저서는 2~3세기 기독교 사상가들에게 지대한 영향을 미쳤다. 많은 신학자들은 '아들'의 영원성을 입증하기 위해 요한의 정의에 대한 해석을 포기하지 않으며, 호교론자 유스티누스는 다음과 같이 기록한다.

"그리스도는 하나님의 첫 아들이며 모든 인류가 참여하는 이성(로고스)이다. 우주의 주재이며 아버지이신 신의 의지에 따른 말씀의 권능으로 그는 동정녀의 태에서 사람이 되었고, 예수라는 이름을 얻었으며, 십자가에 못박혀 죽었다가 다시 부활했으며, 마침내 하늘에 올라갔다."[17]

---

16. 그리스어 파라클레토스*paracletos*는 (보호받고 구원 얻기 위해) 우리가 부르는 자를 뜻한다. 이 호칭은 위로자나 중재자의 의미로 종종 그리스도나 성령에게 주어진다. _저자

 * 한글 성경은 구별 없이 성령으로 번역하지만, 이는 완전하지 못한 번역이므로 이 책은 저자의 풀이에 따른다. _역자

17. 『이교에 반反하여』에서 인용 _저자

유스티누스는 또한 "양식 있는 사람들은 우리가 그토록 오랫동안 말했던 것으로부터 그를 이해할 수 있을 것이다"라고 덧붙였다.

한편, 안디옥의 이그나티우스는 이렇게 주장한다.

"단 하나의 진리가 있을 뿐이다. 육적이고 동시에 영적이며, 마리아의 몸에서 태어났고 동시에 신에게서 태어났으며, 육신으로 세상에 왔고 동시에 신으로 세상에 왔으며, 진실로 죽었고 동시에 진실로 다시 살았으며, 먼저 우리처럼 고통을 느끼다가 이제 고통이 없는 예수 그리스도, 그가 바로 우리의 구주이시다!"

리옹의 이레네우스에게 영감을 준 말씀은 진정한 신이자 진정한 인간으로서, 그는 진실하고 완전한 신의 형상이며 신과 '일체'다. 신의 말씀, 곧 예수는 우리를 그와 같게 만들기 위해서 그가 먼저 우리와 같아진 것이다.

우리는 테르툴리아누스와 오리게네스에게서도 같은 반향을 듣게 된다. 로고스 신학자인 이 대교회 선구자들의 눈에는 강생이야말로 인간을 구원하는 열쇠이며, 신과 인간 사이의 초월적인 사랑을 말하는 핵심이다. 예수는 신이 되기 위해 먼저 인간이 되었던 것이다.

신 그리고 인간인 예수에 대한 의문

기독교 사상가들에게 아무리 매력적이라 해도 강생의 개념, 더 일반적으로 말해서 예수의 신성은 심각한 문제를 제기하지 않거나 많은 질문을 덮어두고는 한 발짝도 앞으로 나가지 못한다. 이를 테면 이런 질문들이다.

어떻게 신이 인간의 본성과 결합할 수 있는가?

신도 사람처럼 고통을 당하고 죽을 수 있는가?

만약 예수가 인간의 모습을 한 신이라면 아버지와의 관계는 무엇인가? 그리고 성령과는 또 어떤 관계인가?

가현설 : 예수의 인성에 대한 부정

나무조각 맞추기처럼 난해하고 골치 아픈 이런 질문들을 가현론자[18]라 불리는 신학자들은 빠르게 해석해낸다. 그들은 간단하고도 분명하게 강생의 개념을 부인한다. 예수가 사람이기 때문에 그런 것이 아니라 오히려 분명한 신이기 때문이다. 그들에게 예수는 단지 인간의 모습을 지닐 뿐 분명 신이며, 예수의 삶에서 일어난 것을 모두 환상으로 본다. 즉, 어떤 경우에도 말씀은 육신이 되지 못하고, 출산의 피 흘리는 모욕을 겪는 여인의 몸에서 잉태될 수도 없으며, 전적으로 수치를 당하며 생을 마칠 수도 없다. 또한 십자가의 고난도 분명 일어나지 않았다. 공관복음에서 예수가 십자가를 질 때 도왔던 구레네 사람 시몬이 예수의 자리를 대신했을 것이다.

이와 같이 가현론자들의 일관된 동기는 무슨 일이 있어도 신과 인간 사이의 불순한 섞임을 피해 신의 영역을 성스럽게 지키고, 모든 더러움에서 벗어나 예수의 신성을 지키는 것이다.

이 사조는 1세기 말부터 나타나기 시작했으며, 「요한복음」의 어떤 구절은 가현론자들에 맞서기 위해 의도적으로 집필된 게 아닐까 짐작케 한다. 즉, 사도(요한)는 "예수가 십자가를 지고 골고다라는 곳까지 갔다"는 사실을 강조한다. 그렇다면 용감한 구레

---

18. 가현설假現說은 그리스어 도케인dokein에서 유래하며 '~인 듯하다, 처럼 보이다'의 의미이다. _저자

네 사람 시몬은 퇴장해야 하지 않겠는가! 요한은 예수가 정말 십자가에서 죽었다고 믿었으므로 가현론자들의 그릇된 주장을 고치려 했던 것 같다. 그는 가현론자들을 '미혹하는 자'에 빗대어 이렇게 맹렬히 비난한다.

> "미혹하는 자가 세상에 많이 나왔나니 이는 예수 그리스도께서 육체로 오심을 부인하는 자라" 「요한2서」 7절

공관복음의 어느 구절이 자칫 나사렛인(예수)이 인성을 지니지 않은 일종의 유령 같다는 인상을 주기 때문에 명백히 설명할 필요가 있었다. 「누가복음」(4장 29~30절)에서 예수는 낭떠러지 밑으로 그를 떨어뜨리려는 사람들의 틈에서 벗어난다. 예수는 마치 마술을 부린 것처럼 아무 일도 없다는 듯 유유히 그들 가운데로 지나간다. 「마가복음」(6장 48~49절)에서는 예수가 물 위를 걷자 제자들이 유령으로 착각하고 겁에 질려 어찌할 바를 모른다. 가현론자들은 십자가의 수욕을 없애기보다는 예수의 인성을 부인하는 데 더욱 매달리는 경향이 있다.

말씀의 신학자들, 특히 안디옥의 이그나티우스와 테르툴리아누스, 오리게네스는 가현론자들을 반박하기 위해 집요한 노력을 기울인다. 그럼에도 불구하고 가현론자들의 교리는 세상에서 큰 반향을 일으킨다. 2세기에 있었던 많은 기독교 운동은 어떤 식으로든 이 사조와 적잖은 친밀감을 보인다. 이는 우리가 앞에서 살펴본 극단적 금욕주의자들의 경우에서 특히 자주 발견된다. 금욕

주의자들은 출산을 전적으로 금지할 만큼 육신에 대해 철저하게 반감을 품었으며, 그들에게 강생은 저주의 메시지와 다름없다. 예수의 영혼은 그때, 바로 강생의 순간에 치욕스러운 육신의 노예가 되기 때문이다.

2~3세기에는 가현론의 영향을 받은 묵시문학이 절정을 이룬다. 큰 성공을 거둔 그들의 교리는 4세기 말이 돼서야 비로소 교회의 정경에서 배제되고, 교회가 그들의 저서를 거짓으로 선언하면서 마침내 몰락의 길로 들어선다. 실제 저자가 아니면서도 마치 어느 사도가 직접 지은 것처럼 잘못 알려진 가현론자들의 저서는 예수의 신성을 지나치게 강조하기 위해 인위적 신비로 그의 삶을 장식한다.

2세기 말 시리아의 기독교 공동체에서 집필된 가현론자들의 저서 「베드로복음」은 예수에게서 모든 인성을 배제한 새로운 이미지를 그려낸다. 예수는 어떤 순간에도 고통을 느끼지 않으며, 심지어 십자가에 못 박히는 순간에도 그에게는 아무 고통이 없었던 것으로 묘사된다.

"그들은 두 강도를 데리고 왔으며, 예수를 그들 가운데에 세우고 십자가에 못 박았다. 그러나 그는 아무런 고통도 느끼지 않는 듯 잠자코 있었다."

조금 더 나아가 예수의 제자들이 시체를 훔쳐가지 못하게 무덤을 지키고 있던 사람들은 놀라운 장면을 목격한다.

"무덤에서 세 남자가 나왔다. 두 남자가 다른 남자를 부축하고 십자가가 그들을 뒤따랐다. 두 남자의 머리는 하늘까지 닿았고, 그들이 손으로 부축하며 인도한 사람의 머리는 하늘로 올라갔다."

교구에서 멀지 않은 교회를 방문한 안디옥의 주교 세라피온은 그리스도인이 정통성이 결여된 거짓 복음서를 읽을까봐 이렇게 염려한다.

"우리는 예수 자신과 베드로, 다른 사도들을 과장하지 않고 있는 그대로 받아들인다. 그들의 이름을 도용한 이 저서들에 대해 경험은 우리에게 그것들을 과감히 버릴 것을 요구한다. 왜냐하면 전통이 인정하지 않는 그들의 주장은 그저 허구이기 때문이다."

그런 다음 세라피온은 그리스도인에게 더 이상 그것들을 믿지 말라고 당부한다.

2세기 초의 다른 외경인 「이사야의 승천」은 예수의 출생에 대해 매우 독창적인 이야기로 그의 인성을 부인하고 있다.

"두 달이 지나고 나서 요셉은 젊은 부인 마리아와 함께 집에 있었다. 다른 사람은 아무도 없이 오직 둘만 집에 있을 때 마리아가 주위를 둘러보았고, 그녀의 눈에 한 아기가 보였다. 마리아는 두려움을 느꼈다. 잠시 후 두려움이 사라지고 그녀의 배는 임신하기 전의 모습으로 돌아왔다."

양자설 : 말씀의 강생에 대한 부정

이번에는 가현론자들과 완전히 반대 입장을 취하는 다른 기독교 교리가 예수의 인성을 강조한다. 그들에 따르면 예수는 삶의 어느 시점에 신에게 양자로 선택되었다. 선택된 시점에 대해서는 신학자들에 따라 의견이 다르다. 즉, 어떤 학자들은 부활의 시점으로, 어떤 학자들은 변형의 시점으로, 어떤 학자들은 세례를 받는 시점으로 보는 등 의견이 분분하다. 어쨌든 그들의 주장에 따르면 예수는 하나님의 독생자로 태어난 것이 아니므로 강생한 존재일 수 없다. 예수는 그리스-로마 신화에 친숙한 신격화의 도식에 따라 단순하게 성장했으며, 도식처럼 특별한 삶으로 말미암아 일반적 운명에서 벗어나 신격화되었을 뿐이다.

양자설은 공관복음과 「사도행전」에서도 거듭 나타난다. 베드로는 "너희가 십자가에 못 박은 이 예수를 하나님이 주와 그리스도가 되게 하셨느니라"고 주장하고 있다.「사도행전」 2장 36절 특별한 인성으로 찬양받은 갈릴리인(예수)은 유월절의 제물로 바쳐질 때 비로소 신성의 영역으로 들어가며, 이 해석은 『구약성경』의 어느 구절에 토대를 두고 있다. 즉, 「사무엘하」에 보면 야훼는 이런 말로 왕인 메시아를 상기시킨다.

"그는 내 이름을 위하여 집을 건축할 것이요 나는 그의 나라 왕위를 견고하게 하리라 나는 그에게 아버지가 되고 그는 내게 아들이 되리라"
「사무엘하」 7장 13~14절

이 이론은 2세기 말에 크게 발달했다. 테오도투스는 문자의 실제 의미가 아니라 순수하게 상징적인 신의 친자 관계를 주장하며 이 이론을 로마에 전파한다. 그는 이렇게 주장한다.

"만약에 신이 누군가이고 아들이 다른 누구라면, 그리고 아버지가 신이고 아들인 그리스도가 신이라면, 이는 하나의 신이 존재하는 게 아니라 아버지와 아들, 이렇게 두 신이 존재하는 것이다."

그렇다면 우리는 엄격한 일신교의 범주 안에서 예수-신을 통합하지 못하는 근본 문제로 다시 돌아오게 된다.

테오도투스는 교황 빅토르에게 파문을 당하지만, 그의 제자들은 양자론을 계속 주장한다. 양자론은 동명同名의 다른 테오도투스와 아르테몬에 의해 굳건히 지켜진다. 아르테몬의 제자들도 스승을 좇아 예수의 신성을 부인한다. 그들은 예수의 경우 태어나는 순간이 시작이지만 정작 신은 시작이 없다고 주장한다. 따라서 예수는 신이 될 수 없다는 것이다.

이런 주장은 216년 안디옥에서 열린 종교회의에서 신랄하게 비난을 받는다. 그러나 양자론은 최소한 중세까지 존속되었으며, 그때까지 끊임없이 논쟁을 일으킨다. 예를 들면, 3세기 말 안디옥의 주교 바울이 다시 양자론을 주장하면서 장안의 화제가 된다. 그는 268년에 해임당해 자신의 임무를 모두 내려놓게 되지만 교회의 결정을 고분고분 따르지는 않는다. 그는 주교 사저에 바리케이드를 치고 버티던 끝에 한참 뒤에야 포기한다. 그러나 주교 바

울에 대한 단죄는 교회의 분열을 초래하며, 그의 추종자들은 325
년 니케아 총회가 열릴 때 다시 모이게 된다.

인간인 동시에 신인 예수

예수의 인성에 대한 부인에 맞서 그의 진정한 신성에 대한 부인
이 전면에 등장한다. 한편에서는 로고스 신학자들이 그리스도 강
생의 주제를 정당화시키기 위해 더 많은 노력을 기울인다.

로고스 신학자들은 가현론자들과 맞서 예수가 실제로 육적인
몸을 지녔다는 사실을 강조한다. 이레네우스는 이렇게 주장한다.

"그가 태어나지 않았다면 당연히 죽지도 않았다. 그리고 그가
죽지 않았다면 당연히 죽은 자 가운데서 부활하지도 않았다."

그런데 부활은 기독교 신앙의 근본 그 자체가 아닌가? 예수는
동정녀 마리아의 몸을 그저 스쳐 지나간 것이 아니라 진실로 마리
아에게서 육신을 입었다.

안디옥의 주교 이그나티우스는 그것을 거듭 확인하고 있다

"예수 그리스도, 다윗의 후손이며 마리아의 아들인 그는 진실
로 태어났고, 먹고 마셨으며, 진실로 본디오 빌라도에게 고난을
받았고, 진실로 십자가에 못 박혔고 죽었으며, 진실로 부활했다."

예수의 인성에 대해 누가 이보다 더 당당하게 주장할 수 있겠는가! 로고스 사상가들의 목적은 분명하다. 만약 그리스도가 인간의 연약한 조건과 실제로 결합하지 않았다면 그는 인류를 구원하지 못한다는 것이다. 강생은 예수의 썩지 않는 몸과 사람들의 썩는 몸 사이에서 신비한 연대를 이루기 때문이다.

예수가 완전한 인간이라는 주장이 곧 그리스도의 신성을 부정하는 것은 아니다. 양자론자들과 맞서 교부들은 예수가 잉태되는 순간부터 완전히 신이라는 사실을 밝히려고 노력한다. 이를 위해 동정녀 수태라는 주제가 본격적으로 탐구된다. 우리가 이미 보았듯이 「마태복음」과 「누가복음」에 서술된 예수의 신비한 출산은 유대인들에게 심한 조롱을 받았으며, 이교도들은 헛소리라고 일축하며 손가락질을 해댔다. 비난의 표적이 된 그리스도인들은 이를 걱정할 수밖에 없었고, 이때 셀즈가 또 등장한다!

셀즈는 이에 대해 자신의 의견을 숨김 없이 드러낸다. 셀즈의 주장에 따르면 놀랍게도 마리아는 성령으로 잉태한 것이 아니라 간음으로 임신했다. 셀즈는 상대 남자로 판테르라는 로마 병사를 구체적으로 거명하기까지 한다. 정혼한 마리아가 판테르와 불륜을 저질러 임신했다는 것이다. 그 일이 있고 나서 요셉은 서둘러 마리아를 이집트로 보내고, 그녀는 그곳에서 비밀리에 예수를 분만하게 된다. 이집트에서 어린 시절을 보내는 동안 예기치 않게 마술적 능력을 갖춘 예수는 의기양양하게 고향으로 돌아와 마침내 자기가 신이라고 주장했다는 것이다.

물론 유스티누스가 말한 대로 마리아의 무염수태[19]는 "세상 사람들로서는 믿을 수도 없고 단지 불가능한 일"이다. 그리고 오늘날에도 우리가 확인하고 있듯이 이 부분이 기독교의 대중적 신뢰에 큰 장애물이 될지라도 신학자들은 이 주장을 절대로 꺾지 않는다. 그것은 예수 안에서 두 본성의 연합, 즉 마리아를 통한 인간의 몸과 성령으로 말미암은 신성의 결합을 설명하는 근본적인 의미를 지니기 때문이다. 나중에 외경으로 밀려나는 모든 문학이 예수의 동정녀 탄생이라는 주제를 힘껏 찬양한다. 이는 특히 야고보의 초기 복음서[20]에서 두드러지게 나타난다. 예수의 형제 야고보는 『마리아의 탄생』이라는 제목이 붙은 저서에서 동정녀를 통한 강생의 신비를 다음과 같이 더욱 구체적으로 전해주고 있다.

작은 동굴에 피신한 마리아가 예수를 낳는다. 그녀는 즉시 신생아의 메시아적 특성을 인정하는 한 현명한 여인이 보는 앞에서 분만을 한다. 동굴에서 나온 그녀는 살로메라는 여인에게 신비한 탄생을 알린다. 물론 살로메는 처음에는 그 말을 믿지 않는다.

"설령 그것이 사실일지라도 내가 손가락을 네 생식기에 넣어 직접 확인하기 전에는 동정녀가 아기를 낳았다는 말을 절대 믿을 수 없다."

두 여인은 비장한 모습으로 어린 산모 옆에 앉는다.

---

19. 마리아가 원죄를 지닌 사람의 씨가 아니라 성령으로 원죄 없이 잉태한 사실을 말한다. _역자
20. 초기 복음서는 교회에 의해 공식적으로 인정된 정경의 사건들보다 앞선 사건들을 상세히 서술하고 있다. _저자

"마리아, 가만히 있어라. 지금 네가 하는 말은 간단한 일이 아니다."

이 책에 수줍게 묘사된 대로 살로메는 마리아의 생식기에 가만히 손가락을 집어넣는다. 그리고 크게 소리친다.

"내가 살아 계신 하나님을 의심하다니, 나의 불신과 염려가 얼마나 어리석은가! 여기, 불이 삼켜버린 내 손이 떨고 있지 않은가!"

아기를 품에 안은 살로메는 뜨거운 감동이 차올라 큰 소리로 외친다.

"나는 그를 찬양하리라! 그는 이스라엘의 왕으로 태어났다!"

그리고 치유된 그녀는 동굴을 빠져나온다.

이처럼 마리아는 출산 전에 동정녀였고, 출산 중에도 동정녀이며, 출산 후에도 여전히 동정녀이다. 그러나 분명한 것은 예수는 여전히 인간이라는 사실이다. 야고보의 책에는 "아기가 태어나자마자 엄마의 젖을 힘껏 빨았다"는 내용이 강조되어 있다.

성부와 성자, 단일신론과 양태론

강생 이론을 받아들인다 해도 아버지와 아들의 관계에 대해서는 무엇이라고 말할 것인가? 이 주제를 둘러싼 논쟁은 끝이 없다. 2세기 초부터 노에투스가 서머나에서 독창적인 이론을 전개한다. 노에투스에게는 오직 유일한 신으로서 아버지만이 존재한다. 성모 마리아 안에서 육신을 입은 자도 그이고, 십자가에 못 박힌 자도 그이며, 예수의 이름으로 일어난 모든 것은 그의 유령 같은 모습일 뿐인 것이다.

여기서 우리는 절대적 일신교를 지키려는 노에투스의 집념을 보게 된다. 아들의 존재는 이신교二神教로 이어질 수 있으며, 성령의 존재까지 합하면 삼신교三神教가 될 수 있다. 유일신으로 엄격하게 단일신론의 신성을 지키려는 노에투스로서는 당연히 이를 받아들일 수 없다. 예수는 세상에서 신의 행위가 드러내는 양태일 뿐이며, 성령 또한 마찬가지인 것이다.

서머나의 성직자 회의에서 거칠게 비난을 받은 노에투스파의 주장은 사실 "태초에 말씀이 계시니라 이 말씀이 하나님과 함께 계셨으니 이 말씀은 곧 하나님이시니라"와 같이 모호한 의미를 담고 있는 「요한복음」에서 기원을 발견하게 된다.

그런데 프랑스 작가 미셸 테롱이 그의 뛰어난 저서 『기독교 이단 소사전』에서 지적했듯이 어떻게 누군가와 함께 있으면서 동시에 누군가가 될 수 있는가? 시에서 인용한 위 성경 구절은 실제로 수천수만의 추측을 가능하게 한다.

이 질문에 대해서 추론했던 사람은 노에투스만이 아니다. 3세기 초 북아프리카와 로마에서 프락세아스도 이에 가담한다. 그들에게 아버지와 아들과 성령은 하나님 안에서 하나의 인격이므로 성부와 성자와 성령으로서 하나의 유일한, 그리고 같은 인격을 이룰 뿐이다. 또한 그들은 이 현상을 유일한 본질(성부)이지만 사람들에게 빛(성자)과 열(성령)의 형식으로 동시에 나타나는 태양(성부)의 현상으로 비유한다.

테르툴리아누스는 저술을 통해 이에 대해 반론을 전개한다. 그는『프락세아스 반박』이라는 책에서 상대방(프락세아스)이 로마에서 파라클레토스(성자 또는 성령)를 몰아내고 성부를 십자가에 못 박으면서 악마의 작품을 그렸다고 비난한다. 그러나 테르툴리아누스도 3세기 초 사벨리우스파가 그와 유사한 사상을 전파하는 것을 막지 못했다. 오직 하나의 유일한 원리로서 신은 세 가지 형태로 나타난다. 즉, 천지를 창조할 때는 성부로, 예수 안에서 강생하면서 성자로, 제자들을 가르치기 위해 성령으로 나타난 것이다. 220년경 로마의 주교가 사벨리우스의 교리를 단죄하게 되지만, 그것은 여전히 4세기까지 영향을 끼치면서 성부, 성자, 성령의 삼위일체설을 주장하는 서방의 주교들과 동방의 박사들 사이에 분열을 초래했다.

단일신론의 선상에 있는 성부수난설Pater-passus[21]은 신이 곧 예수 그리스도이기 때문에 신이 십자가에서 못 박히며 수난당했다는 주장을 지지한다. 반면 이에 반대하는 사람들은 신이 노예들이나 당하는 치욕적인 십자가 고난을 받았다는 주장을 도저히 받아들이지 못한다. 전지전능하신 하나님이 어떻게 그런 모욕을 당할 수 있단 말인가.

단일신론의 단호한 주장은 무시 못할 매력을 발산한다. 그 결

---

21. 라틴어로 파테르pater는 아버지를 뜻하고, 파수스passus는 '고통당하는'이라는 뜻이다. _역자

과 높은 자리에 있는 사람들, 즉 로마의 주교 제피리노와 갈리스토 1세(3세기)도 그와 비슷한 주장을 펼친다. 그러나 그들의 생각이 아무리 큰 영향을 끼쳤어도 종교회의에서 공식으로 인정되지 않는다. 구원의 관점에서 보면 단일신론과 양태론의 기저에는 예수에게서 구원자의 형상을 근본적으로 배제하려는 의도가 담겨 있기 때문이다.

종속론 : 성부보다 열등한 성자

단일신론의 위험에 맞서 로고스 신학자들은 성부와 성자와 성령 사이의 구별을 강조한다. 테르툴리아누스는 "신은 절대적 고독으로 영원히 존재한다"고 설명한다. 그런데 신은 한 인격 안에 전적으로 내재하는 말씀 곧 성자를 품고 있으며, 성자로부터 제3위격인 성령이 나온다. 이렇게 셋이 합해져 '삼위일체'가 된다.

180년경 안디옥의 데오빌로가 삼위일체를 받아들이면서 셋을 뜻하는 그리스어 트리아스*trias*를 먼저 사용했다. 그런데 비록 『신약성경』에는 나타나지 않지만 라틴어로 삼위일체라는 용어를 사용한 첫 번째 기독교 사상가가 테르툴리아누스라는 점은 분명하다. 또한 그가 주장하는 삼위일체는 본질의 일체성을 부정하지 않는다.

테르툴리아누스는 뿌리의 비유를 통해 뿌리가 가지를 내고 가지가 열매를 맺는다고 설명한다. 전체적으로 성부, 성자, 성령은 하나이면서 같은 본질로 확장되지만, 유일한 인격을 말하는 것은 아니다. 테르툴리아누스는 '세 인격으로 이루어진 하나의 본질' 또는 '두 본질과 한 인격'으로 요약한다. 그는 같은 본질이라는 생각을 표현하기 위해 '동질의'이라는 뜻의 라틴어 단어 콘숩스탄티알렘*consubstantialem*을 사용한다. 이 단어를 뜻하는 그리스어 호무시오스*homoousios*는 이후 4세기에 거센 논쟁의 빌미가 된다.

한편 오리게네스는 "성부는 태어나지 않은 유일한 존재로서 모든 것의 기원이다"라고 말한다. 성자를 낳은 존재가 바로 그이며, 성부에게서 나온 성자의 기원도 본래 성부이므로 그 역시 신이 된다. 또한 성령은 첫 기원이 성부이지만 반드시 성자를 거쳐야 한다.

"초월적이며 이해할 수 없는 하나님이 영원한 그의 형상인 아들을 낳지만, 하나인 동시에 여럿이고, 이해할 수 없는 동시에 이해할 수 있는 아들은 하나님보다 분명 열등한 형상이다."

알렉산드리아의 스승(오리게네스)은 미끄럼판에서 넘어질 위험을 자신이 전적으로 떠맡는 모험을 감행하면서 거침없이 이렇게 주장한다.

"우리는 어떤 의미에서 두 신을 주장하고, 다른 의미에서 유일신을 주장하는 비겁한 우유부단을 택하지 않는다."

서양의 주교들은 오리게네스의 이런 주장을 격렬히 비난했고, 553년 콘스탄티노플에서 열린 2차 공회에서는 공개적으로 그를 단죄하기에 이른다.

삼위일체의 세 위격을 철저히 구별하면서 단일신론을 삼위일체론과 조화시키려는 로고스 신학자들의 주장은 어쩔 수 없이 종속론에 빠져드는 경향이 있다. 즉, 신성의 근원이 되는 것은 오직 성부인 반면 성자와 성령은 그에 비해 열등하게 된다. 그렇다면 예수는 여지없이 '하나님의 종'으로 정의되며, 이는 예수와 성부 사이의 구별과 서열을 유지하려는 복음서와 상통하는 주장이다.

테르툴리아누스와 오리게네스에게 잠재했던 종속론은 알렉산드리아의 디오니시우스와 더불어 3세기 중반 훨씬 원색적인 주장으로 나타난다. 디오니시우스는 "성자는 성부와 같은 본질이 아니다"라고 단언한다. 앞으로 살펴보겠지만, 이는 4세기에 아리우스파에게 위기가 닥치면서 엄청난 파문을 일으키는 도발적 주장이다.

성부, 성자, 성령의 관계를 분명히 밝히려는 노력에도 불구하고 상황은 기대에서 벗어나며, 사람들은 심지어 로고스 신학자들에게서조차 부분적이기는 하나 애매한 주장을 발견하게 된다. 이는 알렉산드리아의 클레멘스 주교의 글에서도 드러난다.

"성자도 하나님의 말씀과 같은 이름으로 말씀으로 일컫는다. 그러나 육신이 된 것은 그가 아니며, 성부의 말씀도 아니다. 그것은 신의 능력이며, 지혜가 되어 인간의 마음에 거주하는 그의 말씀에서 비롯된 하나의 파생이다."

140년경 로마에서 헤르마스의『목자』가 편집되는데, 헤르마스는 이 책에서 성자는 한 인간이며, 그의 가치는 하나님의 아들의 영이 그 안에서 공존하는 것이라고 주장한다. 더욱이 그는 성자를 한 영광스러운 천사와 동일시한다. 매우 충격적인 이런 주장들이 정경에 잠시나마 포함되었다는 것은 정말 놀라운 일이다.

마침내 락탄스(250~325년경) 같은 작가들은 성부와 성자만 언급할 뿐 성령을 인정하지 않으며, 심지어 악마는 죄로 말미암아 타락한 신의 둘째 아들이라는 주장까지 내놓는다.

교리와 삼위일체론의 논쟁은 매우 민감해서 미세한 언어적 차이마저도 양자설과 단일신론과 종속론의 분야에서, 그리고 어떤 사조에도 속하지 않는 사람들에게서 걷잡을 수 없는 일탈을 불러온다. 2~3세기는 기독교 신학에서 정말 혼돈의 시기였음에 틀림없다.

유대 그리스도인의 새로운 논쟁

우리가 이미 살펴본 대로 기독교는 언어와 사유의 도식을 그리스-라틴 문화에 적응시키면서 점점 이교도 땅에 널리 퍼진다. 그러나 새로운 환경에서 유대 출신 그리스도인은 어떻게 되었는가?

기독교의 뿌리에 속하는 유대 그리스도인이 점점 힘을 잃고 소수의 사조로 밀려났다는 사실은 매우 역설적이다. 점진적으로 인정을 받아가는 대교회에 비해 그들은 소외되고 힘없는 작은 교회를 형성한다. 그러나 작은 교회라고 해서 대교회에 비해 통제가 수월한 것은 아니다. 비록 규모는 작지만 유대 그리스도인은 획일적인 조직이 아니다. 그들은 오히려 다양한 교리를 펼치며 역동적인 움직임을 보인다.

교회와 회당 사이에서 망설이는 유대 그리스도인

성전이 붕괴되고(70년) 펠라로 옮긴 유대 그리스도인들의 생활 조건이 악화됨에 따라 공동체도 점점 약해진다. 예수도 자주 드나들던 유대교의 전통적 회당과 새로이 태동하는 교회 사이에서 그들은 어디에 자리를 잡아야 할지 결정하지 못한 채 갈팡질팡한다.

바리새인은 유대 그리스도인을 비난하며 심한 반감을 드러냈다. 그들이 매일 암송하는 회당 기도문에는 그 상황이 잘 드러나 있다.

"이단자들을 위한 축복은 분명한 저주입니다! 나사렛인들[22]과 이단자들을 단번에 사라지게 하소서! 그들이 살아 있는 자들의 성서에서 지워지게 하시고, 정의로운 자들과 함께 기록되지 않게 하소서! 주여, 불충한 자들을 굴복시키소서!"

유대 그리스도인은 이처럼 바리새인에게 천대를 받았는데, 그렇다고 이교도 출신 그리스도인에게 환대를 받았던 것도 아니다. 많은 저서들이 그리스도인과 유대인의 관계가 얼마나 불편했는지에 대해 자세히 밝히고 있다. 먼저 「요한복음」[23]부터 살펴보자. 「요한복음」의 저자는 줄곧 유대인을 조롱하고 그들을 신랄하게

---

22. 예수가 나사렛 출신임을 빗대어 유대 그리스도인을 비꼬는 말이다. _역자
23. 저자는 물론 유대 출신의 그리스도인이지만 이 책은 이교도에게 개방된 공동체를 위해 기록되었다. _저자

비난한다. 어떤 사람들은「요한복음」을 대표적인 반유대교적 기독교 저서 가운데 하나로 꼽는다.

150년경 네아폴리스의 유스티누스가 집필한『트리폰과의 대화』는 또 어떤가? 그는 유대교의 스승 트리폰을 공개적으로 조롱하고 자기의 종교에 대해 아무것도 모르는 자라고 비난한다. 이밖에도 예는 얼마든지 있다.

물론 그들이 직접적으로 겨냥한 것은 유대 그리스도인이 아니라 유대 바리새인이다. 그러나 논쟁이 점점 격렬해지면서 그들의 지나친 열정은 마치 욕조 물을 버리면서 아기까지 한꺼번에 버리듯 본질을 벗어나 심한 갈등으로까지 이어진다. 더욱이 이교도 출신의 그리스도인은 유대교의 규범을 고집하는 유대 그리스도인의 집착을 이해하지 못한다. 안디옥의 이그나티우스는 유대교를 향해 이렇게 포문을 열었다.

"예수 그리스도를 말하면서 그와 동시에 율법을 따르는 것은 도무지 앞뒤가 맞지 않는다. 왜냐하면 기독교가 유대교를 믿었던 게 아니라 유대교가 기독교를 믿는 것이기 때문이다."

이런 배경에서 유대 그리스도인은 점점 고립된 상황에 빠져든다. 더욱이 그들이 예수에게 바라는 기대와 실제 상황이 일치하지 않았기 때문에 유대 그리스도인은 넌지시 다른 궤도를 바라보게 된다.

인간이며 신인 예수 : 나사렛 사람들

유대 그리스도인들 가운데 이방 그리스도인들이 주장하는 교리와 가장 가까운 사람들은 분명 나사렛 사람들이다. 그들은 별문제 없이 예수의 신성과 인성을 받아들이면서도 이교도 출신의 그리스도인들과 가까이 지내는 데는 매우 신중하다. 물론 이교도들이 유대인의 관습을 따르기만 한다면 문제없이 그들을 받아들일 것이다. 그러나 유대인은 모세의 율법적 전례에 깊숙이 뿌리를 내리고 있기 때문에 이교도 출신의 그리스도인과 친밀한 관계를 맺기가 결코 쉽지 않다. 이를테면 안식일, 유대의 절기, 할례, 희생제물과 허용되는 음식 규정 등은 이교도에게는 생소하기 짝이 없다. 유대 그리스도인은 「마태복음」에서 예수가 한 말을 인용하면서 율법의 준수를 정당하게 생각한다.

"내가 율법이나 선지자를 폐하러 온 줄로 생각하지 말라 폐하러 온 것이 아니요 완전하게 하려 함이라 진실로 너희에게 이르노니 천지가 없어지기 전에는 율법의 일점 일획도 결코 없어지지 아니하고 다 이루리라 그러므로 누구든지 이 계명 중의 지극히 작은 것 하나라도 버리고 또 그같이 사람을 가르치는 자는 천국에서 지극히 작다 일컬음을 받을 것이요 누구든지 이를 행하며 가르치는 자는 천국에서 크다 일컬음을 받으리라"   「마태복음」 5장 17~19절

나사렛 사람들은 예수의 초기 제자들과 예루살렘 교회의 후손

들로 추정된다. 그들은 기독교 저서들과 함께 히브리어로 된 유대 성서를 읽고, 아울러 그들의 토속어인 아람어로 기록된 고유의 성서로서 지금은 몇 개의 단편만 남아 있는 『히브리 성서』를 사용한다. 4세기에 시리아의 펠라 근처에 있던 데카폴리스의 도시 베로에아(오늘날의 알레포)와 바사니티드(오늘날의 다마스쿠스 남서쪽)에 있는 코캅에 자리잡았던 나사렛 사람들은 점점 사라져 지금은 어떻게 되었는지조차 알 길이 없다.

예수, 신의 아들이 아닌 요셉의 아들 : 에비온파

나사렛 사람들의 연대기를 살펴보면 대교회의 그리스도인과 친밀하게 지낸 것으로 나타나지만, 유대 그리스도인 가운데 한 집단인 에비온파와는 전혀 가깝지 않았다. 에비온evion이라는 명칭은 '가난한 사람들'을 뜻하는 히브리어 에비오님evionim에서 유래했다.

에비온파 신자들은 철저한 금욕주의로 다른 종파와 구별된다. 그들은 일 년에 한 번, 포도주 없이 부풀린 빵과 물로 성찬식을 실시하고, 어떤 종류의 육식도 허용하지 않는다. 그러나 성적인 면에서는 다른 금욕주의자들과 달리 지나친 금욕과 동정童貞을 비난하며, 오히려 결혼을 권장한다. 나사렛 사람들의 사조에서 파생된 듯한 에비온파는 2세기 초 예수의 무염수태에 대한 교리가 어느 유대 그리스도인들 안에서 인정되자 때맞춰 그들의 주장을 비난하며 새로운 움직임을 시작한다.

에비온파는 무염수태 관점에 대해 전적으로 다른 입장을 취한다. 그들은 예수가 요셉의 씨를 받아 마리아의 몸에서 태어났다고 본다. 따라서 마리아는 동정녀가 아니다. 달리 말하자면 에비온파는 갈릴리인(예수)의 출생에 대한 초자연적 특성을 부정하고 그가 세상에 태어나기 전 이미 존재했다는 선재설도 인정하지 않는다. 그들은 예수를 신의 아들로 보지 않고, 단지 요한의 세례를 받고 메시아의 서열에 오른 선지자로 생각한다(여기에서 에비온파와 양자론자들의 유사성이 드러난다).

아담의 환생으로 나타난 '진리의 선지자(예수)'는 세상의 권세자인 악마와 맞서 끝없는 투쟁을 벌인다. 에비온파는 유대교의 희생 제물[24]을 반대하며, 진리의 선지자가 세상에 온 이유는 분명 이와 같이 더러운 의식을 없애기 위해서라고 주장한다. 그들은 물을 사용한 새 의식으로 대체하는데, 내적인 정결을 되찾기 위해 특히 이방인이나 여자와 접촉한 후에는 반드시 침수 의식을 통해 세정을 실행한다. 반면에 나사렛 사람들을 따라 율법의 다른 의식들은 대체적으로 준수한다.

이레네우스에서 오리게네스까지, 그리고 나중에 에피파누스에서 히에로니무스까지 교부들은 에비온파를 향해 돌팔매질을 멈추지 않았다. 알렉산드리아의 스승이 그들에게서 가난한 사람들

---

24. 살아 있는 짐승을 죽여서 제물을 바치는 유대교의 제사를 뜻하며, 기독교는 유대교의 희생 제물을 불완전한 제사로 정의한다. _역자

을 제대로 보았다면 그것은 성서가 전하는 진정한 의미의 가난한 사람들이 아니라 '지적으로 가난한 사람들'을 말하는 것이다. 에비온파가 자신들의 고유한 성서를 읽으며 예수에 대해 수립한 관점은 신학자들이 정의하는 신앙적 관점과 철저하게 대척점에 선다. 리옹의 이레네우스는 에비온파가 바울의 저술을 버리는 데 격분한다. 그러나 사실 바울도 모세의 율법을 폐지하고자 했고, 이방인들에게도 예수의 도를 개방하고자 했기 때문에 그것은 그리 놀랄 일은 아니다. 그들은 바울보다는 「마태복음」과 지금은 단편만 남아 있는 그들의 고유한 서적을 더욱 선호한다. 『히브리 성서』의 경우에는 성전의 희생 제물처럼 그들에게 충격적인 구절들은 삭제하고 자신들이 인정하는 구절들만 사용했다.

펠라 지역과 동양의 여러 나라로 흩어지고, 드물게는 로마에도 자리잡은 에비온파의 소규모 공동체들은 최소한 7세기까지 존속한다. 19세기에 피에르 라루스는 정통성이 결여된 그들의 신앙에 대해 『라루스 대백과사전』에 비꼬는 어조로 다음과 같이 흥미로운 주석을 남긴다.

"에비온파의 복음서에는 「마태복음」에서 시작되는 예수의 계보도 없고, 마리아의 신비한 수태에 대한 이야기도 빠졌으며, 기적에 대한 찬양과 강림에 대한 서술도 없다. 복음서에 기록된 사실들을 확신하지 못한다는 이유로 그렇게 허술하게 기록할 수 있는가?"

천사 예수 : 엘카사이파

세 번째이자 마지막 유대 그리스도인 집단에 대해 살라미의 주교 에피파누스는 이렇게 설명했다.

"그리스도인도 아니고, 유대인도 아니며, 그리스인도 아닌, 어정쩡하게 중간을 택하는 그들은 결국 아무것도 아니다."

이것이 그리스어로 '숨겨진 힘 또는 권력'을 의미하는 매우 상징적인 이름, 엘카사이*Elkasäi*라는 창시자의 이름을 딴 엘카사이파를 그리는 초상화다.

2세기 이란에 있었던 파르티아 왕국 출신의 이 유대인이 엘카사이라는 종파를 수립한다. 엘카사이파 역시 유대교에 대한 근본적 걸림돌은 희생 제물이었으며, 그들은 물로 세례를 베풀어 그것을 대체한다. 이런 면에서는 에비온파와 전혀 다르지 않다(엘카사이는 아마도 에비온파에서 파생되었을 것이다).

그러나 엘카사이파는 물의 주술적인 특성까지 더 나간다. 물을 신성시하며 물을 신처럼 숭배한다. 그들은 집중적으로 침수 의식을 행하기 시작하는데, 사람에게 의식을 행해 폐병이나 공수병, 광기까지 다양한 병자들을 치료할 뿐 아니라 음식물에도 종교의식을 치른다. 의식에 따라 음식물도 세례를 받게 한 것이다. 즉, 음식을 의식에 따라 씻고 정결해지고 난 다음에야 먹을 수 있었다.

엘카사이파의 음식 규정은 매우 엄격해서 채식주의를 철저히 지키는 것은 물론 발효 음료를 금지하는 것은 기본이다. 게다가 더 의아한 것은 음식물을 사회적 기준에 따라 두 범주로 나눈다는 것이다. 즉, 유대인의 빵은 허용되지만 그리스인의 빵은 금지된다. 또한 남성의 성질로 된 채소, 즉 소속 공동체의 밭에서 경작된 채소는 먹을 수 있지만, 여성의 성질로 된 채소, 즉 공동체 외부에서 들여온 채소는 먹을 수 없다.

다른 유대 그리스도인 집단과는 달리 극단적인 배타성을 지닌 엘카사이파의 신앙에는 특별한 비교秘敎가 숨어 있다. 그들은 자격이 있다고 판단되는 제자들에 한해 스스로 숭고하다고 인정하는 신비를 가르친다. 게다가 점술과 주술, 마법적인 형식도 마다하지 않아서 그들의 종교 행위는 결국 대교회 지도자들에게 거센 비난을 받는다. 엘카사이의 후계자라고 주장하면서 마치 여신처럼 추앙받았던 두 여자, 마르투스와 마르타나에 대해 에피파누스는 이렇게 말했다.

"사람들은 심지어 그 여자들의 가래침이나 몸에서 나온 더러운 것들까지 병을 고치는 귀한 약으로 생각하고 성스럽게 여긴다."

그러나 그런 주장들이 실제로는 그들을 비방하기 위해 조작된 것일 수도 있다.

그리스도의 신성을 부인하고 오로지 메시아성만을 전파하는 엘카사이파의 그리스도 연구는 다수의 이교도 그리스도인의 교리 연구에서 유래되었다. 나중에 이슬람 사상가들이 『코란』의 계시를 말하기 위해 사용한 표현처럼, 이교도 그리스도인들은 예수를 '언약의 보증'이 되는 마지막 선지자로 생각했다.

엘카사이파는 예수를 아름다운 덕목으로 미화하고, 위엄 있는 여성적 존재[25]로서 '성령'이라고 불리는 한 천사로 중복시킨다. 그들에게 그리스도는 아담의 몸을 떠나 마침내 예수의 몸에 들어오기까지 윤회라는 과정 속에서 이 몸 저 몸으로 옮겨진다. 이렇게 하나의 영혼이 여러 몸에 생기를 불어넣을 수 있다.

엘카사이파의 이단적 이론들은 그들의 공동체에 고유한 서적들을 통해 전해지며, 특히 「엘카사이묵시록」에는 천사에 의해 엘카사이가 종파의 창시자로 세워지는 기록이 담겨 있다.

최초의 기독교 형식으로 이란 제국에 자리잡았던 엘카사이 사상은 그 당시 요르단을 넘어 아라비아와 팔레스타인까지 널리 전해진다. 3세기 초 아파메(시리아)의 알시비아드는 그들의 사상이 로마에도 전파되었다고 말한다. 엘카사이파의 사조는 적잖은 영향력을 행사하며 최소한 10세기까지 존속한다.

예수의 유대 기원에 대한 부인 : 마르키온파

이방 그리스도인과 유대 그리스도인을 대립시키는 논쟁에서

---

25. 성부를 아버지, 성자를 아들인 남성으로 구별하는 반면 성령에게는 여성성을 부여한다. _역자

예수가 유대인이었다는 사실을 부인하며, 이전의 주장과 완전히 상반된 태도를 보이는 한 남자가 나타난다. 마르키온(95~161년경)이라는 이 남자는 오늘날 터키의 폰투스 출신으로, 전승에 따르면 파문당한 주교의 아들로 추정된다. 마르키온에 관한 저서가 거의 사라졌기 때문에 그에 대해서는 알려진 바가 별로 없다. 그러나 철저히 그와 대적했던 테르툴리아누스가 '폰투스의 뱃놈'이라고 부르며 조롱했던 마르키온은 폰투스에서 선주로서 든든하게 자리잡고, 사업이 매우 번창했다는 것은 분명하다.

140년경 마르키온은 로마에 가기로 작정했고, 로마에 도착하자 기독교 공동체에 엄청난 금액을 기부한다. 144년 로마 사제들과 만난 자리에서 그는 파문이 예고되는 충격적인 발언을 한다. 이로 말미암아 마르키온은 종교적 이유 때문에 공식적으로 파문당한 첫 번째 기독교 사상가로 기록된다.

로마 사제들에게 결정적으로 큰 충격을 안겨준 것은 「누가복음」에 나오는 비유에 대해 그가 내놓은 근본적 재해석이었다.

"새 포도주를 낡은 가죽 부대에 넣는 자가 없나니 만일 그렇게 하면 새 포도주가 부대를 터뜨려 포도주가 쏟아지고 부대도 못쓰게 되리라 새 포도주는 새 부대에 넣어야 할 것이니라"

「누가복음」 5장 37~38절

마르키온에 따르면 여기서 '낡은 부대'는 유대교를 비유한 것이며, '새 부대'는 기독교의 절대적 새로움을 나타낸다. 부유한 선주 마르키온은 그리스도인이 과거를 송두리째 없애버리고 백지로 돌아가야 하며, 그들의 종교에서 유대의 뿌리를 철저히 뽑아내야 한다고 주장한다.

우리가 살펴본 바와 같이 그 당시 교회는 바리새인들과 매우 긴장된 관계를 유지하고 있었다. 분명하게 입장 표명을 하지 못한 채 둘 사이에는 근본적 입장 차이로 인해 건너지 못하는 웅덩이가 있었다.

사실 예수의 메시지는 전적으로 유대인의 유일신인 하나님[26]의 왕국에 근거하는 복음이다. 그런데 마르키온은 "그런 것은 아무 의미도 없다!"고 말한다. 그리고 그는 첫 언약의 신, 즉 유대인의 야훼는 예수가 말하는 '하나님'이 아니라고 단정한다. 사람들을 끊임없이 따라다니며 유혹하는 신, 질투하는 신, "나는 환난도 창조하나니" 하고「이사야」 45장 7절 공개적으로 재앙을 선언하는 그런 신은 어떤 경우에도 온전한 사랑을 전파하는 신, 예수가 아버지라고 말하는 하나님이 될 수 없다는 주장이다. 그는 또한 율법과 심판의 신, 즉 구약의 불완전한 조물주와 예수가 말하는 믿음과 사랑의 하나님도 구별한다.

마르키온은 유대교의 모든 흔적을 없애기 위해 성서의 재구성이라는 전례 없는 시도에 매달린다. 그가 '구약'이라고 명명한『히브리 성서』를 먼저 배제시키고, 그의 입으로 '신약'이라고 명명하

---

26. 선민주의인 유대교의 주장처럼 그들만의 신이라는 의미가 아니라 기독교의 신은 유대인까지 포함한 인류의 하나님이라는 의미로 해석해야 한다. _역자

는 기독교 문집을 새로 집필한다. 마르키온은 이처럼 교회가 나중에 그들의 필요에 따라 다시 사용하는 '신약'이라는 표현을 처음으로 사용한다. 기독교의 『신약성경』에서 그는 「디모데서」와 「디도서」를 배제한 바울의 서신들과 할례받지 않은 그리스도인의 사도(바울)의 관점에 가장 가까운 「누가복음」만을 채택한다. 게다가 그 저서에서 예수의 근원적 종교[27]를 나타내는 구절을 빠짐없이 모두 삭제한다. 예를 들면, 구약의 옛 언약에 일말의 가치도 두지 않으려고 「누가복음」의 텍스트에 기록된 '새로운 언약'에서 '새로운'이라는 단어를 지워버린다. 그는 또한 예수의 계보가 나열되고 그의 탄생과 세례, 광야의 시험이 기록된 「누가복음」의 첫 장을 삭제한다.

마르키온의 견해에 따르면, 예수의 열두 제자는 결과적으로 스승이 그들에게 가르쳐준 교훈의 핵심을 이해하지 못했다. 오직 바울만이 예수의 메시지를 열기 위한 문을 가까스로 붙잡았을 뿐이다. 마르키온이 유대인을 심하게 비판했다고 하지만, 우리가 보는 바와 같이 정작 그는 『반론Antitheseis』을 저술하면서 『신약성경』을 임의대로 편집하고 그리스도인들에게 심한 독설을 퍼붓는다.

마침내 테르툴리아누스가 분노를 터뜨린다.

---

27. 예수의 종교는 그가 스스로 밝혔듯이 '야훼 하나님'을 섬기는 유대교의 기원에서 비롯된다. 야훼를 부정하는 마르키온은 결국 예수가 유대교와 무관하며 어떤 식으로든 연관이 없어야 한다고 주장하는 것이다. _역자

"폰투스에 마르키온이 태어난 것보다 더 야만적이고 해로운 일은 없다. 그는 시트[28]보다 가증스럽고, 하막소비오스보다 변덕스럽고, 마사게트(카스피 해와 아랄 해 사이에 자리잡았던 민족)보다 무자비하고, 아마존보다 불충하며, 안개보다 어둡고, 어름보다 약하며, 히스테르보다 사악하고, 코카서스보다 험악한 자다. 증거? 마르키온에게 속아 사람들이 신성을 모독하며 전능하신 하나님을 욕되게 하는 것이 명백한 증거다! 결혼을 부정하는 것만큼 자신을 훼손하는 일이 또 있는가? 복음을 갉아먹는 자만큼 게걸스러운 흑해의 들쥐가 또 있는가?"[29]

이런 관점을 받아들여 유대의 기원에서 벗어난다면 정작 예수에게 무엇이 남는가? 고립주의에 빠져든 마르키온은 육신을 근본적으로 사악하고 불완전한 것으로 판단하는 금욕주의자들의 생각을 전파한다. 즉, 예수는 완전한 신이며, 동정녀 마리아에게서 태어나지 않았다. 그는 강생한 것이 아니라 티베리우스 황제 통치 14년에 은밀하게 가버나움의 회당에 나타났다. 그의 육신은 단지 허울 뿐이었지만, 어쨌든 실제로 십자가에서 고난을 받았다.

바로 그 죽음을 통해 구약의 불완전한 신에게서 사람들을 사들여 '선하신 하나님'(그가 '이방인'이라고 부르는)의 양자들이 되게 했다. "복음서를 벗어나서는 어디에도 나타나지 않았기 때문에" 마

---

28. 고대 유목민족의 이름_저자
29. 『마르키온에 대한 반론』에서 인용_저자

르키온은 율법으로 혼미해진 유대인의 신과 대립시켜 그가 말하는 신을 '이방인'이라 불렀다.

그러나 그의 관점에서 구원의 약속은 모든 사람들에게 주어지는 일반적 은혜가 아니다. 다시 말해 예수는 아버지에게 돌아가기 전 지옥에 먼저 내려와서 구약의 조물주에게 반항한 가인이나 이교도들을 포함한 모든 죄인을 풀어준다. 그러나 유일하게 유대인만은 그대로 지옥에 남겨둔다.

마르키온의 생각이 이처럼 극단적이고 광적이었기 때문에 대교회의 입장에서 보면 마르키온 교회의 교리는 명백하고 실제적인 위협이 된다. 로마에서 태동한 마르키온 교회는 경쟁자(로마 교회)를 모방한 조직, 즉 주교·사제·집사·낭독자 등을 갖추고 제도를 정비해 신중하게 나아간다. 여기에서는 여자들도 무시할 수 없는 역할을 맡는다. 왜냐하면 마르키온은 "그리스도 안에서는 남자도 여자도 따로 존재하지 않는다"고 주장하기 때문이다. 이에 따라 여자들도 세례를 베풀고, 귀신을 쫓아내며, 구제를 위한 사역을 맡는다.

마르키온 교회는 제국 전체에서 눈부시게 발전해 대교회에 대적하는 힘센 종파를 이룬다. 그것은 달리 말하면 대교회의 피할 수 없는 표적이 되어 거센 공격을 받게 된다는 뜻이다. 그들은 서방에 비해 메소포타미아, 페르시아 등 동방에서 유난히 깊게 뿌리를 내렸다.

그러나 마르키온 교회는 머잖아 사라질 태생적인 운명을 지니고 있었다. 교회의 창시자(마르키온)는 물질세계가 유대인들의 악한 신, 즉 조물주에 의해 만들어졌기 때문에 결혼을 혐오스러운 것, 출산을 죽음의 작업으로 단정한다. 그 결과 마르키온 교회의 교인들은 출산을 꺼렸기 때문에 자연스럽게 신자가 줄어들 수밖에 없었다.

대교회와 마찬가지로 마르키온 공동체도 내분을 겪는다. 마르키온의 제자 아펠레스는 스승의 이신론二神論을 정면으로 반박한다. 아펠레스에 따르면 물질세계의 창조자는 조물주가 아니라 천사다. 반면 영혼은 유일신에 의해 창조되었으나 타락한 천사에 의해 육신 안에 갇히게 된다. 아펠레스는 또한 예수의 육신은 단지 허울이라는 마르키온의 가현설을 부정하면서 예수에게 천상의 요소들로 이루어진 육신을 부여한다.

마르키온 교회는 거센 비난을 받으면서도 5세기까지 유지되었으며, 예수를 핍박한 치욕적 민족으로 유대인을 바라보는 그리스도인들의 반유대교적 운동에 마르키온의 이론들이 지속적으로 영향을 끼친다. 근본적으로는 다를지 몰라도 유대교를 비난하며 스스로 '진정한 이스라엘'로 자처하는 대교회도 이 점에서는 크게 다르지 않다. 그들 역시 그리스도인을 진정한 '하나님의 이스라엘'이라고 정의하면서 마르키온 교회와 마찬가지로 공공연하게 반유대교 사상을 전파한다.「갈라디아서」 6장 16절

비록 오늘날 그의 이름이 익숙하게 들리지 않더라도 서머나의 폴리캅이 '사탄의 장자'라고 부른 마르키온은 고대 기독교 역사에서 결코 무시할 수 없는 자리를 차지하고 있다. 그는 유대적 기원에서 완전히 벗어난 새로운 기독교를 창시하면서 은연중에 대교

회 지도자들을 자극한다. 결과적으로 마르키온의 성공은 로마 교회에 명백한 논리를 세우도록 다그치고, 더 이상 늦추지 말고 기독교의 정경을 제정하라고 요구한 셈이었다. 대교회는 이 정경을 위해 마르키온이 자신의 고유한 저서에 붙였던 이름을 헌정하는데, 그것이 바로 『신약성경New Testament』이다.

역사적 예수와 형이상학적 예수
그노시스설

　마르키온은 구원 측면에서 유대인의 신을 배제시켰으나 다른 사조인 그노시스파가 나타나 기독교 메시지의 재해석을 위해 더 멀리 나아간다. 그노시스파의 명칭은 '지식'을 가리키는 그리스어 그노시스*gnosis*에서 유래한다. 이 사조의 신봉자들에 따르면, 구원의 원천은 더 이상 예수의 죽음이나 부활에 있는 게 아니라 예수가 세상에 와서 사람들에게 전하는 초자연적 지식에 있다. "무지는 속박받는 노예이며, 그노시스가 자유를 준다"는 것이 그노시스파의 명백한 주제다.

　그러나 그노시스가 모든 사람들에게 주어지는 것은 아니다. 소수의 선택받은 사람들만이 오류 없이 그의 말을 해석할 수가 있기 때문에 그노시스는 전문가에게서 전문가에게로 조심스럽게 전해진다. 지적인 사변思辨에 토대를 둔 그노시스파는 비교적인, 다시 말해 매우 난해한 교리를 펼치면서 담론의 숨겨진 의미에 집중한다. 따라서 그들은 역사적 예수에 대해서는 전혀 관심을 두지 않는다. 두말할 필요 없이 그노시스파가 말하는 예수는 대교회에서 전파하는 예수와 일치하지 않는다.

엘리트적 사고

엘리트에게만 제한적으로 주어질뿐더러 설교하는 사람들과 장소, 시대에 따라 해석이 변화무쌍한 그노시스설의 핵심을 파악하기는 쉽지 않다. 게다가 20세기 중반까지는 주교들이나 이교도 철학자 같은 반대자들의 주장을 통해서만 그노시스파의 사상을 접할 수 있었다. 그러나 1945년 북이집트에서 예상치 않은 문집이 발견됨에 따라 그노시스설에 대해 알고 있던 이전의 지식은 매우 혼란스러운 상태에 빠지게 된다. 이집트에 살던 그리스도인들이 사용했던 콥트어로 작성된 열두 편의 문집이 작은 항아리에 담겨 발견된 것이다. 2세기, 3세기, 4세기로 거슬러 올라가는 53조항이 기록된 이 문집을 통해 매우 복잡한 종교 집단에 직접 다가설 수 있게 되었다.

그노시스설의 기저에는 우리가 사는 세상은 일반적으로 유대인들의 신과 동일시되는 '조물주démiurge'[30]라 불리는 열등한 신의 작품이라는 생각이 깔려 있다. 누가 누구에게 먼저 영향을 끼쳤는지 알 수 없으나, 여기에서 우리는 마르키온의 이론과 다시 만난다. '천사론'이 크게 대두되는 후기 유대교의 유산처럼, 조물주는 악한 천사들의 도움을 받아 인간에게 영혼의 감옥이 되는 육신을 부여하고, 악의 인장이 찍힌 세상에서 인간을 지배한다. 이런 타락이 때로는 매우 풍성하고 추상적인 신화를 낳게 된다. 그때부터 인간은 무슨 수를 써서라도 영혼의 자유를 위해, 그리고 자유로운 영혼이 조물주가 아니라 초월적 하나님의 왕국 플레로마[31]에 이르기 위해 모든 노력을 기울인다.

그 신은 물질을 만드는 조물주가 아니라 완전한 신이며, 그노시스주의자들은 이를 말로 표현할 수 없기 때문에 '미지l'Inconnu'라고 설명한다. 그가 바로 우리가 말하는 유일하고 진정한 신이다. 그노시스설은 결코 두 신을 믿는 이신교가 아니며, 그들에게 유대인의 조물주는 신이 아니라 단지 '약장수'에 불과하다.

육신과 정욕의 노예로서 인간은 어떻게 미지의 신과 만날 수 있는가? 인간의 깊은 내면에 신의 영광이 존재하지만, 무지에 갇힌 인간은 이를 깨닫지 못한다. 어쨌든 모든 인간은 자기 안에 내재하는 신적인 단편을 마음대로 다룰 수 없다. 그노시즘은 인성의 특징을 세 범주로 분류한다.

---

30. 그리스어 데미우르고스*demiurgos*에서 유래하며, '물건을 만드는 사람'이라는 뜻이다. _저자
31. 그리스어 플레로마*plérôma*에서 유래하며, 육적인 세상과 구별하여 영적인 완전한 천국을 의미한다. 여기에서 신의 본성인 플레니튜드plenitude(충만)라는 단어가 파생된다. _역자

첫째는 육적인 범주(육신을 뜻하는 그리스어 힐레*bylé*에서 유래)로 육신에 파묻혀 있고 본능에 지배받는 사람들이다.

둘째는 심적인 범주(영혼을 뜻하는 그리스어 프시케*psyché*에서 유래)로 이전 사람들보다 조금 변화되었지만 여전히 조물주의 지배를 받는 일반적 그리스도인, 대교회의 평범한 교인들이다.

셋째는 영적인 범주(영을 뜻하는 그리스어 프뉴마*pneuma*에서 유래)에 속하는 사람들이다. 소중한 그노시스(신비적 직관)를 받을 수 있는 유일한 사람들은 순수하게 영적인 사람들이며, 예수가 엄선한 제자들에게 비밀리에 전한다. 여기에는 막달라 마리아, 요한, 야고보, 도마, 빌립, 그리고 유다도 해당된다. 그러나 극도로 제한된 영적 범주에 속하는 사람은 그리 많지 않다. 나그함마디에서 다시 발견된 도마의 그노시스 복음에서 예수는 "내가 천에서 하나, 만에서 둘을 선택하노라"고 말한다.

고유의 신적 기원을 주장하는 그노시스주의자들은 이 세상에서 생소한 감정을 느끼며, 천상의 조국에 들어가기 위해 육신의 껍질을 벗으려고 열망할 뿐이다. 여기에서 고립주의에 빠져드는 출산 거부가 빈번하게 나타나며, 매우 드물기는 하지만 무신론도 싹튼다. 그들에게 육신은 아무 짝에도 쓸모없는 허튼 것이 되기 때문이다.

그런데도 보통 사람들과 다르다고 주장하는 이 사조의 신봉자들은 근본적인 그리스도인이라고 자처한다. 즉, 자신들만이 유일하게 '진정한 그리스도인'이라는 것이다. 이런 주장은 마침내 대교회의 신학자들을 분노하게 만든다. 더욱이 그노시스 지식인들이 그들을 '단순한 사람들'이라고 평가절하하면서 감정은 더욱 격해진다. 테르툴리아누스는 분노해서 이렇게 말한다.

"그들은 우리를 단순하다고 말한다. 지혜와 더불어 말하지 않고 그저 단순할 뿐이라고 (…) 주님은 지혜와 단순성을 가까이 두는데, 그들은 마치 지혜가 필연적으로 단순성과 분리되는 것처럼 말한다."

더욱이 그노시스파가 내세우는 배타적 우월성은 종족, 계급, 문화의 차별 없이 모든 사람을 구원하기 위해 보편적 종교를 지향하는 기독교의 근본을 뒤흔든다.

『구약성경』을 배제하고 외경 문학, 다시 말해 '비밀스럽고 숨겨진' 문학에 몰두하는 그노시스주의자들은 대부분의 『신약성경』도 인정하지 않는다. 이에 맞서 주교들은 저술을 통해 그노시스 이론을 격렬하게 공격한다.

이레네우스는 180~185년경 그의 저서 『이단 반박』을 통해, 히폴리투스는 『모든 이단에 대한 논박』에서, 그리고 키프로스에 있는 살라미의 주교 에피파누스는 『약상자』를 통해 그노시스주의자들이 뿌려놓은 뱀에 물려 독이 퍼진 사람들을 위한 해독제를 제시한다. 아니러니하게도 뱀은 그노시스주의자들에게는 조물주가 인간에게 주지 못하는 신비한 직관의 상징성을 지닌다. 결과적으로 그노시스설은 당시의 지배적인 기독교 사상과 완전히 대척점에 있었다.

알려지지 않은 기원

사학자들은 그노시스 운동의 기원에 「사도행전」의 유명한 마술사 시몬이 자리잡고 있다고 말한다.

"마술을 행하여 사마리아 백성을 놀라게 하며 자칭 큰 자라 하니 낮은 사람부터 높은 사람까지 다 따르며 이르되 이 사람은 크다 일컫는 하나님의 능력이라 하더라"　　　「사도행전」 8장 9~10절

시몬은 「사도행전」에 이렇게 기록되었을 만큼 사마리아인들 사이에서 신의 특별한 능력을 받은 자로 칭송이 자자했다. 그런데 빌립 집사가 이 고장에 복음을 전파하러 오자 시몬은 큰 관심을 보이며 자신도 세례를 받겠다고 자청한다. 그는 특히 사마리아에 체류 중이던 베드로와 요한이 성령의 능력을 행사하자 그들에게 돈을 주고 성령을 부르는 능력을 사려 한다. 그의 경망스러운 행동에 베드로는 "네 은과 네가 함께 망할지어다"라고 시몬을 저주한다. 「사도행전」 8장 20절

시몬이라는 이름은 성물聖物 매매를 가리키는 시모니simonie라는 단어에서 유래하며, 그는 기독교 역사에서 대표적인 첫 이단자로 기록된다. 게다가 베드로가 그를 내쫓았기 때문에 시몬은 윤리적 이유로 기독교 공동체에서 쫓겨난 첫 파문자이기도 하다. 그는 비교秘敎 성향을 띤 『위대한 계시』라는 책을 썼다. 성경 구절과 그리스 철학, 호메로스의 『오디세이』를 교묘하게 뒤섞은 이 책에서

마술사는 새로운 교리를 전파하는 특별한 계시자로 나온다. 이것 저것이 혼합된 시몬의 책은 스스로의 삶을 은연중에 과장하고 헬레네라는 유녀遊女와 함께 살았던 인생을 미화한다. 시몬은 헬레네를 가리켜 '트로이의 헬레네'와 성령의 어머니가 강생한 것이라고 소개한다. 그러나 이레네우스는 그녀를 '더러운 창녀'라고 손가락질하며 독설을 퍼부었다.

어쨌든 『위대한 계시』는 시몬을 기리는 집단에 의해 2세기 중반에 집필되었으며, 가이사랴의 유세비우스가 지적하듯 시몬파라는 '혐오스러운 종파'의 기초를 세운다. 또한 시몬에게서 그노시스파의 다른 창시자이자 시몬의 후계자라 일컬어지는 메난드로스가 나온다. 마술사 시몬의 이 제자에 대해서는 안디옥에서 이단 사상을 전파했으며 80년경 그곳에서 죽었다는 사실 외에는 알려진 것이 거의 없다.

사실 그노시스 운동의 창사자로 한 사람을 구체적으로 지칭하기는 어렵다. 다만 이미 오래전에 바울이 그노시스 학설을 매몰차게 비난하고, 그노시스를 '유일한 사랑'과 반대 개념으로 대립시킨 것을 보면 기원은 매우 오래된 듯하다.

"지식은 교만하게 하며 사랑은 덕을 세우나니 만일 누구든지 무엇을 아는 줄로 생각하면 아직도 마땅히 알 것을 알지 못하는 것이요 또 누구든지 하나님을 사랑하면 그 사람은 하나님도 알아주시느니라"　　　　　　　　　　「고린도전서」 8장 1~3절 바울은 이와 같이 그노시스를 빗대어 교만하다고 비판하면서 자신의 제자 디모데에게 "망령되고 헛된 말과 거짓된 그노시스[32]를 피하라"고 가르친다.「디모데전서」 6장 20절

어떤 사학자들은 이 사조가 플라톤의 철학에 뿌리를 두고 있다고 생각한다. 테르툴리아누스는 더 나아가 이 사조를 이단자들의 '만물상'이라고 표현한다. 그들의 사상은 신플라톤주의의 선구자 플로티노스에 의해 무대 전면에 다시 등장한다. 우리는 미리 존재하는 영혼이 선험적으로 지니고 있던 모든 지식을 일시에 잊어버리기 때문에 영혼이 육신에 강생하는 것은 타락이라는 생각을 이미 플라톤에게서 발견하게 된다. 여기에서 다른 세상에 대한 향수가 생겨난다. 그는 기원전 4세기부터 이 세상의 창조는 전지전능한 신과 거리가 먼, 마치 장인匠人 같은 조물주의 작품이라는 주장을 펼쳤다. 그와 병행해서 우리는 그노시스설 안에서 플라톤의 '동굴의 비유'와 매우 밀접한 신비를 발견한다.

다른 학자들은 그노시즘(그노시스설)이 이스라엘의 해방을 열망하는 유대인에게서 태동했다고 주장한다. 그들이 그렇게 바라던 해방은 오지 않았으며, 따라서 그노시스주의자들은 그들을 버린 구약의 신에게 정면으로 반항하는 유대인 집단이라는 것이다.

사실상 그노시스설을 좀 더 일반적으로 말하자면 기독교 내부에서 강하게 자기 목소리를 내는 다수의 지적 사조로 보아야 한다. 우리는 또한 거기에서 하나의 고유한 체계를 이루는 신비한

---

32. 한글 성경에는 '지식'으로 번역되었다. _역자

종교의식[33]을 만나게 된다. 어쩌면 하나가 아니라 복수 체계일 수 있다. 우리가 곧 보겠지만, 그노시즘은 다양한 사상가들의 서로 다른 뉘앙스를 담은 혼합된 주장을 따르고 있기 때문이다.

하나의 운동, 여러 사조

그노시스파가 영향력 있는 최초의 큰 인물인 메난드로스의 제자 사토르닐로스(또는 사투르니누스)를 만나는 시기는 2세기 초반인 120~130년경이다. 사토르닐로스는 안디옥에 학파를 세우면서 제자들에게 아담의 창조를 완전히 재구성한 독창적 내용을 가르친다. 그에 따르면, 세상을 창조하고 나서 일곱 천사(야훼는 그들 중 하나일 뿐이다)는 남자를 만들고 이어서 여자를 만든다. 그러나 대천사들의 능력이 미치지 못해 작품이 크게 실패하는 바람에 인간은 결국 두 범주로 나뉜다. 즉, 선한 사람과 악한 사람이다. 선한 사람들은 최고의 신이 부여하는 천상의 영광을 얻지만 악한 사람들은 인간 모세에게서 영감을 받는다. 그리고 악한 사람들은 예수가 세상에 와서 선한 사람들을 구원할 때까지 그들을 학대한다.

---

33. 새로운 시대(서기)가 시작되는 초기에 특히 지중해 연안의 이방 국가 안에서 크게 유행했던 신비한 종교의식은 그들의 신봉자들에게 비밀리에 그리고 전수자들에 의해서만 이루어지는 신비한 의식을 통해 신과 개인적인 대화를 나누라고 제안한다. _저자

또 다른 선구자로 세린투스가 있다. 그는 2세기 초 소아시아에서 활동했으며, 요한의 측근들과 함께 살았던 것으로 알려져 있다. 어떤 사람들은 사도-복음서 저자(요한)의 책에서 세린투스 종파의 흔적을 발견하기도 한다. 요한 자신도 저서에서 신비한 엘리트주의를 나타내기 때문에 가능한 가정이기는 하지만, 그렇다고 세린투스와 요한의 개인적 관계를 단정하기는 어렵다. 확인이 어려운 이유는, 그 당시의 기독교 이론이 여러 사조들과 뒤섞여 다양한 모습을 하고 있었기 때문이다.

더욱 잘 알려진 바실리데스는 매우 번잡해진 알렉산드리아에서 2세기 후반 그노시스설의 전도자가 된다. 그 당시 이집트는 다른 지역에 비해 유난히 그노시스설에 깊이 빠져 있었다. 나그함마디에서 그노시스설에 관한 중요한 문집이 발견된 것은 분명 우연이 아니다. 지적으로 매우 높은 수준의 이 문집은 알렉산드리아의 교양 있는 상류층을 매혹시키기에 부족함이 없었다.

4세기 초까지 사람들의 입에 꾸준히 오르내릴 만큼 유명한 학파를 세운 바실리데스는 비교秘教 집단에서 매우 큰 자산으로 인정받는 유명한 용어를 만들어낸 사람이기도 하다. 다시 말해 '지극히 높은 신'에게 바친 아브락사스*Abraxas*라는 이름이다. 그리스어 철자의 수적 가치[34]에 따라 더해지는 이 단어는 창조를 상징하는 365가 되며, 오늘날의 '아브라카다브라*abracadabra*'라는 주

---

34. 그리스어의 각 철자는 고유의 수를 지닌다. 따라서 하나의 단어는 각 철자의 숫자를 모두 합한 수가 된다. _역자

문呪文이 된다. 많은 저서를 남긴 바실리데스는 네 복음서를 자신의 고유한 해석에 따라 새롭게 작성하기도 했다. 스물네 권으로 된 네 복음서의 주석서『해석Exegetica』은 지금 몇 개의 단편만 남아 있다.

같은 시기에 소아시아 출신의 한 남자 카르포크라트가 이집트에 와서 그노시스 이론을 소개하고 로마로 가져간다. 그는 다른 그노시스주의자들과는 달리 성적인 면에서 원색적인 생각을 드러낸다. 카르포크라트에 따르면, 사람들은 일단 악의 집정관들이 주재하는 악의 노예가 된 뒤에만 그들로부터 자유를 얻을 수 있다. 그렇다면 단번에 모든 것이 가능해진다. 카르포크라트의 아들 에피파누스(물론 살라미의 주교와는 상관없는 인물이다)는 이런 관점에 따르면서 공동선을 취할 것을 주장한다. 그리고 공동선의 대열에 마침내 여자도 포함된다.

그러나 그노시스설의 연대기를 특징짓는 인물은 2세기 초반의 발렌티누스다. 발렌티누스 역시 이집트 출신으로 알렉산드리아에서 자랐으며, 자신이 바울의 제자에게 배웠다고 주장한다. 그는 140년부터 160년 사이에 로마에 살았고, 그곳에서 거의 주교가 될 뻔한 지위까지 오른다. 그러나 대교회와 일치하지 않는 그의 생각이 그가 탐내던 주교 자리에 오르는 것을 막는 동시에 그를 영원한 도시(로마)에서 쫓겨나 키프로스로 떠나게 만든다.

발렌티누스는 기독교 역사에서 중요한 위치를 차지하는 위대한 사상가다. 그는 아직 주변 세력에 머물러 있던 두 그노시스 종파, 즉 바르벨로파[35]와 세트파[36]가 전개한 이론 체계를 다듬어 신중하게 새로운 논리를 세운다. 그는 매우 시적인 작품을 통해 자신의 이론을 전개하고 의견을 제시한다. 그의 저서는 알렉산드리아의 클레멘스도 신학 주제로 인용하는 중요한 작품이지만, 불행히도 지금은 단편으로만 남아 있을 뿐이다. 그 당시 그노시스주의자들보다 신중했던 발렌티누스는 많은 제자들을 끌어모았다.

스승이 죽고 나자 두 집단이 서로 발렌티누스를 내세운다. 동방의 학파는 스승의 이론에 더욱 충실한 반면, 이탈리아 학파라고도 불리는 서방의 학파는 조금 다른 관점에서 뚜렷한 성공을 거둔다. 리옹의 이레네우스가 "레르나의 히드라 그리고 머리가 여럿 달린 괴물"이라고 혹독하게 비난한 발렌티누스 학파는 5세기까지 존속했던 것으로 보인다.

그노시스와 여자들

그노시스설의 연대기로 다시 돌아오기에 앞서 나는 『다빈치 코드』의 세계적 성공 이후 많은 혼동을 불러일으키고 있는 한 주제에 대해 먼저 말하려 한다. 즉, 여자들과 그노시스의 관계다. 수십년 전부터 세상에 유행했던 이론들을 다시 취합한 작가 댄 브라운이 대교회의 여성 혐오를 그노시스파의 페미니즘과 대립시키면

---

35. 바르벨로는 그노시스 신화론의 중심인물 가운데 한 사람이다. _저자
36. 세트파는 아담의 셋째 아들인 셋의 계보에 연결된다. _저자

서 문제는 더욱 복잡해졌다. 사실 그노시스설은 역설적 여성관을 드러내고 있다. 그리고 그들의 여성관에 다가설 때마다 크든 작든 뉘앙스를 달리하는 다수의 사조들이 내부에 혼재하기 때문에 일치된 이론을 추출하기가 쉽지 않다.

그러나 이렇게 요점을 정리해볼 수 있다. 즉, 여성은 출산 능력으로 조물주의 작품(악하다고 여겨지는 물질적인 세상)을 지속시키기 때문에 그노시즘의 여성관은 어쨌든 염세주의적일 수밖에 없다는 점이다. 악한 조물주의 탄생을 야기시킨 것은 소피아라는 여성의 에온[37]이다. 그리고 소피아가 일으킨 재앙을 없애기 위해 신은 이번에는 남성의 새로운 에온, 즉 그리스도를 세상에 보내게 되는 것이다.

그럼에도 불구하고 「빌립복음」이나 「마리아복음」 같은 그노시스파의 저서들은 정통 전수자로 여겨지는 막달라 마리아에게 중심적인 역할을 부여한다. 우리는 「빌립복음」에서 구원자(예수)의 '동료'가 막달라 마리아라고 기록되어 있는 것을 발견한다.

"그(예수)는 다른 제자들보다 그녀를 더 깊이 사랑했다. 그녀를 가슴에 안고 가만히 입술을 맞췄다."

---

37. 에온Aeon은 이온이라고도 하며, 육신과 완전히 구별된 '영적 존재'를 의미한다. '최고의 신'도 하나의 에온이고, 그로부터 다수의 에온들이 발현한다. 가장 대표적인 에온의 쌍이 바로 예수와 소피아다. _역자

이에 제자들은 분통을 터뜨리며 스승에게 따져 묻는다.

"당신은 무슨 이유로 그녀를 그처럼 사랑하는 것입니까?"

이런 상황은 「마리아복음」에서도 마찬가지이다.

"그(예수)가 우리 모르게 한 여자와 은밀히 이야기를 나눈다는
게 도대체 있을 수 있는 일인가? 게다가 우리를 무시하고 그녀를
따르게 하려 한다는 것은 무슨 뜻인가? 그는 결국 우리를 제쳐두
고 그녀를 최우선으로 선택했다는 말인가?"

그러나 조금 더 가까이에서 텍스트를 읽어보면, 여기에 소개된
여자는 성性이 배제된 막달라 마리아라는 사실을 알게 된다. 그리
스어 코이노노스*koinonos*로 쓰인 '동료'라는 용어는 남성에게 사
용되는 단어이기 때문이다. 따라서 앞서 이야기한 막달라는 어떤
경우에도 예수의 육적 애인이 아니라 텍스트가 전하는 의미 그대
로 성을 뛰어넘는 동료인 것이다.

한 쌍을 이룬 아담과 이브는 타락을 불러왔고, 한 쌍을 이룬 예
수와 막달라는 구원을 가져온다. 그리고 예수와 막달라가 서로 다
정하게 교환하는 입맞춤은 성적인 이미지를 나타내는 것이 아니
라 영적인 숨결을 뜻한다. 전수의 상징인 신비의 입맞춤을 통해
막달라는 「도마복음」에서 명시적으로 말하는 것처럼 구원에 이를
수 있는 유일한 특성인 남성의 극성을 전수받는다.

"내가 그녀를 남성이 되게 하려고 내게 오게 하였고, 그녀 역시 너희 남성들처럼 마침내 살아 있는 영이 되었다. 모든 여자는 남성이 되어야 하늘의 왕국에 들어갈 수 있기 때문이다."

「도마복음」114장

이처럼 여자들도 성적인 면에서 여성을 부인하는 순간, 다시 말해 성이 배제된 한 인간이 되는 순간 그노시스파에서 어떤 역할을 맡게 되고 때로는 중심 역할도 맡는다. 「빌립복음」에서 분명하게 지적하고 있듯이 그노시스는 "짐승도 노예도 여자도 아닌 자유민과 동정녀를 위한 것"이다. 그리고 역사에는 몇 명의 이런 여자들, 즉 여성이 배제된 여자들의 이름이 남아 있다.

그노시스 공동체에서 능동적 역할을 맡는 여자들의 존재는 교회의 주교들을 크게 자극한다. 주교들은 여자라는 족속들이 중요한 책임을 맡는 것을 절대로 인정하지 않는다. 이는 여성을 혐오하는 테르툴리아누스를 특히 화나게 했는데, 그는 『이단적 교설에 대한 처방』에서 이렇게 말한다.

"그 여자들은 창녀나 다름없다. 누군가를 가르치기에, 토론에 참여하기에, 귀신을 내쫓기에, 병을 고칠 능력이 있다고 믿기에, 또한 세례를 베풀기에 여자들은 얼마나 천박한 존재들인가!"

그런데 그노시스파가 앞세우는 여자들은 사실 테르툴리아누스가 말한 더러운 창녀들과는 전혀 상관이 없다. 오히려 성의 타락과는 관계없는, 양성을 지닌 '이상적 존재들'이다.

그노시스파의 프리즘을 통한 예수

그노시스설에서 예수는 누구인가? 그는 어떻게 알려지는가? 그것을 이해하려면 세상의 창조에 대해서 매우 원색적인 태도를 드러내는 그노시스주의자들의 저서 앞에서 잠깐 멈춰야 한다.

종족마다 각기 고유한 신화를 가지고 있다고 하지만, 어떤 생각들은 종족별로 다르지 않고 모두에게 공통적이다. 그 신화의 대표적인 주인공은 물론 일련의 발현물(에온들)을 생성하는 최고의 신이며, 그는 이를 통해 역사한다. 그러나 최후의 발현물인 소피아(지혜)는 천상의 완전한 나라, 즉 하나님 나라를 떠나려고 한다. 언제나 남의 떡이 더 크게 보이는 법이다! 타락한 소피아는 불완전과 죽음을 부르는 동시에 우리가 사는 세상을 만드는 조물주인 '조산아'를 낳는다. 그가 불러일으킨 재앙으로 말 그대로 땅에 처박힌 소피아는 잃어버린 에덴으로 데려가달라고 신에게 간청한다. 바로 이런 배경에서 많은 고통에 무관심할 수 없는 신은 한 쌍의 새로운 에온 곧 그리스도와 성령을 발현하기로 결정한다. 그리고 지상에 내려온 그리스도의 에온은 영적인 사람들을 구원한다.

영혼의 감옥인 육신을 극단적으로 혐오하는 그노시스주의자들은 예수와 그리스도를 완전히 단절시킨다. 조물주가 만든 세상에 잠깐 체류할 동안 예수가 임시로 덧입은 육신은 그리스도의 일시적 허울일 뿐이다.

세린투스는 예수가 단지 위대한 선지자일 뿐이라고 말한다. 즉, 예수가 요한에게 세례를 받는 순간 신의 발현인 그리스도가 예수 안에 들어오고, 십자가에 못 박히는 순간까지 그 안에 거주하지만 예수가 곧 신은 아니라고 주장한다. 십자가에서 실제로 죽은 것은 단지 육적인 예수이고 그리스도는 죽을 수 없으며, 우리가 예수 그리스도라고 부르는 존재는 일시적인 연합인 것이다.

그런가 하면 카르포크라트는 예수가 요셉과 마리아의 아들이며, 다만 그리스도의 에온을 받은 선지자 또는 현인일 뿐이라고 말한다. 또한 바실리데스는 지성Intellect[38]은 신의 요구에 따라 예수 안에서 인간의 모습을 취하지만, 십자가에 못 박히기 전에 재빨리 예수의 육신에서 빠져나간다고 말한다.

역사적인 예수와 달리 그리스도는 명백하게 신적 존재로 나타난다. 그의 인성은 다만 허울일 뿐이다. 여기서 우리는 다시 서기西紀가 시작되면서 세상에 널리 퍼진 이신교二神敎를 만나게 된다. 그노시스파가 전하는 교리를 따르는 이신교의 입장에서 보면 그리스도는 절대로 여인의 배에서 태어날 수 없으며, 힘없는 인간처럼 고통을 겪을 수도 없다. 즉, 능숙한 연기자인 그리스도는 십자가에서 죽은 것처럼 세상의 조물주를 감쪽같이 속인 것이다. 여기

---

38. 대문자로 쓰여진 고유명사의 지성(그리스어 누스Noûs)이다. 다시 말해 일반적인 의미의 지성을 말하는 것이 아니라 신의 사명을 받고 세상을 구원하는 그리스도에 대한 바실리데스의 표현이다. _역자

에서 십자가 고난에 대한 재해석이 나온다.

나그함마디에서 발견된 「베드로묵시록」에서 십자가에 매달린 예수를 만난다. 십자가에서 웃으면서 그는 자신을 죽였다고 생각하는 무리들을 향해 마음껏 조롱한다. 베드로는 깜짝 놀라 예수에게 묻는다.

"주여, 제가 지금 무엇을 보고 있는 것입니까? 제가 보고 있는 자가 바로 그들이 붙잡았던 당신이 맞습니까? (…) 나무(십자가)에 매달려서 행복하게 웃음짓는 저 사람은 도대체 누구입니까?"

그러자 구세주(예수)가 베드로에게 대답한다.

"네가 지금 처다보고 있는 자, 나무 위에 매달린 자는 살아 있는 예수다. 그러나 사람들이 몸에, 다시 말해 손과 발에 못 박은 자는 예수와 닮은 모습으로 여기에 와서 수욕을 당하는 대체물, 곧 다른 사람이다. 눈을 들어 나를 보라. 그리고 그를 보라!"

여기에서 대역을 맡은 자는 마술을 통해 예수의 모습으로 변한 구레네 사람 시몬으로 알려져 있다.

이처럼 그노시스파가 관심을 가지는 것은 예수의 삶도 아니고 겉보기에 속죄양처럼 보이는 그의 희생도 아니다. 심지어 그들 가운데는 십자가 자체를 근본적으로 부인하는 사람들도 있다. 바실리데스는 "십자가에 못 박힌 자를 전파하는 일은 노예들이나 하는 짓이다"라고 공언하며 이렇게 덧붙인다.

"그를 부인하는 자라야 자유인이다. 육신을 부인하는 자라야 자유인으로서 스스로 존재하는 신을 아는 자이기 때문이다." [39]

전파해야 할 존재는 십자가에 못 박힌 예수가 아니라 하나님의 아들 곧 성자다. 앙리 샤를 퓌에슈는 그의 저서 『그노시스를 찾아서』에서 이렇게 설명한다.

"유일하게 필요한 것은 구세주의 지상의 삶이라는 드라마의 역사적이고 실제적이며 구체적인 특징이 아니라 구세주가 전하는 계시의 영원하고 모범적이며 지적인 특징이 되어야 한다. (…) 이런 생각은 예수의 작품과 삶의 일시적이며 역사적인 성격을 무의미하게 만든다. (…) (예수는) 그노시스를 전달하는 교사이며, 그노시스를 통해 어떻게 우리가 지성을 물질세계로부터 분리시킬 수 있는가를 보여주는 원형이다." [40]

이런 종류의 텍스트들 가운데 하나인 「유다복음」은 수년 전 예수에 대한 논쟁을 다시 불러일으켰다. 고대의 출처에서 언급된 적이 있지만 수세기 전에 이미 잃어버렸다고 생각하고 있었는데, 서

---

39. 이레네우스의 『이단 반박』 I 에서 인용 _저자
40. 『그노시스를 찾아서』 I 에서 인용 _저자

사시 형식으로 구성된 「유다복음」을 우연히 발견했다. 원본을 다
듬어 2006년에 새로 출간된 이 책이 세상에서 다시 조명을 받았
다는 설명만으로는 충분치 않다.

「유다복음」은 사도(가룟 유다)를 대제사장에게 스승을 팔아넘긴
저주받은 배신자로 다루지 않을뿐더러 예수가 특별히 사랑하는
제자로 표현하고 있다. 지혜로운 유다는 스승의 초자연적 가르침
을 제대로 이해했을 뿐 아니라 유대인들에게 자신을 넘겨 마침내
육신에서 벗어나려는 스승의 의지에 복종했을 뿐이다. 유다의 권
위로 쓰인 이 책은 대부분의 그노시스파들의 저서와 마찬가지로
2세기 중반에 쓰였다.

예수가 그의 제자(들)를 가르치는 방식은 대개 대화 형식으로
되어 있다. 접근이 쉬운 동시에 네 복음서에도 가장 가까운 책이
「도마복음」이다.

"제자들이 예수에게 묻는다. 마지막이 무엇인지 우리에게 말해
주십시오. 예수가 다시 묻는다. 너희가 마지막을 말한다면 이미
시작을 알았다는 말이냐? 시작이 있는 곳에 끝이 있으며, 끝을 아
는 자는 정녕 죽음을 맛보지 않는다."   「도마복음」19장

마니와 이원론적 마니교

매우 복잡하지만 그노시스설은 강한 영향력을 드러내며 세상

에 빠르게 전파된다. 우리가 살펴본 것처럼 특히 이집트에서 유행하며, 에데사와 안디옥 그리고 로마와 소아시아에서도 폭넓게 전해진다. 그노시스파 신자들은 난해한 연금술적 교리에 부딪히지만, 그것이 집중적인 선교를 위한 열정을 가로막지는 못한다. 더욱이 그들의 선교에서는 여자들의 역할을 무시할 수 없다. 그 가운데 필루멘이라는 매우 아름다운 동정녀가 있으며, 그녀의 예언은 2세기에 그노시스파 스승인 아펠레스에게 많은 영감을 준다.

그노시스설은 이란에서 마니교로 발전해 흥미로운 변화를 일으킨다. 오늘날 우리는 마니교를 아무런 뉘앙스 없이 단지 이원론적인 생각 또는 행위로 정의하지만, 이는 마니교가 그노시스에서 영감을 받은 하나의 완전한 종교라는 사실을 망각한 것이다. 교리의 창시자 마니는 거기에 다른 종교들, 말하자면 조로아스터교나 불교 같은 종교들에서 파생되는 이질적 요소들을 덧붙인다. 마니 자신이 바벨론의 유대 그리스도인 공동체 출신이기 때문에 그의 생각은 한층 통합적인 성격을 띤다.

마니의 아버지가 엘카사이교로 개종함에 따라 마니는 어린 시절을 세례파들의 금욕주의적인 종교 분위기에서 자랐다. 아직 어린아이였을 때 그는 일련의 환상을 경험했고, 열두 살에 자신에게 신비한 계시를 전하는 천상의 쌍둥이를 만나게 된다. 엘카사이 공동체에서 지내던 마니는 그들의 엄격한 식사 규정이 아무 근거가 없는 것으로 판단하고 따르기를 거부한다. 마침내 입장을 정리한 뒤 마니는 엘카사이 공동체에서 점점 멀어졌고, 머잖아 완전한 단절의 시간이 닥친다. 천상의 쌍둥이가 두 번째로 마니의 육신을 입고 나타나고, 마니는 자신에게 주는 메시지를 세상에 전하라는 지시를 받는다.

이때 마니는 자신을 우주적 선지자로 선언한다. 천상의 계시를 받았다고 생각하는 그는 이미 여러 선지자 가운데 한 선지자가 아니다. 그는 「요한복음」에서 말하는 '언약의 보증', 즉 최후의 선지자로 알려진 파라클레토스(성령)[41]의 완전한 강생이라고 주장한다. 페르시아와 바벨론에서는 조로아스터의 후계자로, 인도와 중국에서는 붓다의 후계자로, 서양에서는 예수의 후계자로 자처한다.

마니는 비록 그노시스파와는 달리 기독교 내부에 직접 관여하지는 않았지만, 자신이 예수를 초월한다는 그의 주장은 주교들의 거센 반발을 불러일으키기에 충분했다. 주교들이 보기에 마니교는 기독교의 관점에서 분명한 이단일 뿐 아니라 더 나아가 모든 이단들의 정수精髓가 된다.

레옹 주교는 『10월 단식의 다섯 번째 설교』에서 마니교를 신랄하게 비난한다.

"비록 사탄이 모든 타락에 대해서 절대적 주권을 쥐고 있지만, 사탄은 분명 마니교도들 안에 요새를 구축했다. (…) 그들의 주인

---

41. 한글 성경에서는 아무 구별 없이 단순하게 성령으로 번역되었으나, 본질은 같더라도 용어 사용자에 따라 다양한 용례가 있으므로 일반적 의미의 성령과는 구별해야 한다. 파라클레토스는 예수가 승천하기 전 제자들에게 '예수의 이름으로' 하나님이 보내리라고 말하는 그리스도의 영으로, 때로는 그리스도 자신을 의미하기도 한다. _역자

인 사탄은 다만 어떤 특정한 악의 주인일 뿐 아니라 모든 오류와 모든 신성모독의 주인이다. 이교도들의 불경, 육신을 탐하는 유대인들의 무지, 비밀스러운 마술의 부정, 결국 각각의 이단에서 나타나는 불경하고 신성모독적인 모든 것이 마치 오물이 시궁창에 모이듯 마니교 안에 전부 모였다."

　대교회 신학자들의 눈에는 마니교가 새로운 종교가 아니라 모든 영적 가치를 불태우는 거짓된 영의 아수라장이었을 뿐이다.
　그럼에도 불구하고 마니가 스스로 이름 지은 '계시자'는 놀라운 성공을 거둔다. 11세기 중앙 아시아와 중국에서도 마니교의 흔적을 발견할 수 있고, 심지어 17세기에도 마니교의 흔적을 어렵지 않게 찾아볼 수 있다. 마니교에 대한 그런 열광은 보편적 사명을 띤 교회 지도자들의 근심을 사기에 충분했다. 주교들은 이 새로운 종교가 예수를 조로아스터나 붓다와 비교하면서 기독교와 경쟁하는 모습을 지켜볼 생각이 전혀 없었다. 성 아우구스티누스조차 387년 가톨릭 세례를 받기 전까지 마니교도였다.
　마니는 마니교의 중요한 근원을 그노시스에서 발견하고, 그 안에서 엄격한 이원론의 원리를 인용한다. 마니의 이원론은 빛의 왕국(신과 그의 천사들)과 어둠의 왕국(사탄과 마귀의 군사들)으로 나뉜다. 세상이 창조되기 전까지는 빛과 어둠이 서로 뒤섞이지 않고 공존했지만, 마침내 재앙이 일어난다. 어둠이 갑자기 빛을 침범하고 빛을 물질에 가두어버린 것이다. 선은 이렇게 악의 포로가 된다. 사람의 몸이 영이 아니라 물질적 육신으로 태어난 것은 바로 이런 갈등 때문이다. 반면 정신은 빛의 왕국에 속한다. 물질의 포로가 된 빛의 단편은 자유를 얻기 위해 본래의 기원인 천상의 근원을 다시 생각한다. 마니교도들은 천상의 자리에 다시 오르기를 원한다. 그들은 어둠에서 빛의 미립자를 추출하려고 물질을 여과시키는 체계에 초점을 맞춘다. 그것은 본질적으로 기도와 고행을 통해 육신을 억제하고 영을 되찾는 것이다.

그노시스파의 방식대로 빛의 종교는 예수의 몸에 거주하는 구세주, 곧 그리스도의 영을 간직한다. 그러나 마니교는 예수와 마니의 운명을 동일하게 병행시키면서 그노시스파에 비해 예수의 삶에서 훨씬 큰 중요성을 찾는다. 마리아라 불린 마니의 어머니도 276년에 혹독한 고통을 당하며 죽었다. 이것을 근거로 그들은 페르시아인(마니)이야말로 성경이 기록한 '언약의 보증'이라는 호칭을 받을 만하다고 주장하며, 마니와 그리스도를 동일시한다.

마니교도들의 텍스트에서 종종 '영광의 예수'로 불리는 그리스도는 아담의 후손들에게 구원의 메시지를 전한 바로 그 존재다. 마니교도들에게 이 구세주는 분명 육신을 입고 태어나지 않았다. 이처럼 마니교는 그노시스설과 마찬가지로 분명 이신교다. 바로 여기, 이신교의 기원에서 마니교의 특성이 잘 나타난다. 즉, 예수는 아직 예언을 끝내지 않았고, 그 역할은 마니에게 넘어왔으며, 마니가 바로 새로운 예수의 형상이라고 주장한다. 결국 마니교의 이단적 주장의 핵심은 예수를 뛰어넘는 교주 마니의 등장이다.

기독교 정통성의 출현

2세기와 3세기를 거치면서 우리는 예수의 정체성을 둘러싼 끝없는 논쟁과 수많은 이론들을 접하게 된다. 또한 우리가 이미 살펴보았듯이 대교회라는 다수의 사조가 수면 위로 떠오르는 모습을 목격한다. 그들은 기독교가 혼잡한 논리에 휘말려 붕괴되지 않을까 걱정하면서 하나의 정통성, 다시 말해 정당한 의견을 내세우기 위해 노력한다. 그것은 2세기가 넘는 동안 대교회와 소수파 교회의 지지자들을 서로 대립시키는 진정한 잣대가 된다.

3부에서 살펴보겠지만, 우리는 기독교 공동체 안에서 어떻게 다수의 사조가 형성되며, 다른 사조를 누르고 마침내 로마 정권이 인정하고 특혜를 주는 유일한 종교로 세워지는지 살펴보아야 한다. 결코 무시할 수 없는 종교 집단들과 맞서 이겨낸 대교회의

강력한 힘은 무엇보다도 분명한 위계에 따라 구성된 교회 조직의
완벽한 연대에 있다.

이단 대 정통

바울 사도는 고린도에 있는 공동체에 보내는 편지에 다음과 같
이 썼다.

> "너희 중에 먼저 파당이 있어야 너희 중에 옳다 인정함을 받은
> 자들이 나타나게 되리라"   「고린도전서」 11장 19절

처음에는 다양한 관점이 분출되는 것이 오히려 젊은 기독교의
역동성을 방해하지 않는다는 가르침이다. 머잖아 정경으로 인정
되는 네 복음서는 내용과 형식에서 많은 불일치를 드러낸다. 그
것은 달리 말하면 예수의 제자들이 입을 맞춰 이구동성으로 똑같
이 말하지 않았다는 방증이다. 엄격하게 말해 이단이라는 용어는
본래 경멸의 의미를 나타내지 않았으며, 이단을 뜻하는 그리스어
하이레시스*hairesis*는 선택이라는 뜻 외에 다른 의미가 없었다. 선
택은 하나의 기회이자 개방된 의식과 활력의 증거이며, 관용의 부
름이다.
그럼에도 불구하고 초기 기독교의 지적인 흥분은 급격하게 긴
장을 불러일으킨다. 각 집단은 다른 집단을 인정하지 않은 채 자

기들의 관점을 정당화시키기에 급급했다. 2세기 초반의 많은 기독교 사상가들은 이렇게 다양한 이론들을 가리켜 기독교의 아킬레스건이라고 말했으며, 다의성을 걸러서 하나의 유일한 이론을 세우려고 노력했다. 그때부터 이단이라는 단어는 점점 부정적인 색깔을 띠게 되고, 더 나아가 이미 공적으로 인정된 교리를 따르지 않으려는 일부 그리스도인들의 그릇된 태도를 낙인찍기 위한 도구로서 변질된 의미로 사용되기 시작한다.

하나님과 그의 아들 그리고 성령

교부들은 모든 사람들에게 인정받는 이론을 만들기 위해 우선 기본 원리부터 다듬는다. 유대교의 신을 '열등한 조물주'라며 무시하는 그노시스파와 마르키온의 반대 입장에서 그들은 물질세계(사람을 포함하여)는 본래 선한 것이며 의롭고 지혜로운 유일신, 즉 하나님의 작품이라고 강조한다. 절대적이며 초월적인 이 신은 유대인 예수가 전하는 전능하신 신과 분리될 수 없다. 기독교 신학자들은 숨김없이 유대교와의 친밀한 관계를 밝히며, 그리스도인은 이스라엘을 배척하는 자들이 아니라 오히려 모든 언약이 이루어지는 '진정한 이스라엘'을 건설하는 자들이라고 주장했기 때문이다.

2세기 후반 소아시아 사데의 주교 멜리토는 다음과 같이 선언한다.

"결과적으로 주님의 구원과 진리는 이스라엘 백성 가운데 미리 나타났으며, 복음서의 가르침은 율법으로 미리 전파되었다. 따라서 이스라엘 백성은 신이 예정한 계획의 청사진이며, 율법은 비유로 기록한 편지다. 복음서는 하나님의 말씀인 율법의 설명이 되며, 율법의 완성을 의미하고, 교회는 바로 율법이 실현되는 거룩한 장소이다."[42]

은연중에 히브리 백성의 무지를 들추면서 이스라엘의 신을 분리시키려는 태도와 더불어 유대인을 '신을 죽인 백성'으로 단죄한 멜리토의 주장은 유대인의 거센 반발을 살 뿐이었다는 사실을 어렵지 않게 알 수 있다.

예수의 정체성에 대한 질문은 더 많은 문제를 제기한다. 2세기 초부터 「요한복음」의 영향으로 한 사조가 일어나, 사람과 신의 이중적 본성을 지닌 예수가 강생한 신의 유일한 아들이라는 이론을 전파한다. 말씀은 진정하고 완전한 하나님의 형상이며 또한 모양이다. 「창세기」1장 26절 이런 정통적인 신앙이 '나는 믿는다'라는 뜻의 그리스어 크레도Credo로 번역되며, 공동체 모임이 있을 때마다 꾸준히 암송되고 교리문답에서 반드시 가르치는 신앙고백에 잘 요약되어 있다. 가장 오래된 신앙고백 가운데 하나가 바로 안디옥의 이그나티우스의 다음 고백이다.

---

42. 멜리토의 책 『부활절에 대하여』에서 인용 _저자

"예수 그리스도는 진실로 다윗과 마리아의 혈통으로 태어나셨으며, 마시고 먹었으며, 진실로 본디오 빌라도에게 고난을 받으셨고, 진실로 십자가에 못 박히셨습니다. 그리고 그는 진실로 죽으셨습니다. 땅의 존재든 천상의 존재든 지옥의 존재든 모두가 그의 증인입니다. 그리고 그는 죽은 자들 가운데서 다시 살아나셨으며, 성부께서 그를 살리신 것처럼 예수 그리스도 안에서 우리를 다시 살리실 것입니다. 우리는 그를 믿으며, 그를 떠나서는 진정으로 살 수 없음을 고백합니다."

이그나티우스의 신앙고백은 성령에 의해 다듬어지고 더해져 150년경 로마 교회에서 좀 더 형식을 갖춘 오늘날의 '사도신경'이 된다.

"나는 전능하신 아버지 하나님, 천지의 창조주를 믿습니다. 나는 그의 유일하신 아들, 우리 주 예수 그리스도를 믿습니다. 그는 성령으로 잉태되어 동정녀 마리아에게서 나시고, 본디오 빌라도에게 고난을 받아 십자가에 못 박혀 죽으시고, 장사된 지 사흘 만에 죽은 자 가운데서 다시 살아나셨으며, 하늘에 오르시어 전능하신 아버지 하나님 우편에 앉아 계시다가, 거기로부터 살아 있는 자와 죽은 자를 심판하러 오십니다. 나는 성령을 믿으며, 거룩한 공교회와 성도의 교제와 죄를 용서받는 것과 몸의 부활과 영생을 믿습니다. 아멘."
사도신경 새번역본

이것이 오늘날 예배에서 암송하는 공적인 신앙고백, 즉 사도신경이다.

성서의 규준을 만들다

예수의 형상과 그의 메시지가 왜곡되는 위험을 피하기 위해 신학자들은 개별적인 교회 공동체가 사용하는 신앙고백을 정당하다고 인정되는 성서의 규준에 일치시킬 필요를 느낀다. 그리스어 카논canon은 '갈대'와 '측정하는 막대기'를 말하며, 그 의미가 확장되어 규준을 가리킨다. 물론 이 규준은 대교회가 인정하는 기본적인 원리에 일치되어야 한다.

유대 성서는 당연히 규준이 되는 문집으로 받아들여진다. 예수도 유대 성서를 읽지 않았는가? 유대 성서는 그리스도와 새로운 언약을 전하지 않는가? 대교회의 그리스도인들은 기원전 3세기에 그리스어로 번역된 70인역이라 불리는 유대 성서에 특별한 애정을 보인다. 그것이 바로 마르키온에 이어 우리가 '구약'이라고 부르는 정통 성서, 즉『구약성경』이 된다.

『구약성경』은 모세오경이라고 부르는 다섯 권의 책(「창세기」·「출애굽기」·「레위기」·「민수기」·「신명기」)과 여덟 권의 선지서(「여호수아」·「사사기」·「사무엘상하」·「열왕기상하」·「예레미야」·「에스겔」·「이사야」·그리고 열두 소선지서의 텍스트들), 열한 권의 저서(「룻기」·「시편」·「욥기」·「잠언」·「요엘」·「아가」·「예레미야애가」·「다니엘」·「에

스더」·「느헤미야」·「역대상하」)를 포함하고 있다. 거기에 덧붙여 처음부터 히브리어가 아닌 그리스어로 쓰여진 제2의 경전이라 불리는 저서들이 있다. 그렇게 불리는 이유는 유대인 집단에서 이를 두고 '두 번째 정전'이라 불렀기 때문이다. 70인역은 160년부터 라틴어로 번역되며, 사람들은 이를 '베투스 라티나Vetus Latina', 즉 '오래된 라틴 성서'라고 부른다.

이렇게 만들어진 구약과 마찬가지로 마르키온과 신약에 대한 그의 개인적 관점을 비판하기 위해 교부들은 진정한 신약의 규준이 되는 성서 목록을 제정할 필요가 있다고 생각하고, 성령의 영감을 받은 것으로 추정되는 성서들을 규준으로 삼는다. 그러나 이 일은 생각처럼 쉬운 일이 아니다. 우리가 이미 보았듯이 실제로 2세기부터 이미 다양한 저서들이 모두 사도의 권위로 쓰였다고 주장하며 지나치게 범람하고 있었기 때문이다. 그 저서들은 모두 예수의 진정한 메시지를 담고 있다고 주장하는데 어떤 근거로 걸러낼 수 있는가? 어떻게 정당성을 인정하고, 반대로 이단성을 판단할 것인가?

2세기 초반에 살았던 히에라폴리스의 주교 파피아스는 140년경 교부들이 모여 당시에 존재하는 성서를 모두 한 장소에 모으게 했다고 한다. 그러고는 영감을 받은 저서들과 그렇지 않은 저서들을 구별하기 위해 주교들이 모두 모여 집중적으로 기도했다고 기록한다. 그런데 이 주장은 넘쳐나는 '신성한' 책 더미를 앞에 둔 신학자들의 고민을 강조하는 말이지만, 전해지는 말일 뿐 사실이 아니다. 왜냐하면 교부들이 모여서 규준이 되는 텍스트 문집을 정의한 것은 140년이 아니라 2세기 중반부터 말까지의 일로, 주교들의 끊임없는 토론이 끝나고 난 뒤에야 이루어졌기 때문이다. 그때 정경을 정의하기 위해 미리 결정한 네 가지 기준은 다음과 같다.

첫째, 오래된 저서라야 한다. 저서가 오래되면 오래될수록 정전으로 선택될 가능성이 많다.
둘째, 사도의 권위가 드러나야 한다. 정경으로 선택되는 책은 반드시 사도가 썼거나 최소한 사도와 신앙적으로 가까운 사람이 쓴 저서라야 한다.
셋째, 가톨릭 저서, 다시 말해 보편적인 저서로서 모든 공동체에서 일반적으로 알고 있는 저서라야 한다.
넷째, 무엇보다 정통성이 있어야 한다. 다시 말해 대교회가 인정하는 저서라야 한다.

리옹의 이레네우스는 정통성 있는 신약을 정의하는 데 주도적인 역할을 맡는다. 이레네우스는 오직 네 복음서, 즉 마태, 마가, 누가, 요한의 네 복음서만이 예수의 진정한 메시지를 전한다고 주장한 신학자다. 그는 그 이유를 이렇게 밝히고 있다.

"하나라도 많거나 적은 숫자의 복음서가 있을 수 없다. 우리가 사는 세상이 네 영역으로 구성되며, 동서남북 네 개의 중심적인 방향이 있다. 다른 한편, 교회는 세상에 퍼져 있고 교회의 기둥과 받침으로 복음과 성령이 자리잡고 있으며, 교회는 도처에서 청렴의 바람을 불어넣고 사람들에게 생명을 전하는 네 개의 기둥으로 이루어져 있다."[43]

　또한 이레네우스는 네 명의 복음서 저자들을 「요한계시록」의 네 가지 생물과 일치시킨 최초의 주교다. 그의 주장은 '네 형태'[44] 라는 이름으로 예술적 자산이 되지만, 그의 유형론은 오늘날 우리가 생각하는 상식과는 많이 다르다. 리옹의 주교(이레네우스)는 마태에게 사람 형상을 주고 누가에게는 송아지 형상을, 마가에게는 독수리 형상을, 요한에게는 사자 형상을 부여한다.

　이레네우스는 이 네 복음서와 아울러 「사도행전」과 바울의 서신들, 「베드로전서」, 「요한1서」와 「요한계시록」을 기독교 신앙에 정통한 것으로 인정한다.

　같은 시기에 로마에는 '무라토리 정전'[45]이라는 자료가 돌아다니고 있었다. 익명의 저자는 교회가 인정해야 할 책들과 경계해야 할 책들, 즉 왜곡되었거나 이단으로 보이는 책들 간에 흥미로운

---

43. 『이단 반박』 Ⅲ에서 인용 _저자
44. 네 형태는 네 생물, 즉 사람·사자·송아지·독수리로 형성된 혼합적인 존재이며, 네 복음서 저자들을 나타내는 상징으로 쓰인다. 그 기원은 「요한계시록」에 나오는 환상에서 찾을 수 있다. "보좌 가운데와 보좌 주위에 네 생물이 있는데 앞뒤에 눈들이 가득하더라 그 첫째 생물은 사자 같고 그 둘째 생물은 송아지 같고 그 셋째 생물은 얼굴이 사람 같고 그 넷째 생물은 날아가는 독수리 같은데"(「요한계시록」 4장 6~7절) _저자
45. 밀라노의 성 암브로시우스 도서관에서 책을 발견한 로도비코 안토니오 무라토리의 이름에서 유래한다. _저자

구별을 제시한다.

실제로 성령의 영감을 받은 책인지 아닌지 여부에 대해 많은 논란을 불러일으킨 대표적 책이 있다면 바로 「요한계시록」과 그의 복음서들이다. 실제로 2세기부터 어떤 사람들은 이 책들을 쓴 사람이 정말 요한인가 의심한다. 그들은 심지어 실제 저자는 그노시스주의자인 세린투스라고 생각한다. 이것은 특히 '말씀logos에 대한 반대자'[46]들의 경우에서 두드러지며, 그들은 큰 의심을 품고 저술한 책들에서 예수를 뜻하는 말씀의 특성을 부인한다. 그리고 어떤 기독교 종파들은 요한의 저서들에 대해 문자적 해석에 치우치면서 '임박한 종말의 선언'이라고도 주장한다.

이 사조의 대표적인 인물로 2세기 말부터 3세기 초까지 살았던 몬타니우스가 있다. 프리지아의 환관인 그는 「요한복음」 가운데 한 구절, 즉 "내가 아버지께로부터 너희에게 보낼 보혜사 곧 아버지께로부터 나오시는 진리의 성령이 오실 때에"(15장 26절)에서 예수가 말한 보혜사, 즉 성령이 바로 자신이라고 주장한다. 몬타니우스는 제자들에게 "아버지와 아들과 주 몬타니우스의 이름으로!"기도하라고 가르친다.

두 명의 여자 시종 프리스카와 막시밀라를 거느린 몬타니우스는 최후의 심판이 임박했다고 설교하면서 극단의 고행으로 마지막을 준비하라고 채근한다. 그가 요구한 금욕은 일반적 금식과 함

---

46. 그들의 이름은 부정否定을 나타내는 접사 'a'와 'logos(말씀 또는 이성)'로 이루어졌으며, 두 단어가 결합해 '말씀의 부정'을 의미한다. _저자

께 마른 과일만 섭취하고 주스도 전혀 먹지 못하는 완전한 건조식乾燥食이다.

그들의 주장은 삼위일체에 관한 주장 외에는 기독교에서 크게 일탈하지 않는다. 또한 삼위일체 주장은 성령의 위상이 아직 밝혀지지 않았던 그 당시에는 사실 크게 예외적인 일이라 할 수 없다. 그러나 몬타니우스는 광적인 행동으로 대교회 주교들을 불편하게 만든다. 그들의 구성원들은 망아지경忘我之境을 경험하고, 지나치게 예언을 강조하며, 과장되게 순교를 자청하는가 하면 성령이 오직 자신들을 통해서만 역사한다고 주장했다. 무엇보다 심각한 것은 그들이 교회 성직자 계급을 인정하지 않았다는 점이다.

그들의 생각을 지지하는 교회의 지도자라고는 임종을 맞으며 몬타니우스주의자들을 불러들인 테르툴리아누스 외에는 거의 없었다. 교회의 다른 주교들은 소아시아에서 모인 종교회의를 통해 자칭 새로운 선지자인 몬타니우스를 엄중하게 단죄한다. 그러나 몬타니우스는 프리지아 종파와 카타프리지아 종파를 거치며 6세기 또는 7세기까지 존속한다.

몬타니우스를 고발한 주교들은 수많은 광신자를 양산하는 「요한계시록」의 성서적 가치에 대해 의문을 제기한다. 3세기 초 로마의 사제 카이우스는 공식적으로 이 복음서를 부인한다. 그리고 동방교회들에서는 「요한계시록」을 정경으로 인정하는 문제에 대한 뜨거운 논쟁이 무려 10세기까지 지속된다.

어쨌든 교회에서 사용하는 의미로서 '신약'이라는 표현은 알렉산드리아의 클레멘스 주교에 의해 200년부터 나타나지만, 기독교의 정경에 대한 목록이 명확히 공포되려면 4세기까지 기다려야 한다. 367년 알렉산드리아의 주교 아타나시우스가 신약을 구성하는 27권의 성서 목록을 작성한다. 그 목록은 382년 다마소 교황령에 의해 합법적으로 인정되고, 397년 8월 28일 카르타고 공회에서 최종적으로 공인된다.

당시에 채택된 성서는 마태·마가·누가·요한의 네 복음서와 「사도행전」, 바울의 이름으로 작성된 열 한 통의 서신들, '보편성'을 인정받는 일곱 통의 서신들(「야고보서」·「베드로전서」·「베드로후서」·「요한1서」·「요한2서」·「요한3서」·「유다서」), 그리고 논란이 거센 「요한계시록」이다.

그러나 이렇게 정의된 목록은 실제적인 구속력이 없었으며, 대부분의 교회에서 받아들여지지만 공동체에 따라 적잖은 차이가 드러난다. (오늘날에도 모든 교회가 일치된 정경을 채택하는 것은 아니며, 각 교회가 속한 교파에 따라 달라진다. 예를 들면 개신교와 가톨릭과 정교회가 조금씩 다르다.)

이와 같이 대교회 신학자들이 합심해서 노력한 결과 마침내 2세기가 끝나갈 무렵 구약과 신약, 2부작으로 구성된 『성경』으로 결실을 보게 된다. 2부작 『성경』의 일관성을 보장하는 것은 바로 구약과 신약을 연결하는 예수다. 주교들의 결론은 초기 『히브리 성서』에서 유대 선지자들이 전한 메시아가 바로 예수라는 것이다!

외경, 주변 문학인가?

2세기말에 정경이 정해졌다면 거기에 포함되지 않은 많은 저서들은 어떻게 되는가? 이미 설명한 대로 대교회는 그에 대해 '비밀의, 숨겨진'이라는 뜻을 나타내는 용어인 '외경apocryphe'이라는 수식어를 사용한다. 그것들은 어딘지 비밀스럽고 '정통성이 결여된' 이론을 주장하기 때문이다. 주교들이 그것들을 의심스럽게 본 데는 여러 가지 이유가 있다. 이를테면 진정한 저자가 밝혀지지 않았는데도 그 책들이 대부분 예수 제자들의 이름으로 그릇되게 전해지기 때문이다. 「그노시스묵시록」에 대해 말했던 대로 외경은 정통적인 기독교 신앙에서 보면 생소하고 이질적인 요소를 빈번히 드러낸다.

그러나 거짓된 경전, 즉 위경僞經과 달리 많은 외경의 텍스트들은 사실 교리에서 크게 일탈하지 않는다. 오히려 어떤 책들은 매우 긍정적으로 평가되고, 대교회에서 많이 읽히기까지 한다. 예를 들어 2세기 초에 나온 「베드로묵시록」과 2세기 말의 「바울묵시록」은 규준에서 크게 일탈하지 않았고, 교회의 많은 관심을 끌었다. 그러나 아무리 대중적인 인기가 있어도 외경이 집필된 시기는 정경으로 인정되는 네 복음서가 나오고 한참 지난 뒤이므로 예수를 아는 제자들이 기록하지 않은 것은 분명하다. 이런 이유로 정통성 있는 저서로 인정받지 못했다.

그러나 정경만 유일하게 정통적인 교리로 인정되고 난 뒤 비록 뒷전으로 밀렸지만 외경은 기독교 공동체에 끊임없이 영향을 끼치며 그 당시의 문학과 예술에 뿌리 깊은 흔적을 남긴다. 이를테면 정경의 복음서에 정면으로 맞서 예수가 작은 동굴에서 태어났다고 주장하는 「야고보원복음」은 분명 정경과 전혀 다른 내용을 전파하면서도 많은 사람들의 주목을 받는다. 또한 6세기에 제작된 위경 「베드로복음서」[47]의 경우도 마찬가지다. 거기에는 신생아(예수)와 함께 마구간에 있던 당나귀와 소가 아기를 품어 몸을 따뜻하게 데워주었다는 믿기지 않는 전설이 담겨 있다. 이로 인해 이 동물들의 후손이 오늘날까지 크리스마스 장식으로 등장한다.

외경의 저서들은 정경의 복음서에 드러나지 않은 예수의 색다른 모습을 보고 싶어하는 탐욕스러운 대중들에게 몇 년 전부터 새롭게 각광을 받고 있다. 어쨌든 외경들은 2~3세기에 그리스도인들의 신앙이 발성하는 어그러진 다중음의 표현이며, 예수의 형상이 끊임없이 영감을 불어넣는 다양한 외침이라 할 수 있다.

정통성을 존중하는 공회

관점에 따라 다르겠지만, 이러한 다중음 또는 불협화음이 잠잠해지기까지 교회는 아직도 수세기를 더 기다려야 한다. 정통적인

---

47. 성경에 기록된 「베드로전·후서」와 구별해야 한다. 「베드로전·후서」가 실라의 도움으로 베드로가 기록한 정경인 반면, 「베드로복음서」는 누군가가 베드로의 이름을 임의로 사용한 거짓 복음서이다. _역자

교리를 세우기 위해 교회가 선택할 수 있는 방법 가운데 하나는 교회 지도자들을 불러 모아 '이견을 내세우는 사람들'에 맞서 취할 조처를 결정하거나, 문제를 일으킬 수 있는 교리들에 대해 진지한 토론을 벌이는 것이다.

앞에서 말한 대로 4세기까지는 동서양에 널리 퍼져 있는 교회의 지도자들을 한 장소에 불러모으는 일이 불가능했다. 갓 태동한 종교가 아직 인정도 받기 전에 대규모 집회를 여는 것은 위험한 일이었고, 당시의 정치 분위기도 유리하지 않았기 때문에 대부분의 교회는 개별적 자율성에 만족했다. 따라서 지역별로 공동체의 대표자가 있는데 다른 지역의 일에 지나치게 나서는 것을 조심스럽게 생각했다.

반면 지역 단위의 종교회의는 매우 활발히 이루어지고 있었다(2세기 말부터 공의회라 명명된 지역 공회가 자주 열렸다). 주교뿐만 아니라 대교회 신학자들은 자신들이 파문시킨 몬타니우스파에 대항하기 위해 수시로 모여 의견을 교환했다. 지역 공회 제도가 3세기에 세워지지만 주교들이 실질적 발언권을 가지고 영향력을 행사한다.

220년경 카르타고의 주교 아그리피누스는 아프리카 공의회에서 이단적인 그리스도인이 베푸는 세례의 해악을 엄중히 경고한다. 268년 안디옥에서 열린 공회에서는 오리게네스의 주장을 거세게 비난한다. 오리게네스는 예수의 영혼은 미리 존재했으며, 말씀과 육신의 연합은 그의 선재先在하는 영혼에 의해 이루어진다고 주장한 바 있다. 그 자리에 모인 주교들은 예수가 인간의 영혼을 지녔다는 오리게네스의 주장을 단호히 부인하면서 그 역할을 하는 것은 영혼이 아니라 바로 로고스라고 반박한다. 오리게네스의 주장은 4세기에 신학자들을 찬반으로 갈라놓지만, 451년 칼케돈에서 열린 세계 공회에서 최종적으로 파기된다.

우리가 살펴본 대로 초기의 규준이 세워지고 나서도 예수의 정체성과 본질에 대한 논쟁은 좀처럼 수그러들지 않았다. 그러나 대교회는 꾸준하게 그러나 분명하게 이뤄낸 효율적 조직과 교리, 그리고 단호한 결정을 통해 소수파의 반론을 누르고 마침내 절대적인 권위를 세우는 데 성공한다. 이와 함께 로마 권력의 눈에도 점점 대교회는 공존의 길을 모색해야만 하는 강력한 집단으로 등장한다.

고요 전의 우레

3세기 벽두에 기독교는 분명하게 모습이 바뀐다. 유대교의 부수적인 종파에서 완전히 독립된 종교로 자리잡은 기독교는 더 멀리 나아가 소아시아와 이집트 북부, 카르타고에서는 주요 종교로 뿌리를 내린다. 기독교의 다양한 사조들 안에서 더욱 견고해진 대교회는 이제 외부를 향해 문턱을 낮춘다. 셉티무스 세베리우스의 통치가 끝난 뒤 박해는 수그러들고 이교도들과도 우호적인 관계를 맺는다. 더 좋은 점은 필리푸스 아라부스(244~249년) 황제 등이 그리스도인을 향해 호의적인 태도를 보였다는 것이다. 그러나 그것은 250년 필리푸스 아라부스의 후계자 데시우스가 일으키는 급격한 반전을 고려하지 않았을 때의 이야기다.

계속되는 박해

난폭한 성격의 이교도 데시우스 황제는 249년부터 251년까지 황제로 군림하면서 그리스도인을 향해 극단적인 반감을 드러낸다. 그는 로마에서 자신의 권위가 주교와 비교되는 것을 받아들이지 않는다. 게다가 황제는 심각한 외환外患에 시달린다. 이방족들이 쉴새 없이 국경을 위협하고, 발칸반도를 약탈하며, 아시아 일부 지역을 침략한 것이다. 데시우스는 이러한 위기에 맞서 제국의 안정을 보장하기 위해 모든 방법을 강구해야 하는 다급한 상황에 처한다.

데시우스는 로마의 전통 신들을 숭배하지 않는 그리스도인이 이 난국의 원인이라고 단정한다. 그래서 249년 말 또는 250년 초 (정확한 날짜에 대해서는 의견이 분분하다) 제국의 모든 국민들은 예외 없이 로마 신들을 섬기라는 칙령을 공포한다. 그리스도인들도 마찬가지로 이제 로마의 이방 신들에게 복종해야 했다.

그러나 아무리 강경하게 나와도 그리스도인은 쉽사리 물러서지 않았고, 불안해진 그리스도인은 오히려 공적인 예배에 삼삼오오 모여들게 된다. 신앙의 뿌리가 깊은 그리스도인에게 단번에 그들의 신을 버리라는 강요는 쉽게 먹혀들지 않는다. 그러나 황제의 명령은 점점 강경해지고 이에 저항하며 버티는 사람들은 결국 감옥에 갇히고, 고문을 당하고, 죽임을 당한다. 250년 1월 로마의 주교 파비아누스가 처형당하고, 안디옥과 예루살렘의 주교들도 연이어 감옥에서 죽는다. 그리스도인은 예상하지 못한 극심한 박해를 당하면서 주체할 수 없는 두려움에 휩싸인다. 결국 가이사랴의 유세비우스가 이야기했듯이 그리스도인은 이교도들의 조롱과 비웃음을 받으며 서둘러 신앙을 버리고 만다.

251년 데시우스의 죽음으로 일단 무서운 탄압은 중단된다. 그러나 휴전은 잠시일 뿐 평화는 그리 오래가지 않았다. 250년에서 265년 사이에 페스트가 확산되면서 그리스도인은 이 전염병의 책임을 뒤집어쓴다. 발레리아누스 황제는 그리스도인을 탄압하는 두 칙령을 연이어 공포하며 거세게 옥죄기 시작한다. 257년 8월 그리스도인의 종교의식이 전면 금지되고, 황제는 유배당하지 않으려면 제국의 신들을 섬기라고 주교와 사제, 집사들을 다그친다. 258년 8월, 마침내 신앙을 끝내 고집하는 성직자들, 그리고 그리스도인 상원들과 기사들을 극형에 처하라는 칙령이 발포된다. 또한 기독교를 믿는 상류층의 부인들은 유배당하고 정부 관리들은 강제 노역에 처해졌으며, 모든 그리스도인의 재산이 몰수당하기에 이른다.

이렇게 모든 성직자와 상류층 평신도들을 탄압하면서 황제는 갓 태어난 종교를 무자비하게 짓밟는다. 알렉산드리아의 디오니시우스가 유배를 당하지만, 광산으로 끌려간 다른 주교들에 비하면 그는 오히려 부러운 운명에 해당한다. 더욱 심한 것은 258년 8월 로마의 주교 식스토 2세가 자신이 거느리던 많은 집사들과 함께 처참하게 참수형을 당한 일이다. 같은 해 9월에는 카르타고의 키프로스 주교가 교회 성직자들은 물론 평신도들과 함께 처형당한다.

배교자들의 문제

그러나 발레리아누스의 아들 갈리에누스가 즉위하면서 그리스도인들은 한숨을 돌릴 수 있게 된다. 아버지가 행한 탄압 정치가 아무 유익이 없다는 것을 확인한 갈리에누스는 259년(또는 260년) 전격적으로 그리스도인에게 예배의 자유를 허용하고, 몰수한 재산을 모두 반환하는 등 관용을 베푸는 칙령을 공포한다. 이후 로마제국과 교회의 평화로운 공존 시대가 40년 넘게 지속되면서 교회는 활력을 되찾고 새로운 발전을 도모한다.

그러나 오랜 시간 동안 행해진 가혹한 박해는 그리스도인과 교회 안에 쉽게 지워지지 않을 깊은 상처를 남긴다. 성직자들은 가시 돋친 질문을 피할 수가 없다. 탄압이 두려워 신앙을 단숨에 버린 그리스도인, 라틴어로 '타락한 자들'이라는 뜻의 랍시 *lapsi*라 불리는 배교자들이 다시 교회의 품으로 돌아오기를 바란다면 어떻게 처리해야 할 것인가 하는 질문이다.

데시우스의 박해가 끝나자 로마의 사제 노바티아누스는 배교자들에 대해 매우 강경한 태도를 보인다. 그는 배신자들은 어떤 식으로든, 심지어 그들이 진실로 회개한다 해도 교회와 다시 화해할 수 없다고 단호하게 말한다. 그러나 로마의 주교 고르넬리오는 그 말을 듣지 않고 이단에 빠졌던 사람들에게도 최대한 관용을 베풀어야 한다고 설득한다. 노바티아누스는 고르넬리오를 무책임한 방임주의자라고 비난하면서 그 지역에 속한 세 명의 사제들을 회유해 자신을 주교로 세우도록 하는 계략을 꾸민다. 이로 인해 로마에 처음으로 두 명의 주교가 직무를 맡게 된다.

이러한 상황은 251년에 열린 종교회의의 결정으로 노바티아누스의 자리를 박탈하고 고르넬리오만 주교로 인정하면서 종료되었다. 그러나 그 결정이 노바티아누스에 대한 수많은 추종자들의 지지까지 막을 수는 없었을뿐더러 교회의 분열 역시 막아낼 수 없었다. 결국 6세기 말까지 로마 교회의 분열이 이어진다. 반면 4세기에 도나파라는 다른 사조가 나타나서 배교자들에 대해 철저한 원칙을 요구하는데, 이들의 주장에 대해서는 나중에 다시 다루기로 한다.

기독교에 대한 박해로 인해 교회의 인원은 전반적으로 크게 줄어든다. 그러나 숫자가 줄어든 것보다 더 심각한 것은 교회 내부에 처음으로 반조직적인 갈등과 반목의 독보리를 뿌렸다는 사실이다.

디오클레티아누스(303~311년)의 박해

이렇게 해서 모든 박해가 마무리되는 것은 아니다. 더욱 극심한 고통이 다가온다. 284년 황제에 즉위한 디오클레티아누스는 그리스도인에게 처음에는 호의를, 아니면 최소한 무관심을 나타내지만, 바로 그가 그리스도인들이 이전에는 겪어보지 못한 잔인한 박해를 가하는 대표적인 로마 황제가 된다.

303년은 그리스도인에게 끔찍한 재앙의 해다. 군주는 점점 강도가 심해지는 네 번의 칙령을 연이어 공포한다. 먼저 교회들을 모두 파괴시키라고 명령하고, 교회의 모든 저서와 재산을 몰수하며, 어떤 성격의 종교 모임이든 그리스도인의 집회를 전면 금지시킨다. 이는 상류층에게는 근본적인 몰락을 가져오고 모든 그리스도인에게는 생명만큼 소중한 종교 행위를 금지시키는 극단적 조치였다. 성직자들은 모두 투옥되거나 제국의 신들을 섬겨야 했고, 모든 그리스도인은 제국의 관습에 따라야만 했다.

그렇다고 그리스도인들만 황제의 무자비한 명령에 따라 제국의 전통 종교의식을 거행해야 했던 것은 아니다. 302년에는 "오래된 종교가 근본도 없는 신흥종교에 비난당할 수 없다"는 황제의 단호한 의지에 따라 마니교도들에게도 유사한 칙령이 내려진다.

230년부터 제국이 심각한 위기를 극복하고 상황이 서서히 안정되자 디오클레티아누스 황제는 마침내 자신을 신격화하고 자신 안에 강생한 권력을 강화시키려는 계획을 실행에 옮긴다. 황제는 자신이 곧 모든 신의 아버지인 유피테르의 후손 요비우스라고 선언한다. 그의 칙령들은 지역에 따라 다르기는 하지만 잔인한 박해를 불러온다.

가이사랴의 유세비우스는 자신들이 겪은 '순교에 이르는 천차만별의 끔찍한 고통'을 이렇게 묘사하고 있다.

"어떤 사람들은 마치 아리바아의 그것처럼 도끼에 찍혀 죽었다. 어떤 사람들은 카파도키아에서처럼 두 다리가 산산이 부서졌다. 그들은 머리를 아래로 늘어뜨리고 십자가에 거꾸로 매달렸고, 그들의 눈 밑에서 불길이 타올랐다. 메소포타미아에서처럼 매캐한 연기가 그들을 서서히 질식시켰다. 때로는 알렉산드리아에서처럼 그들의 코를 단칼에 베어버리고 신체의 여러 부위를 잘라냈다. 안디옥에서 있었던 끔찍한 일들을 다시 기억해야 하는가? 벌겋게 달아오른 석쇠에 올려진 그들은 마치 그릴에 굽는 고기 같았다. 그들을 단숨에 죽이지 않고 오랫동안 괴롭히면서 고통과 비명을 즐기려 한 것이다."

305년 디오클레티아누스의 양위가 이루어지고 난 뒤, 308년 박해가 절정에 달한 동방을 제외한 다른 지역에서는 탄압이 상대적으로 많이 수그러들었다. 마침내 311년에 갈레리우스 황제는 임종의 순간을 맞아 그리스도인들에게 종교 모임을 허용하는 칙령을 새로 공포하면서 잔인한 폭력을 끝내기로 결정한다. 더 좋은 것은 이 칙령을 통해 그리스도인의 신앙이 합법적으로 인정되었다는 점이다. 황제는 "이제부터 그리스도인은 우리의 구원, 즉 제국의 구원을 위해 그들의 신에게 간구해야 한다"고 요청한다. 그러나 이렇게 인정받은 종교의 위치에 오른 것은 활력 있는 종교가 아니라 오랜 세월 처절한 박해를 받으면서 너무 많은 피를 흘려 말 그대로 완전히 탈진한 기독교였다.

거친 논쟁으로 내부에서조차 뿔뿔이 흩어진 그리스도인들은 이제 마지막 숨결마저 끊기는 것처럼 보였다. 이렇게 절망적인 상태에서 누가 감히 몇 년 후 기독교가 제국의 공식 종교로 당당하게 인정받으리라고 꿈꾸었겠는가!

전설이 말하는 '에베소의 잠자는 일곱 사람'[48]은 분명 아니다. 그들은 데시우스 황제 시대에 심한 박해를 받고 도망쳐 작은 동굴에 숨었다가 테오도시우스 2세(408~450년)의 통치가 시작되어서야 가까스로 긴 잠에서 깨어났다. 동굴을 떠나기로 작정한 그들 가운데 한 사람이 십자가의 상징이 그려진 도시의 문을 보고 깜짝 놀랐다.

'이게 뭐지?'

그는 곰곰이 생각했다. 어제는 누구라도 감히 예수 그리스도의 이름을 부르지 못했는데, 오늘은 너도나도 그리스도인이라고 고백하고 있지 않은가! 그들이 잠자는 동안 도저히 믿을 수 없는 극적인 사건이 일어났던 것이다. 이제 콘스탄티누스가 주연을 맡는 새로운 연극이 펼쳐진다.

---

48. 야코부스 데 보라지네의 『황금전설』292~298쪽. 일곱 명의 잠자는 사람들에 대한 이 이야기는 5세기 중반 에베소에서 저술되었으며, 6세기에 그레고아르 드 투르가 라틴어로 번역했고, 중세기에 동양과 서양에서 큰 성공을 거두었다. _저자

3부

신 그리고 인간인
예수

그리스도와 황제

312년 10월 콘스탄티누스는 아버지 콘스탄티우스의 뒤를 이어 서로마제국의 황제에 오른다. 그는 황제가 되자 오랫동안 꿈꾸던 로마제국의 완전한 통일을 이루기 위해 많은 전쟁을 진두 지휘한다. 처음에는 아버지 곁에서, 306년부터는 혼자 전투를 이끌었다. 전승에 따르면 309년 아폴로신이 보주에 있는 대사원에 나타나 30년 통치를 암시하는 XXX라는 숫자가 적힌 월계관을 그에게 내밀었다고 한다. 승리의 상징을 받은 그는 진격해 승리를 거두었고, 알프스를 넘었으며, 투리노와 밀라노와 발렌치아의 도로를 당당하게 거닐었고, 알프스산맥을 따라 내려왔다. 그러나 그에게는 당시 로마를 지배하고 있던 막센티우스와 겨뤄야 하는 최후의 결전이 남아 있었다. 콘스탄티누스는 무슨 일이 있어도 제국의 수도 로마를 탈환하겠다고 다짐한다.

콘스탄티누스는 분명 그리스도인이 아니었지만 이전 황제들과는 달리 기독교에 반감을 보이지 않는다. 그는 오히려 아버지처럼 태양신 숭배에 토대를 둔 전통 종교를 따랐다. 그렇다면 그에게 절대적 영향을 끼친 어머니 헬레나는 그리스도인이었는가? 이 점에 대해서는 역사학자들의 의견이 분분하며, 당시의 어떤 연대기 작가도 이 점을 자세히 기록하지 않았다. 분명한 것은 황제의 주변에 그리스도인이 많았다는 사실이며, 황제와 가장 가까운 측근 가운데 한 사람이 바로 그리스도인인 코르도바의 오시우스 주교였다는 점이다.

결전이 벌어지기 전날 잠에서 깬 황제 곁에는 오시우스가 있었고, 콘스탄티누스는 지난밤에 꾼 이상한 꿈 이야기를 그에게 들려주었다. 그는 꿈에서 어떤 신을 만났는데, 그 신은 허공에 수직선을 그리면서 그에게 말했다. 그 신이 그린 수직선 위에는 그리스어로 "승리는 이 신호에 있다*en toutoï nica*"고 쓰여 있었고, 승리의 상징으로 그리스 철자 X, P가 적혀 있었다. 콘스탄티누스는 그 꿈을 아폴로신의 계시라고 확신하지만, 오시우스는 아폴로가 아니라고 말한다. 황제가 상징으로 받은 두 글자는 그리스도의 약자라며, 전혀 다른 해석을 내놓은 것이다. 오시우스는 자신이 어렸을 때 심한 박해를 받던 작은 그리스도인 마을에서 깃발의 상징으로 사용한 철자라는 설명까지 덧붙인다.

결국 그리스도의 계시로 콘스탄티누스는 승리를 거두고, 10월 28일 마침내 로마에 입성하게 된다. 밀비우스 다리의 힘겨운 전투에서 막센티우스를 물리치고 마침내 승전고를 울리며 제국의 수도로 진군한 것이다.

황제가 스스로 밝힌 이 일화는 당시 연대기 작가들에 의해 여러 차례 언급된다. 그렇다면 이 이야기는 사실일까? 나는 가이사랴의 주교 유세비우스의 말을 인용하는 것으로 이 질문에 대한 답을 대신한다. 황제의 성격을 잘 아는 유세비우스는 이렇게 말한다.

"시간이 한참 지난 뒤 이 이야기를 쓰고 있는 우리에게 황제가 직접 말했다. 우리는 그가 왕자였을 때부터 그를 잘 알고 있고 그의 성격을 아는데, 그가 맹세하며 말한 것을 누가 의심할 수 있겠는가?"

콘스탄티누스는 로마를 장악하면서 마침내 자신의 힘으로 서로마제국을 통일시키겠다는 오랜 야망을 이룬다. 그리고 동로마제국의 황제 리키니우스와 우호적인 관계를 맺지만, 324년 그를 아드리아노플에서 물리치고 제국 전체 곧 동방과 서방의 로마제국을 모두 통치하게 된다.

통일을 이룬 황제가 취한 첫 번째 조치는 그리스도인의 완전한 복권이었고, 이에 따라 기독교는 아무런 중간 과정을 거치지 않고 한순간에 제국의 특혜를 받는 종교가 된다. 로마 주교 멜키아데스는 영문도 모른 채 카타콤에서 빠져나와 라테라노 궁전을 차지한다. 이것은 제국이 교회에 베푼 수많은 특혜 가운데 가장 먼저 이루어진 배려다. 이교도 국가의 수도 로마 곳곳에서는 기독교 성전을 짓는 공사가 한창이었다. 바티칸의 성베드로 성당, 교황청 근처에 있는 라테라노의 성요한 성당, 성바울 성당, 성로렌츠 성당, 콘스탄티누스의 어머니 헬레나가 성지에서 가져온 진짜 십자가 유물이 보관된 예루살렘의 성 십자가 성당 등의 공사가 이때 이루어진다.

새로운 황제는 '그의' 그리스도인들을 보호하고 그들을 극진히 돌보았을 뿐 아니라 머잖아 그들을 제국의 고위 관리로 임명한다. 콘스탄티누스의 기독교 우대 정책에 따라 로마의 엘리트들은 재빨리 새 종교로 개종한다. 그러나 황제는 자신이 통치하는 서로마제국 밖에서 여전히 박해에 시달리고 있는 동방교회의 그리스도인을 걱정했다. 313년 2월 그는 동로마제국의 리키니우스 황제를 밀라노로 초청해, 국가는 모든 종교와 예배를 보호할 책무가 있다고 설득했다. 같은 해 6월 동로마제국의 리키니우스에 의해 니코메디아에서 마침내 종교의 자유를 담은 황제의 칙령이 공포된다(사람들이 알고 있는 것처럼 제국의 모든 시민들에게 예배의 자유를 보장하기 위해 콘스탄티누스가 밀라노에서 공포한 것이 아니다).

관용의 정신이 두드러진 황제의 칙령은 18세기에 이르러 종교와 의식의 자유를 강조하는 위대한 사상가들의 선언문에 견줄 만한 가치를 지닌다. 칙령에는 그리스도인들이 "자유롭고 완전하게, 두려워하거나 박해받지 않고" 그들의 신을 경배할 수 있다고 명시되어 있다. 또한 다음 내용도 명시되어 있다.

"(제국의 다른 시민들과 마찬가지로) 평화의 시대에 걸맞게 각자의 자유로운 선택에 따라 예배를 드릴 수 있는 권리를 보장한다. 어떤 종교나 어떤 예배를 막론하고 우리의 행위에 진정한 동기를 부여하기 위해 속박 없는 완전한 의지가 필요하다."

여기에 덧붙여 그리스도인의 예배 장소가 무상으로 제공될 것이라고 밝혀져 있다.

제국과 교회의 연합

그렇다면 콘스탄티누스도 이제 그리스도인이 된 것인가? 많은 사람들의 주장과는 달리 그는 형식적으로는 아직 그리스도인이 아니었다. 황제는 337년 5월 임종하는 자리에서 니코메디아의 유세비우스에게 처음 세례를 받기 때문이다. 게다가 그는 폰티펙스 막시무스*Pontifex maximus*라는 이교도의 지위, 즉 고대 로마 최고 성직자의 신분으로 인간과 판테온 신들의 관계를 맺어주는 중요한 역할을 맡고 있었다. 그러나 기독교와 그리스도인을 향한 그의 특별한 친밀감은 의심의 여지가 없다.

그는 교회의 수호자로 자처하면서 성직자들의 문제뿐만 아니라 교리 문제에까지 주저 없이 관여했으며, 더 나아가 '외부 주교'라는 지위를 바탕으로 교회에 대한 그의 간섭은 심화되었다. 그러나 그의 행동은 교회 안에서 어떤 반발도 일으키지 않는다. 오히려 교회는 그를 최초의 기독교 군주로 인정했을 뿐 아니라 열세 번째 사도를 의미하는 새로운 호칭을 부여한다. 즉, 동방교회의 그리스도인들이 사용한 용어로서 '이사포스톨로스*isapostolos*'라는 영광스러운 호칭을 황제에게 부여했는데, 이는 '사도들과 동격'이라는 뜻이다. 그는 사후에 성인으로 선포됨에 따라 대부분의 비잔틴 달력에 기록되었고, 동방정교회는 5월 21일을 제국을 기독교화하는 데 크게 기여한 황제와 그의 어머니 헬레나의 축일로 기념한다.

그러나 콘스탄티누스는 성가대 소년처럼 순진한 인물도, 자비로운 영혼을 지닌 사람도 아니었다. 그는 수많은 사람들의 피를 부른 매우 호전적인 제왕이며, 상대가 누구든 적이라고 판단되면 한 치도 용서하지 않는 무자비한 황제였다. 그는 자신의 장남 크리스푸스를 죽였는가 하면, 아내 파우스타를 끓는 물이 가득 담긴 목욕통에 던져 죽게 한 장본인이었다. 게다가 파우스타의 죽음은 소문과 추측만 무성할 뿐 정확한 이유도 밝혀지지 않았다. 그를 잘 아는 주교들, 특히 가이사랴의 유세비우스를 포함한 측근들은 황제의 사생활 가운데 소란스러운 부분에 대해서는 함구했으며, 그가 저지른 잔인한 행동에 대해서도 전혀 다루지 않고 있다.

측근들은 그렇다 해도 더욱 희한한 것은 당대의 역사학자들까지도 콘스탄티누스의 죄악에 대해서는 거의 입을 열지 않는다는 점이다. 그를 성인으로 세운 로마 교회는 그의 개인적인 삶을 근거로 한 것이 아니라 그가 교회에 기여한 특별한 공로 때문에 이루어진 것이라고 설명한다. 그러나 그 주장은 어딘지 모르게 이상한 변명처럼 들린다. 성인에게는 반드시 영웅적인 미덕을 요구한다는 사실을 아는 우리로서는 언뜻 이해되지 않기 때문이다.

어쨌든 콘스탄티누스가 교회에 특별한 호의를 베풀었던 것은 교회와 그리스도인에 대한 그의 개인적 호감 때문만은 아니었다. 물론 그가 베푼 특혜가 교회 부흥에 무시할 수 없는 역할을 했다는 것은 분명하다. 그러나 콘스탄티누스는 군주로서, 권력투쟁으로 분열되고 타락한 풍습으로 부패한 국가를 새롭게 재건하는 일이 무엇보다 급했다.

당시에는 사회의 모든 계층에서 방탕한 풍조가 걷잡을 수 없이 번지고 있었고, 이혼이 사회적으로 유행했으며, 출산의 기피로 인구 감소가 일어나 군대와 해양을 심각하게 위협하고 있었다. 부자들은 방탕과 쾌락주의에 빠져 거드름을 피우며 개인의 향락을 위해 노예를 양성했다. 그들은 사자와 곰에게 싸움을 시키는가 하면, 심지어 검투사들이 죽을 때까지 피 흘리며 싸우는 경기를 구경하며 잔인한 쾌락을 즐기는 원형경기장 놀이에 탐닉했다. 반면 가난한 자들은 끼니를 잇기도 어려워서 부자들이 멸시하며 던지는 음식을 받아 먹거나 구걸로 간신히 목숨을 연명했다. 그런데 이 가난한 사람들조차 가게나 대장간을 내버려둔 채 원형경기장으로 달려가 유혈극의 광란에 빠져들었다.

이와 같은 총체적 타락의 위기에서 기독교가 내세우는 도덕적 기반은 황제의 마음을 끌기에 부족함이 없었다. 그는 정의와 성실을 강조하고, 유혈극에 관심을 보이지 않으며, 세상의 쾌락에 빠지지 않으려고 조심하는 소수의 경건한 사람들을 경탄의 눈길로 바라보았다. 그리고 그들의 도덕이 세상의 삶을 뛰어넘어 영원한 삶을 바라보기 때문이라는 것도 알게 되었다. 그는 교회의 흠잡을 데 없는 계급 구조 안에서 옛 전사로서 자신의 모습을 돌아보게 된다. 제국을 통일시킨 황제는 이렇게 잘 짜여진 종교에서 취할 수 있는 이익을 알고 있었다. 만약 이런 종교를 자신의 통제 아래 둘 수 있고 성직자들의 충성을 이끌어낼 수 있다면 제국을 통치하는 일이 한결 수월해지리라는 것을 알았던 것이다.

이러한 황제의 뜻에 따라 제국은 즉시 기독교의 길을 밟는다. 그리스도의 부활과 탄생이 제국의 축제가 되고, 일요일은 거룩한 주일이 되며, 이제 죄인의 얼굴에 낙인을 찍지 않게 되고, 원형경기장의 잔인한 유혈극은 전면 금지된다.

그런데 콘스탄티누스는 그리스도인을 일치시켜야 할 교리가 분열되어 있다는 것을 알고 심각하게 고민한다. 그리스도인을 심한 분열과 박해로 내몰았던 예수의 정체성에 대한 논쟁은 아직 끝나지 않았으며, 오히려 새로운 논쟁이 살아나고 있었다. 루이 모레리는 탁월한 책 『역사대사전』에 예수의 본질과 인격에 대한 논쟁에서 파생한 55항목의 이단성을 모았다. 이와 같이 기독교의 깃발과 로마 주교의 지휘 아래 제국을 통합시키려는 황제의 정략은 교리 불일치로 인해 위협받고 있었다.

314년 콘스탄티누스의 주도로 아를레스에서 종교회의가 소집되는데, 이것은 성직자가 아니라 시민의 권위로 열리는 첫 번째 종교회의로 기록된다. 그 당시 북아프리카에서 태동한 도나파의 대대적인 부흥은 콘스탄티누스를 불안하게 만들었다. 도나파는 이전에 박해를 당할 때 신앙을 버린 배교자들에게 관용을 베풀려는 교회의 의견을 전적으로 무시한 채 신앙의 변절에 대해 티끌만

큼도 관용을 인정하지 않는 단호한 태도를 취한다. 특히 사제나 주교의 경우에는 설사 고행을 통해 진정으로 회개하더라도 다시 공동체에 들어오는 것을 허용치 않았으며, 그들이 집전하는 성례도 인정하지 않는 등 한 치의 관용도 보이지 않는다. 더욱이 도나파는 로마 주교를 곱지 않은 시선으로 보고 있었다.

콘스탄티누스는 이렇게 사회질서를 교란시키는 성직자들의 논쟁과 분열을 심각하게 바라본다. 결국 아를레스 종교회의는 도나파 공동체의 해체를 의결한다. 이는 황제의 권한으로 취해진 단호한 조치지만 즉각적인 영향을 미치지 못한다. 도나파는 종교회의의 결정이 있은 뒤에도 일 년 이상 존속했던 것이다.

알렉산드리아의 아리우스

훨씬 더 격렬한 파문은 이집트, 구체적으로는 알렉산드리아에서 일어난다. 2세기 이상을 끌어온 삼위일체와 기독교 교리에 관한 논쟁이 여전히 지속되는 상태에서 이단적인 사조가 다시 일어나 대중들의 큰 인기를 끌게 된다. 이 운동의 기원에는 아리우스라는 이름의 사제가 있었다.

256년경 리비아에서 태어난 아리우스는 그 당시 명성이 자자하던 대학자 루키아노스의 제자였다. 당대의 저명한 인물들이 루키아노스의 주변에 몰려들어 그에게 탁월한 신학을 배우고 있었다. 아리우스는 4세기 초 알렉산드리아의 항구도시 바우칼리스 교회의 성직자였는데, 이 교회에는 뱃사람과 상인, 소시민들이 자주 드나들었다. 무엇보다 그는 뛰어난 신학자로서 높은 명성을 얻었고, 동시에 철저한 금욕으로 많은 사람들의 입에 오르내리게 된다. 말과 행동이 일치하는 그의 가르침은 진정으로 많은 사람들을 감동시킨다. 그의 특별한 명성은 항구를 뒤덮을 정도였다. 아리우스가 설교를 할 때면 도시 전체의 그리스도인은 물론 잠깐 체류 중이던 이방인까지 수많은 사람이 그의 곁으로 몰려들었으며, 그들은 모두 이 경건한 인물에게 완전히 매료된다. 순결한 동정녀들의 모임이 그를 헌신적으로 섬기고, 그의 명성은 지중해 남안의 도시에서 맹위를 떨친다.

우리에게 전해지는 그의 초상 가운데 하나가 375년경 집필된 이교도 신학자 에피파누스의 저술이다. 그는 가시 돋친 표현으로 아리우스를 소개하고 있다.

"큰 키에 어딘지 모르게 슬픈 얼굴을 하고 있는 아리우스는 교활한 뱀 같은 모습이었다. 그는 마치 성인 같은 분위기로 순진한 영혼들을 유혹했다. 언제나 반코트를 걸치고 안에는 소매 없는 짧은 속옷을 입었던 그는 부드럽게 말하고 사람들의 비위를 잘 맞추며 많은 영혼들을 유혹했다."

도나파가 교회의 이론을 공격한 데 비해 아리우스는 더 나아가 논쟁의 핵심을 이루는 아킬레스건, 즉 예수의 본성이라는 주제를 공격한다. 그는 긴 설교를 통해 영원하며 창조되지 않은 유일한 신과 인간으로 태어난 예수는 절대 같지 않다고 강조한다. 그의 담론은 플로티노스나 포르피리오스 같은 신플라톤주의자들의 알렉산드리아 전통에 담겨 있다. 그들은 신의 원리를 세 실체 혹은 세 위격의 형식으로 설명했다. 즉, 신은 태어나지 않았으며 영원하고 접근할 수 없는 첫 번째 원리로서 유일한 지존자, 신에게서 파생하는 두 번째 원리로서 이성 혹은 말씀, 세 번째 원리로서 영혼을 구별했다. 신플라톤주의자들의 담론은 알렉산드리아의 그노시스파에 큰 영향을 미친다. 그들에게 말씀은 하나님이 아니라 하나님이 발화發話한 파롤parole일 뿐이다. 따라서 말씀은 창조된 피조물이며, 신보다 열등한 개념이다.

아리우스는 사모사트의 바울이 주장했던 이단적 요소를 다시 채택한 것으로도 비난을 받는다. 주교인 그는 3세기 중반에 나타나 완전한 단일신론을 주장했으며, 예수 안에서 유일한 신을 보지 않고 한 인간의 모습을 보았다. 그의 주장에 따르면 예수는 하나님이 입양하고 하나님에 의해서 하나님과 유사한 신성을 얻기까지 성장하는 한 인간이다. 양육된 신성으로 말미암아 예수 역시 유일하며 신과 유사한 본성을 지닌다.

그도 아리우스와 마찬가지로 안디옥의 루키아노스로 추정되는 스승에게 영향을 받은 것인가? 루키아노스는 역사적 방법으로 성서를 파악한 저명한 신학자이며, 한 시대를 기준으로 성서를 해석하는 관점에 따라 근본적으로 그의 주석은 비유로 이루어진다. 유대교의 교의가 되는 이스라엘의 도식, 즉 '셰마 이스라엘 Shema Israël', "이스라엘아 들으라, 우리의 영원한 하나님, 우리의 유일한 하나님의 말씀을 들으라!"에 대한 그의 논평과 초기 기독교 공동체에서 지배적이었던 유대인의 일신교에 대한 진술은 제자인 아리우스의 사상에 깊은 인상을 남긴다.

교회의 고위 성직을 맡고 있던 루키아노스의 다른 제자들은 대부분 아리우스를 지지하거나, 최소한 그를 이단으로 단죄하는 교회의 결정에 반대한다. 푸아티에의 힐라리우스는 아리우스에 대해 가장 완강하게 반대 입장을 표명한 인물이다. 그는 아리우스가 자신의 이론, 즉 아리우스설을 전파하기 위해 결과적으로 기독교가 아니라 유대교의 전통인 '이스라엘의 교의'에 의지했다고 비난한다.

그리스도, 제2의 신

우리는 아리우스가 언제부터 예수의 본성에 대해 자신의 독창적인 의견을 나타내기 시작했는지 알 수 없다. 다만 알렉산드리아의 주교 알렉산더가 아리우스의 주장에 영향을 받은 시기는 대략 316년경이다. 알렉산더의 눈에는 아리우스 신학의 성공이 매우 위험해 보였으며, 그가 그리스도인에게 심각한 독보리를 뿌린다고 생각한다. 더욱이 그의 이론은 『히브리 성서』에 대한 해박한 지식에 근거할 뿐 아니라 이집트의 사상, 나아가 지중해 연안 국가의 사상에 뿌리박힌 그리스 철학, 특히 아리스토텔레스의 사상에서 파생된 분명한 지적 논리에 따른 것이어서 더욱 심각하다고 생각한다.

알렉산더 주교에게 자신의 정당성을 입증하기 위해 보낸 편지에서 주장한 대로 아리우스는 세상에는 오직 하나의 신, 즉 성부만 존재한다고 본다. 오직 성부만이 "유일하게 태어나지 않았으며, 유일하게 영원하며, 유일하게 시작이 없으며, 유일하게 진리이며, 유일하게 불멸하는 존재"라고 주장한다.

세상의 창조라는 신의 의지를 실현하는 도구가 되기 위해 말씀이 무에서 파생되었다는 것은 다시 말해 태어나지 않은 유일한 존재인 성부 하나님에 의해 창조되었다는 말이다. 따라서 말씀이 존재하지 않았던 시간이 있으므로 말씀은 영원하다고 말할 수 없다. 게다가 그가 성부처럼 영원하다면 그것은 태어나지 않은 존재가 처음부터 하나가 아니라 둘이라는 뜻이며, 이는 유일신을 주장하는 일신교의 개념과 전적으로 모순된다. 따라서 말씀logos, 즉 성자는 창조된 존재일 뿐이다.

아리우스는 근본적으로 '태어난'과 '창조된' 사이의 구별을 인정하지 않는다. 그리스도는 분명 예외적이고 성스러운 존재이며, 죄가 없는 도덕적 완전성을 지녔지만, 그는 신이 아니며 성부와 동일하지도 않다.

이와 같이 아리우스는 그리스도를 성부에 비해 열등한 존재로 본다. 그는 제2의 신이며 창조되었고 불완전한 존재인 반면 태어나지 않은 성부만 영원하고 완전하므로 오직 성부만 신의 정의定意에 합당하다는 것이다. 아리우스는 자신의 이론을 주장하기 위해 안디옥의 루키아노스에게 배운 성서의 주석을 따르고, 더 정확

히 말하면 「잠언」에 기록된 지혜서에 의존한다. 지혜의 글, 다시
말해 로고스는 이렇게 주장한다.

"여호와께서 그 조화의 시작 곧 태초에 일하시기 전에 나를 가
지셨으며 만세 전부터, 태초부터, 땅이 생기기 전부터 내가 세움
을 받았나니 아직 바다가 생기지 아니하였고 큰 샘들이 있기 전에
내가 이미 났으며 산이 세워지기 전에, 언덕이 생기기 전에 내가
이미 났으니 하나님이 아직 땅도, 들도, 세상 진토의 근원도 짓지
아니하셨을 때에라 그가 하늘을 지으시며 궁창을 해면에 두르실
때에 내가 거기 있었고 그가 위로 구름 하늘을 견고하게 하시며
바다의 샘들을 힘 있게 하시며 바다의 한계를 정하여 물이 명령을
거스르지 못하게 하시며 또 땅의 기초를 정하실 때에 내가 그 곁
에 있어서 창조자가 되어 날마다 그의 기뻐하신 바가 되었으며 항
상 그 앞에서 즐거워하였으며"   「잠언」 8장 22~30절

  아리우스는 그럼에도 불구하고 도덕적으로 완전한 말씀은 성
부처럼 모든 면에서 완전하지는 않다고 주장하면서 복음서에 기
록된 예수의 삶 이야기를 근거로 내세운다. 그는 "말씀이 육신이
되었다"는 「요한복음」의 서론을 인용하며 성경 구절을 자신의 관
점으로 해석한다. 즉, 말씀은 강생하면서 사라질 영혼이 아니라
사라질 육신을 입었다. 따라서 그리스도의 육신에 말씀이 거하
며, 이로 인해 그리스도는 완전한 인간이 되지 못한다. 성자의 몸
에 생기를 불어넣는 말씀은 성부의 모든 피조물과 마찬가지로 본

래 변화하는 존재다. 실제로 우리는 예수가 화내는 모습을 보고, 성전에서 상인들을 거칠게 내쫓을 때는 심지어 폭력적인 모습마저 보게 된다. 반면에 평화롭고 온유하며, 어떤 경우에는 눈물 흘리는 모습과 십자가에 못 박히는 순간 하나님께 간청하는 애절한 모습도 볼 수 있다.

아리우스가 유배 중일 때 작성한 『탈리아』에는 이런 내용이 기록되어 있다.

"그는 처음부터 전적으로 선한 존재가 아니라 자유로운 결정자에 의해 주권자가 원하는 만큼 선한 상태가 된다."

전체적으로 보면 아리우스는 예수가 피조물 안에서 특별한 우월성을 지닌다고 생각했으며, 예수의 예외적 본성과 더불어 신성을 부인하지 않는다. 그는 성자가 신과 유사한 존재지만 분명히 신은 아니며, 신과 혼동될 수도 없다고 말한다. 진정한 신으로부터 파생된 성자는 유일신에 종속된 존재다. 강생은 유일한 신으로서는 도저히 있을 수 없는 현상이며, 육신과 연합할 수 있다는 것은 그가 바로 제2의 신이기 때문이다.

아리우스는 이런 사실을 바탕으로 해서 성부와 성자는 본질이 같지 않으며, 대교회가 정통성을 내세우며 주장하는 것처럼 그리스도는 하나님과 동질적인 호무시오스*homoousios* 존재도 아닐뿐더러 하나님처럼 영원하지도 않고, 단순히 유사성을 지닐 뿐 같은 정체성을 지니지도 않는다고 추론한다.

알렉산드리아 공회

아리우스와 알렉산더 주교의 첫 대결은 318년경에 일어나지만, 그들의 직접적인 만남에 대해서는 자세한 내용이 전해지지 않는다. 다만 우리는 두 진영이 그때부터 각자 지지자들을 규합하기 시작했다는 사실을 알고 있다. 즉, 알렉산더는 로마를 포함한 여러 지역의 주교들과 콘스탄티누스 황제에게 편지를 보냈다. 그리고 아리우스는 함께 수학한 루키아노스 학파의 제자들, 특히 나중에 가이사랴의 주교가 되는 유세비우스, 그리고 동명이인인 니코메디아의 유세비우스에게 지지를 호소한다.

아리우스가 니코메디아의 유세비우스에게 보낸 편지의 내용은 지금까지 보존되어 있다. 이 편지에서 아리우스는 자신의 주장을 분명히 진술했으며, 유세비우스와 함께 보낸 시절을 떠올리며 편지를 마무리하고 있다. 편지에는 "우리가 겪었던 고난을 기억하고 주 안에서 강건하기를 바란다. 평안을 진심으로 기원한다"고 씌어 있다. 이것은 그들의 공통된 스승이 안디옥의 루키아노스라는 것을 암시하는 내용이다.

아리우스의 지지자들은 여기에서 멈추지 않는다. 대부분 동방 교회에서 성직자로 확고하게 자리잡은 그들은 서로 연대해 소규모 지역 회의를 두 번 소집한다. 비티니아와 팔레스타인에서 각각 열린 종교회의에서는 이집트 사제가 펼친 주장의 정통성을 선언한다. 알렉산드리아에서도 아리우스의 명성이 전혀 수그러들지 않았다. 지중해 연안의 도시에 거주하는 그리스도인의 분열로 인해 긴장은 점점 고조되고, 아리우스와 알렉산더 주교의 지지자들 사이에 충돌이 빈번해진다.

알렉산더는 가만있지 않았다. 그는 319년 알렉산드리아에서 회의를 소집하고, 이집트와 리비아의 주교들을 부른다. 아리우스가 성직자들 앞에 나타났고, 회의 참석자들이 그에게 이단적 주장을 취소하라고 요구한다. 그러나 아리우스는 단호하게 거절한다. 말씀·로고스·이성이 없는 하나의 성부는 존재하지 않으며, 말씀은 필연적으로 성부와 함께 영원히 존재한다는 그들의 주장을 아리우스는 받아들이지 않는다. 오히려 이렇게 자신의 확신을 반복하고 강조할 뿐이었다.

"만약 성부가 성자를 낳았다면 그 순간부터 성자가 존재하는 것이다. 결론적으로 말해서 분명 성자가 존재하지 않았던 시점이 있었으며, 따라서 영원한 존재라고 말할 수 없다."

회의는 서둘러 마무리되었다. 그 자리에 모인 주교들은 이구동성으로 말씀, 즉 그리스도는 성부와 같은 본질이며, 성부와 영원히 공존한다고 결론짓는다. 그들은 아리우스 및 그를 지지하는 일곱 사제와 집사들을 파문하고, 그들을 알렉산드리아에서 추방한다. 700명의 헌신적인 동정녀들도 그들의 영적 스승을 따라 도시를 떠난다.

알렉산더는 즉시 주교들에게 서신을 보내 공회의 내용과 자신들이 내린 결론을 알려주었다. 이에 덧붙여 아리우스의 오류를 지적하면서 교단에서 아리우스를 다시 받아들이지 말 것을 요구한다. 그러나 그의 요구는 결과적으로 아무 소득도 없는 헛된 일이 되고 만다. 아리우스는 처음에 팔레스타인에 있는 가이사랴로 떠났고, 가이사랴의 유세비우스 주교는 그를 기꺼이 받아들인다. 그는 이어서 콘스탄티노플에서 가까운 도시 니코메디아로 가서 절친한 친구 유세비우스 주교를 만난다. 황제와 가까웠던 유세비우스는 아리우스의 주장을 지지하는 서신을 작성하는 한편 아리우스를 복권시키기 위한 구명 운동에 앞장선다. 또한 알렉산드리아 종교회의의 섣부른 결정을 맹렬히 비난한다.

아리우스는 니코메디아의 은신처에 머무르는 동안 흥미로운 저서이자 장편의 시인 『탈리야』를 써서 자신의 생각을 꾸밈없이 진술하고, 자신의 신학을 세상에 전파한다. 그가 암송하기 쉽게 쓴 시는 인기 있는 노래로 편곡되어 항구와 도시의 거리 곳곳에서 불리기 시작한다. 머잖아 그 노래는 여행객들에 의해 도시를 넘어 바깥 세상으로 퍼져나간다. 그리고 1세기가 흐른 뒤 필로스토르그는 『교회사』에서 이렇게 말한다.

"아리우스가 멜로디로 기쁨을 찾게 했고, 신앙이 없는 무지한 사람들을 노래로 사로잡았다."

그 당시는 말 그대로 노래가 교리문답을 대신한 때였다.
아리우스가 이단으로 단죄되면서 대부분의 저서가 당시의 규정에 따라 폐기되었다. 드물게 남아 있는 문서 가운데는 몇 편의 서신이 있다. 세 편의 서신 가운데 하나는 알렉산드리아의 주교에게 보낸 것이고, 하나는 콘스탄티누스 황제에게 보낸 것이다. 그리고 『탈리야』의 몇몇 단편은 아이러니하게도 아리우스를 비판하기 위해 그의 시를 인용한 적대자들 덕분에 잘 보존되어 오늘날까지 내용이 전해지고 있다. 이를테면 『탈리야』의 시구는 아리우스의 대표적 적수였던 알렉산드리아의 주교 아타나시우스의 책 『아리우스주의자들에 대한 반론』에 기록되어 있다. 알렉산드리아의 주교는 『탈리야』를 소개하며 '방탕한 노래'라고 비난했다. 우리는 발췌된 내용을 통해 마치 교육자처럼 설득력 있게 설명하는 아리우스를 발견하게 된다.

"신은 처음부터 성부가 아니었으며, 태초에는 오직 신만이 존재했고, 성부가 아닌 때가 있었다. 그가 성부가 된 것은 나중의 일이다. 다시 말해 성자는 처음부터 존재한 것이 아니다. 모든 것이 무에서 나왔고, 성자 역시 무에서 나왔다. 그리고 모든 것이 피조물이고 만들어진 작품인 것처럼 그도 피조물이며 만들어진 작품이다. 그리고 모든 것이 전에 없다가 어느 때가 되자 갑자기 나타났으며, 말씀도 존재하지 않은 시기가 있었다. 뭔가가 만들어지기 전까지 그도 존재하지 않았다. 태초부터 존재한 것이 아니라 그가 존재하기 시작한 때가 있었다."

아리우스 논쟁은 초기 기독교를 특징짓는 5세기 동안 동방교회를 뜨겁게 달군 '비잔틴 논쟁들' 가운데 하나다. 흥미로운 것은 서방은 격렬한 논쟁에서 줄곧 벗어나 있었으며, 서방교회의 주교들은 정통성이 규정하는 신앙을 그대로 받아들였다는 점이다. 수세기가 지나면서 점진적으로 교리의 정통성에 뿌리를 내리는 로마 주교는 가톨릭 교회를 대표하는 '교황'이라는 우월한 지위에 점점 다가서고 있었다.

기독교의 첫 세계 공회
니케아

320년 초 서로마제국의 황제 콘스탄티누스와 동로마제국의 황제 리키니우스 사이에 맺었던 평화조약이 깨진다. 결국 324년 양 진영 사이에 전쟁이 일어난다. 같은 해 12월 아드리아노플 전투에서 콘스탄티누스의 군대가 승리한다. 리키니우스는 사로잡혀 데살로니가로 유배당한 뒤 다음 해에 처형당한다.

그때부터 콘스탄티누스는 절대 군주이자 단독 황제로서 광활한 제국을 통치한다. 통일 제국의 황제로서 그의 주된 관심사는 끊임없이 국경을 위협하는 이방족을 물리치고 통일을 굳건히 지키는 것이었다. 이방족을 가리키는 '바바르Barbares'라는 명칭은 로마제국의 시민이 아닌 모든 민족을 가리키는 총칭으로, 국경을 맞대고 있는 바바르들은 호시탐탐 로마를 노리고 있었다.

승리한 다음 날, 콘스탄티누스 황제는 승리의 깃발을 높이 들고 동로마제국의 수도 니코메디아에 입성해 리키니우스의 황궁을 차지한다. 이때부터 콘스탄티누스 황제는 로마보다 오히려 이곳에서 많은 시간을 보낸다. 그런데 황제는 자신이 그토록 열망하던 제국의 완전한 통일이 깨어질 수 있다는 것, 즉 그리스도인 사이에서 끝없이 벌어지는 논쟁으로 인해 자칫 심각한 내분이 일어날 수 있다는 사실을 깨닫는다.

'아리우스 논쟁'은 사제들과 신학자들을 압도하고, 상상할 수 없을 만큼 많은 사람들이 도시 곳곳에 모여 너나없이 민감한 주제에 빠져들게 만든다. 점점 더 격렬해지는 사건들이 도시의 안정과 질서를 깨뜨리고 양 진영을 날카롭게 대립시킨다. 아리우스가 추방된 이후 알렉산드리아는 온통 격렬한 논쟁으로 들끓고 있었다. 교회에서는 아리우스파 사제들과 반아리우스파 사제들이 우레 같은 설교를 통해 각각의 신봉자들을 자극하고 있었다. 또한 신학자들은 서로 상대방의 주장을 반박하기 위해 경쟁적으로 책을 써대고 있었다. 심각한 내분의 조짐이 기독교를 에워싸고 있었으며, 이런 사회적 분열은 제국의 안정에 나쁜 영향을 미칠 수밖에 없었다.

'사소한 일'

콘스탄티누스는 사태를 수습하기로 마음먹지만, 솔직히 그로서는 자초지종을 이해하기 힘들었다. 성부와 비교해 성자를 정의하는 위상 문제를 포함한 그들의 근본적인 논쟁이 황제에게는 한낱 사소한 일로 보였기 때문이다. 그는 교리 문제로 서로 반목하지 말라고 거듭 말했다. 그는 양 진영의 중심인물들, 특히 유세비우스의 보호 아래 니코메디아에 거주하고 있던 아리우스에게 편지를 보냈고, 알렉산드리아의 교회 질서를 회복시키려고 노력하는 알렉산더 주교에게도 황제의 칙서를 보냈다.

콘스탄티누스는 무슨 방법을 쓰든 기독교 내부에서 벌어지는 분열을 종식시키려 했다. 그는 두 사람에게 서로 화해하라고 요청했다. 그들에게 보낸 편지에서 황제는 그들의 논쟁이 종교의 중요한 원리와 상관이 없으며, 다만 성서의 용어에 대한 사소한 해석 차이에서 비롯되었을 뿐이라고 말한다. 가이사랴의 유세비우스가 자신의 책 『콘스탄티누스의 생애』에 기록했듯이 황제가 무진 애를 썼지만 아무 소용이 없었다.

그러자 콘스탄티누스는 코르도바의 주교 오시우스를 급히 알렉산드리아로 보낸다. 외모상으로 이집트 출신이 틀림없는 오시우스에게 두 사람을 화해시키라는 명령을 내려 현지로 파견한 것이다. 서로마제국의 대부분의 주교들처럼 오시우스도 내심 아리우스의 주장에 반대하면서 로마의 주장과 일치하는 알렉산드리아 주교의 이론을 지지하고 있었다.

현지에 도착한 오시우스는 이집트 주교 회의를 소집하고, 알렉산드리아의 주교 알렉산더와 몇 년 뒤 교구의 주교가 되는 아타나시우스와 면담을 한다. 그는 아리우스의 측근들과도 대화하면서 알렉산드리아의 실력 있는 사제 콜루토스를 설득한다. 즉, 아리우스의 오류를 깨닫게 하고 알렉산더 주교의 권위를 인정하게 한 것이다. 그러나 오시우스는 두 진영의 갈등을 해소하고 화해시키는 데는 끝내 성공하지 못한다.

콘스탄티누스 황제가 머무르고 있는 니코메디아로 돌아오는 길에 오시우스는 잠깐 안디옥에 머무르고, 황제의 이름으로 시리아와 소아시아의 주교들을 소집하는 종교회의를 개최한다. 황제의 특사를 탐탁히 여기지 않았던 많은 주교들과 성직자들이 끝내 참석하지 않았지만, 59명이 이 종교회의에 참석해 성부와 성자의 본성에 관한 최초의 문안을 작성한다. 그들은 '동질성'을 뜻하는 호무시오스라는 용어 대신 아리우스파가 마지못해 인정한 '유사성'을 뜻하는 호모이우시오스*homoiousios*라는 용어를 채택했다. 그러나 이 조정안마저 아리우스의 주장을 근본적으로 받아들이지 않는 오시우스에 의해 폐기되고 만다.

결국 가이사랴의 주교 유세비우스까지 포함한 아리우스 지지자들은 모두 파문을 당하고 만다. 그런데 능숙한 외교관 오시우스는 니코메디아의 주교만은 문제삼지 않았다. 제국의 수도 니코메디아의 주교는 공개적으로 아리우스를 지지했지만, 여전히 콘스탄티누스의 각별한 신임을 받고 있었기 때문이다.

동방교회의 논쟁

아리우스 사건은 안디옥 공회에서 해결되지 않았을 뿐 아니라 오히려 동방교회의 집단적 반발을 초래했다. 그러나 이런 논쟁의 여파가 서방에서는 별다른 파장을 일으키지 않았다. 교회의 내부 분열이 점점 선명하게 드러나자 콘스탄티누스는 마침내 누구도 예상치 못한 파격적 방법을 선택한다. 그는 가능한 한 빠른 시일 안에 동방과 서방을 막론하고 세계의 모든 주교를 한자리에 모으기로 결정한다. 한자리에 다 함께 모여 머리를 맞대고 제국의 화합을 위협하는 문제에 대해 토론을 벌여 그리스도의 본질과 삼위일체론에 대한 대타협을 이뤄내기를 바란 것이다. 또한 타협이 이루어지면 예외 없이 모두 따라야 한다고 강조한다. 황제는 모임의 편의를 위해 세계 공회를 니코메디아에서 가까운 니케아에서 개최하기로 결정한다. 그는 여전히 니코메디아에 체류하면서 옛 동로마제국의 수도가 주는 즐거움을 만끽하고 있었다.

왜 니케아로 정했는가? 니케아는 그 당시 황제가 거주하던 장소와 가까운 것은 물론 육로나 해상으로 접근이 수월했다. 그뿐 아니라 이 도시를 둘러싸고 기름진 들판이 있어 언제나 물자가 풍부했기 때문에 주교들이 편안하게 지낼 수 있었다.

이름이 정확히 기입된 우편물이 모든 주교들에게 발송되었다. 그런데 이동이 힘들었기 때문인가, 아니면 서방 주교들의 관심을 별로 끌지 못하고 다만 동방교회의 문제로 보이는 논쟁에 대한 무관심 때문인가? 325년 5월 니케아 공회에 모인 서방 주교들의 숫자는 미미하기 짝이 없었다. 게다가 참석한 사람들조차 이전에 대부분 동방에서 열렸던 지역 종교회의에 비해 별로 열성을 보이지 않았다. 간단히 푸아티에의 주교 힐라리우스의 예를 들면, 그는

공회에 참석하지 않았을 뿐 아니라 '니케아 신경信經'이라 불리는
공회의 중요한 결정도 무려 30년이 지난 다음에야 자세히 읽어보
았을 만큼 전혀 관심이 없었다.

황제와 서방의 모든 주교가 인정하는 공적 권위를 부여받은 교
황은 이제 직접 움직이지 않는다. 그는 로마를 떠나지 않으며, 다
만 공식 대리인으로서 교황의 이름으로 회의에 참석하는 특사를
파견한다. 특사는 교황을 대표해서 발언하고, 공회에서 이루어진
내용을 교황에게 보고하는 역할을 맡는다. 이런 관습은 대부분의
세계 공회에서 그대로 지켜진다.

이렇게 서방 주교들의 관심이 적었던 반면 동방 주교들은 5월
초부터 많은 수행원들을 이끌고 니케아에 몰려들었다. 사제와 집
사들, 신학자들, 철학자들, 심지어 단순한 신봉자들과 토론 전문
가들이 모여들면서 그들이 외치는 함성과 뜨거운 열기는 우렁찬
메아리가 되어 거리마다 울려퍼졌다.

당시의 연대기 작가들에 따르면, 5월 중순 황제가 니케아에 도
착하자 그 앞에 양 진영에서 날아든 서신과 자료들이 산더미처럼
쌓였다고 한다. 대부분은 상대 진영의 대적들(물론 신앙의 적을 의
미한다)의 이름과 행적을 비판하는 천편일률적 내용이었다. 엄청
난 자료들을 보고 질린 콘스탄티누스는 자신은 성직자들 사이에
서 벌어지는 싸움에 개인적으로 끼어들지 않겠으며, 모든 자료는
마지막 심판의 날에 최후의 심판자에게 맡기겠다고 선언한다. 그
러고는 슬그머니 부하를 불러 하나도 남김없이 모두 불태워버리
라고 명령한다.

니케아 공회는 전승이 전하는 대로 325년 5월 20일 교회가 아니라 황궁의 커다란 거실에서 황제의 주재로 열렸다. 콘스탄티누스는 개막 연설을 통해 자신이 주교들을 부른 목적은 전쟁보다 더 위험한 교회 내부의 불화와 갈등을 없애기 위해서라고 말하면서 모두 마음을 합해 타협을 이루어달라고 요청한다.

니케아 공회는 교회 역사에서 최초의 세계 공회, 다시 말해 일반 공회로 기록되지만, 실제로 이 용어가 니케아에 적용된 것은 451년 칼케돈 종교회의가 세계적 공회로서 공식 명칭을 부여받고 난 다음이다.

니케아 공회의 의사록이 실제로 작성되었는지 여부는 확실히 알 수 없지만, 우리에게 전해진 문서는 없다. 한 달 이상 진행된 이 회의의 진행 과정은 참석자들의 증언과 특히 가이사랴의 유세비우스가 자세히 기록한 연대기를 통해 알 수 있다. 또한 아킬레이아의 루피누스 수도사의 글과 저명한 저자 소조메니우스의 저서 『교회사』에 기록된 내용으로 당시의 상황을 추론해볼 뿐이다. 소조메니우스는 『교회사』에서 공회의 분위기를 매우 상세하게 설명하고 있다.

"모든 지역에서 모인 고위 성직자들의 나무랄 데 없는 경연이다. 어떤 사람들은 뛰어난 학식으로 주목을 끌고, 또 다른 사람들은 웅변으로 또는 남다른 신앙심으로 두각을 나타냈으며, 모든 사람들이 자신의 능력을 마음껏 선보였다."

소조메니우스는 회의가 열리고 평신도들과 이교도들까지 참관한 자리에서 있었던 일화도 소개하고 있다. 변증법적 논증으로 잘 알려진 한 철학자는 연설을 통해 사제들의 지나친 단순성을 질책했다고 한다. 또한 청중들 가운데 한 노인은 온몸에 박해받은 흔적을 그대로 지닌 채 가만히 앉아 있다가 자리에서 일어나 정통성의 크레도(교의)를 일목요연하게 요약했다.

"하늘과 땅과 눈에 보이는 모든 피조물을 만드신 유일하신 하나님이 계실 뿐이다. 그는 말씀으로 모든 것을 만드시고, 신령한 영으로 모든 것을 강하게 만드셨다. 우리가 하나님의 아들이라고 부르는 말씀은 사람들의 어리석은 방황과 짐승처럼 살아가는 인간의 무지를 진정 불쌍히 여기셨다. 그는 한 여자의 몸에서 태어났으며, 사람과 더불어 사셨고, 사람들을 구원하기 위해 죽으셨다. 그는 사람이 사는 동안 행한 바를 심판하시기 위해 때가 되면 다시 오실 것이다. 우리는 이 모든 것을 온전하게 믿는다."

공회에 참석한 성직자들의 수에 대해서는 의견이 분분하다. 아브라함의 종들의 숫자를 인용하면서 공식적인 수치가 정확히 318명이라고 밝히고 있지만 이는 사실과 거리가 멀다. 여러 근거를 주의 깊게 살펴보면 대략 200명이 조금 넘는 주교들이 공회에 참석한 것으로 보인다. 콘스탄티누스의 측근이었던 오시우스는 니코메디아의 주교 유세비우스와 함께 교황 특사로 참석했고, 공회에서 황제 다음으로 중요한 역할을 맡는다.

지난 공회에서 파문당한 주교들, 특히 안디옥 공회의 결정에 따라 기독교 공동체에서 추방당한 가이사랴의 유세비우스도 참석 인원에 포함된다. 또한 신앙을 지키다가 박해를 받았던 주교들도 공회에 참석해 여전히 신앙을 위해 격렬한 싸움을 마다하지 않는다. 그 가운데는 예루살렘의 막시무스가 있고, 고문으로 한쪽 눈이 터진 헤라클레의 포타모누스, 두 손이 잘린 네오가이사랴의 바울, 죽은 사람 둘을 살렸다고 소문난 니시비스의 야고보가 있었으며, 그 밖에도 숱한 사람들이 있었다.

황제도 토론에 부분적으로 참여한다. 동방교회에서 온 대부분의 참석자들이 그리스어로만 말하는 데 반해 그는 라틴어로 연설하며 주교들에게 타협을 요청한다. 아리우스 이론에 대한 토론은 특히 오랜 시간에 걸쳐 깊이 있게 진행되었으며, 아리우스는 여러 차례 회의에 소환되어 변론했다고 아킬레이아의 루피누스가 증언하고 있다. 콘스탄티누스는 회의의 주재자로서 공적으로는 중립을 표명했지만 실제로는 아리우스 이론에 반대했다. 그가 로마와 서방에서 큰 영향력을 행사하는 대교회의 주장에 따랐다는 것은 분명하다.

소조메니우스는 황제가 참석한 가운데 펼쳐진 토론의 분위기를 이렇게 전하고 있다.

"(황제는) 신중하게 그들의 말을 들으며 양식을 지닌 사람들의 의견을 존중하고 지나치게 자기 주장을 고집하는 사람들을 진정시켰다."

이미 명백한 공회의 결론과 사건의 엄중함에도 불구하고 아리우스는 자신이 본래 내세웠던 주장을 조금도 굽히지 않는다. 그는 피조물이며 성부에게 종속된 성자의 개념을 끝내 고집한다.

보편적 정통성의 태동

가이사랴의 유세비우스는 안디옥의 종교회의에서 이미 파문당했지만, 니케아 공회에 참석해 황제 앞에서 자신의 신앙을 증명하려고 애쓴다. 그는 자기 교회에서 사용하는 신앙고백으로 타협안을 제시한다. 이는 '가이사랴 신경信經'이라고도 불리는 신앙고백이다.

"우리는 유일하신 하나님이 계신 것을 믿으며, 보이는 것들과 보이지 않는 모든 것들의 창조자이신 전능하신 성부 하나님을 믿습니다. 그리고 유일하신 주님이 계신 것을 믿으며, 예수 그리스도이시고 하나님의 말씀이시며, 빛에서 태어나신 빛이며, 생명에서 태어나신 생명이며, 모든 피조물 가운데 가장 먼저 태어나신 독생자이신 그를 믿습니다. 그는 창세 전에 성부에게서 태어나시고, 그로 말미암아 모든 것이 이루어진 것을 믿습니다. 그는 우리를 구원하시기 위해 육신을 입으셨으며, 우리와 함께 사셨습니다. 고난으로 말미암아 고통을 당하셨으며, 죽은 지 3일 만에 다시 살아나셨고, 성부에게 올라가셨습니다. 산 자와 죽은 자를 심판하시려고 영광 가운데 다시 오실 것을 믿습니다. 우리는 또한 유일하신 성령이 계신 것을 믿습니다."

주교들은 잠시 머뭇거리다가 가이사랴 신경의 수정을 요구한다. 처음 태어난 성자를 말하면서 성부와 성자의 동일한 본성을 언급하지 않음으로써 자칫 아리우스의 주장처럼 종속된 성자로 해석될 수 있기 때문이다. 이에 논쟁이 다시 재개되었고, 논쟁의 중심에는 동질성을 나타내는 호무시오스가 있었다. 아리우스파는 이 용어가 성경에 나오지 않으며, 다만 2세기 그노시스파의 저서에서 파생되었을 뿐이므로 당연히 이단적 용어라는 논거를 내세워 당장 버려야 한다고 주장한다. 아울러 3세기에 사모사트의 바울이 성부와 성자의 구별을 인정하지 않는 이 단어를 사용했다는 이유로 단죄된 실례를 들기도 한다.

그러나 대다수를 차지한 반아리우스파는 이런 주장을 철저히 무시한 채 가이사랴 신경을 바탕으로 니케아 신경을 작성한다. 이 작업은 아마도 오시우스의 지휘 아래 이루어졌을 것이다. 니케아 신경은 성경에 기록되지 않은 단어인 호무시오스를 제외한 모든 단어를 성경에서 인용했으며, 이렇게 기록했다.

"우리는 유일하신 하나님을 믿으며, 보이는 것과 보이지 않는 모든 것들의 창조자이신 성부를 믿습니다. 그리고 우리는 유일하신 우리 주 예수 그리스도를 믿습니다.

그는 성부에게서 태어난, 곧 성부와 같은 본질로 태어난 독생자이시며, 하나님에게서 태어난 하나님이시며, 빛에게서 태어난 빛이시며, 진정한 하나님에게서 태어난 진정한 하나님이시며, 창조되지 않고 태어나셨으며, 하늘과 땅에 있는 모든 것들을 지으신 성부와 동질이신 예수 그리스도를 믿습니다.

우리 인간을 위해서 그리고 우리의 구원을 위해서 그가 세상에 내려오셨으며, 육신을 입으시고 우리처럼 인간이 되셨습니다. 그는 고난으로 말미암아 고통을 당하시고 3일 만에 다시 살아나셨으며, 하늘에 오르셨다가 산 자와 죽은 자를 심판하시기 위해 오실 것입니다. 그리고 우리는 성령을 믿습니다."

이처럼 교회는 "그가 존재하지 않았던 때가 있었다"거나 "태어나기 전 그는 존재하지 않았다", "무에서 나왔다", "하나님의 아들은 다른 본질, 다른 근원이거나 그는 창조되었다", "그는 영원불변하지 않으며 변화에 종속한다"와 같은 모든 아리우스적 주장을 이단적 사상으로 단정하고 철저히 배격한다.

성부와 성자와 성령을 상기시키며 삼위일체적 신비에 중점을 둔 니케아 신경은 진정한 하나님에게서 태어난 진정한 하나님인 성자 예수 그리스도의 완전한 신성에 티끌만 한 의혹도 남기지 않는다. 그것은 "창조한 것이 아니라 낳은"(아리우스는 두 단어 사이의 근본적 차이를 인정하지 않는다) 성부와 성자의 완전한 동질성에 조금도 의심을 품지 않는다. 동질성은 장차 기독교의 보편적 교리가 된다. 하나님 안에 하나의 유일한 본질과 세 인격이 존재한다는 이론은 기독교의 명백한 교리로 자리잡기 시작한다. 또한 여기에 덧붙여 말씀의 변치 않는 특성을 강조한다. 반면 아리우스는 복음서를 자신의 관점으로 해석해 제2의 신[1]을 주장하는데, 이는 성자의 변화하는 본성에 근거를 둔 개인적 주장이다.

니케아 신경의 첫 문장이 이미 아리우스설을 강하게 부정하고 있지만, 반아리우스주의 주교들은 이에 만족하지 않고 마지막 문장을 덧붙이기 위해 세심하게 신경을 쓴다. 니케아 신경의 마지막 문장은 아리우스의 이론을 파기시켰을 뿐 아니라 교회의 이름으로 아리우스설에 대한 파문을 전제로 신랄한 비난을 퍼부었다. 그런데 이와 같이 만장일치로 아리우스설을 이단으로 단죄한 것은 기독교 역사에서 처음 있었던 일이다.

니케아 공회 이전에는 모든 교회가 인정하는 공동 신경의 형식을 갖춘 신앙고백이 없었다. 공동의 신앙고백은 모두가 인정하는 신앙의 잣대로서 하나님의 진리를 드러내며 성서적 가치를 지니는 선언이 되어야 한다. 니케아 신경의 마지막 핵심 문장은 교회가 주장하는 정통성의 관점을 설명하고 있으며, 회의에 참석한 주교들은 이를 인정하지 않는 사람들을 파문한다. 그러나 우리가 아리우스의 경우에서 보았듯이 소수 종파의 주교들은 종교회의를 소집하면서 파문에 대한 개별 규정을 만들었다. 각 교회마다 세례를 받을 때 낭송하는 고유한 신경을 만들었으며, 서방교회에서 반

---

1. 아리우스가 주장하는 제2의 신과 교회에서 말하는 제2위의 신은 다르며, 근본적으로 대립되는 개념이다. 제2의 신이 유일하신 하나님에게 종속되는 신을 전제로 하는 반면, 제2위의 신은 삼위일체를 근거로 하나님과 일체가 되는 신, 하나님과 같은 본질의 신을 의미한다. _역자

드시 채택하는, 사도들의 신경이라고 일컫는 신앙고백을 모든 종파가 의무적으로 따르지는 않았다. 니케아 공회는 유일한 크레도를 제정하면서 이단으로 여겨지는 다른 교리들에 맞서 성령의 영감에서 나왔다고 추정되는 정통적 교리를 제정한다.

이와 같이 교회의 권위와 무오성에 대한 생각이 태동하면서 라틴 교회에서는 여기에 로마 주교의 권위와 무오성, 즉 교황의 절대적 권위에 대한 주장이 추가된다. 20세기 중반 바티칸 2차 공회에서는 교황의 권위가 지니는 절대성을 다시 정의한다.

"주교들의 모임은 절대적 권위를 누린다. 세계 공회에 모인 주교들은 신앙과 풍습의 교부이자 재판관으로서 전적인 권위를 행사하며, 신앙과 풍습에 관계된 교리를 반드시 채택해야 한다고 선언한다. 전 세계에 두루 퍼져 있는 주교들이 그들 사이에서 그리고 베드로의 후계자와 더불어 교단으로서 긴밀한 관계를 유지하면서, 로마 교황과 연합해 신앙과 풍습에 관한 것을 진정으로 가르치며 반드시 택해야 하는 정통적인 교리에 의견을 같이한다."

이처럼 추종자들에게 절대 복종을 요구하고, 이를 따르지 않으면 보편적 가치라고 주장할 수 없게 만든 교황의 근본 권위가 제국의 통일을 바라는 로마 황제의 정치적 의지에서 비롯되었다는 것은 매우 흥미롭다. 몇 주 동안의 토론을 끝내면서도 열일곱 명의 주교는 여전히 니케아 신경에 서명하기를 망설였지만, 결국 신경은 의결 사항으로 채택되어 황제에게 전달된다.

연대기 작가들에 따르면, 콘스탄티누스 황제는 하늘을 향해 두 팔을 높이 쳐들며 "이 문장들은 진정 하나님의 영감에서 나왔다"고 큰 소리로 외쳤다고 한다. 황제는 주저하며 서명을 미루는 주교들에 대해 황제의 명령에 저항하는 것으로 간주하고, "하나님의 뜻에 반대하는 자로 낙인찍혀 추방되지 않으려면 반드시 서명하라"고 다그친다. 아리우스를 보호하고 그의 이론에 동조했던 루키아노스의 제자들을 포함해서 망설이던 대다수의 주교들이 황제의 명령에 복종한다. 그들은 다만 황제의 분노가 두려워서 서명한 것이다. 그런 가운데서도 아리우스와 리비아의 두 주교 세쿤두스, 테오나스만이 끝까지 서명을 거부한다. 이들은 이단으로 단죄되어 일루리아로 유배된다.

콘스탄티누스는 이에 그치지 않고 세 이단자들의 서적을 남김없이 모두 불태워 없애라는 명령과 함께 "만약 이 책들을 불태우지 않고 간직하는 자는 모두 극형에 처한다"는 칙령을 발포했다고 소조메우스가 기록하고 있다. 황제는 이단으로 단죄된 주장을 계속 고집하는 자는 이후 체형으로 가혹하게 다스리겠다고 위협하는 서한을 그리스도인들에게 보냈다.

이런 생각을 함께 공유하지는 않았지만, 니코메디아의 유세비우스와 니케아의 데오그니스는 어쩔 수 없이 다수의 결정에 따르면서도 아리우스의 해임안에는 끝내 서명하지 않는다. 이집트 수도사(아리우스)의 추종자들과 몇몇 사제들은 각자의 교구에 은둔하게 되고, 머잖아 황제의 명령에 따라 유배를 당한다.

가이사랴의 유세비우스가 '그리스도의 왕국'에 비유하면서 상세히 기록한 대로 니케아 공회는 대대적으로 향연을 베풀며 막을 내린다. 황제의 군사들이 칼을 높이 들고 줄지어 도열한 가운데 행진을 마친 주교들은 황궁 거실에 마련된 연회장에 자리잡는다. 만찬 도중 황제는 다음의 유명한 연설을 남긴다.

"당신들은 교회 안에 있는 주교들이며, 나는 외부의 일을 맡기려고 하나님이 세운 외부 주교다."

그는 주교들에게 향응을 베풀고 호화스러운 선물들을 가득 안겨준다.

이후 공회의 결정을 요약한 편지가 모든 기독교 공동체로 발송되었지만, 지금은 이집트 교회에 보내진 기록만 유일하게 남아 있다. 편지에는 아리우스의 '불경'에 대한 공회의 단죄 이유가 자세히 서술되어 있다. 아리우스는 "성자가 존재하지 않았던 시간이 있었다"고 했으며, "그(성자)는 선이나 악을 선택할 수 있지만[2] 자기의 의지에 따라 선을 택했을 뿐이다"라고 주장했기 때문에 변명의 여지 없이 신성모독의 죄를 범했다고 밝히고 있다.

편지에는 공회가 제정한 스무 편의 법령집도 담겨 있다. 그 안에는 일반 교리들과 부활절의 날짜에 관한 자료, 이단자와 분리주

---

2. 선과 악을 선택하는 것은 인간의 자유의지에 근거한다. 반면 신은 본성이 선하고 악이 없기 때문에 오직 선을 택할 뿐이다. 따라서 예수가 선과 악을 선택할 수 있다는 주장은 그가 신이 아니라 인간이라는 반증이 된다. _역자

의자에 대한 복권과 재임용 절차가 담겨 있다. 여기에서 특히 주목을 끄는 것은 성직자들의 가정 생활에 관한 내용이다. 어머니나 자매들 혹은 '의심의 여지가 없는' 여자들을 제외한 여자들과의 동거에 대해 성직자들에게 내려진 금지 조항이다.

이 조항이 배우자를 지적하는 것은 아니지만, 연대기 작가들의 이야기를 통해 우리가 아는 것처럼 조문 형식이 매우 애매해서 자칫 논란을 일으킬 수 있는 이 문제는 공회에서 일단 폐기된다. 파프누스 주교는 주교와 사제들에게 순결을 강요하는 이 문제에 대해 강력히 반대한다. 성직자들은 비난의 여지 없이 다만 순결한 결혼일 뿐이라는 것이다. 따라서 공회에서는 사제들의 결혼 문제에 대해 금지 결정을 내리지 않는다.

콘스탄티누스는 또한 두 장의 편지를 작성해 로마 교회와 아리우스 사건이 벌어졌던 알렉산드리아 교회에 각각 보낸다. 이 편지에서 황제는 아리우스를 매개로 꾸며졌던 악마의 계략이 완전히 좌절했음을 밝히고 있다. 니케아 신경은 제국 전체에 전달되었으며, 황제의 군사들은 그것이 모든 장소에서 제대로 지켜지는지 주의 깊게 관찰했다.

그러나 아리우스 사상은 니케아에서 죽지 않았다.

아리우스의 반격

제국의 모든 영토에서 아리우스의 이단 사상을 뿌리뽑으라는 콘스탄티누스 황제의 명령에 따라 교회의 수호천사가 된 황제 군사들의 탄압이 시작된다. 그러나 강제적인 군사 개입에도 불구하고 아리우스의 주장은 기운차게 뻗어나간다. 아리우스 이론은 동방을 넘어 서방까지 파고들기 시작했으며, 사상과 이념이 다른 기독교 공동체들이 모여들던 지금의 이탈리아까지 맹위를 떨친다.

동방에서는 니케아 신경에 마지못해 서명한 적잖은 수의 주교들이 황제가 강요한 문안에 여전히 불만을 나타내며 각자의 관점에 따라 새로운 해석을 시도한다. 그들은 아리우스의 이론을 넌지시 전면에 내세운다. 즉, 유일한 신과 그의 중개자이자 종속적인 성자, 그리고 파라클레토스라는 성령을 앞세우면서 아리우스의 주장을 다시 부각시킨 것이다.

니코메디아의 유세비우스와 니케아의 데오그니스가 아리우스의 해임을 거부한 지 두 달이 안 되었을 즈음, 그때까지 머뭇거리던 동방의 주교들이 마침내 결단을 내린다. 그들은 이전까지 보이던 수동적 자세에서 벗어나 니케아 신경에 결코 동조할 수 없다는 의견을 담은 편지를 황제에게 전달한다. 콘스탄티누스는 편지를 받은 즉시 그들을 갈리아로 추방하기로 결정하고 군사를 보내 즉각 시행하라는 명령을 내린다. 아리우스설을 지지하는 자들을 예외 없이 교단에서 내쫓기로 한 공회의 결정에 따라 그들은 모두 파문당했다.

콘스탄티누스는 아리우스설을 다시 일으키려는 움직임을 묵과하지 않는다. 그는 작은 소리에도 귀 기울이며 그들의 일거수일투족에 신경을 곤두세운다. 황제는 라오디케아의 테오도루스에게 자신의 단호한 입장을 알리는 공식 서한을 보낸다. 황제는 그 편지에서 니케아 공회의 결정에 가장 반항적인 테오도루스와 함께 그의 동료들까지 가차없이 무자비한 체형으로 다스리겠다고 위협한다. 이와 같은 황제의 단호한 의지가 잠시나마 아리우스 지지자들을 침묵시킨다.

아리우스의 복권

328년, 추방당한 지 3개월도 채 안 되어 유세비우스와 데오그니스는 진심으로 뉘우치고 있으니 자신들을 복권시켜달라고 간청하는 편지를 콘스탄티누스에게 보낸다. 황제의 사면을 간구하는 탄원이 신속히 처리되어 그들은 모두 자기 자리로 돌아올 수 있게 된다. 그러나 실제로 황제의 마음이 움직인 것은 그들의 탄원 때문이 아니라 황제의 이복 여동생이자 리키니우스의 미망인 콘스탄티아와 황제의 어머니 헬레나 덕분이었다.

콘스탄티누스의 삶에 가장 큰 영향을 끼친 헬레나는 독실한 그리스도인이었다. 그녀는 기독교의 심장인 예루살렘으로 자주 성지순례를 다니다가 유세비우스의 열렬한 지지자인 아리우스파에게 점점 호감을 느끼게 된다. 헬레나의 입김으로 복권된 유세비우스는 이전의 자리에 만족하지 않는다. 황제의 측근이 되면서 유세비우스는 마침내 오시우스와 같은 지위를 차지하게 된다.

그런데 아리우스설을 따르지 않겠다는 유세비우스의 고백은 단지 허울에 불과했다. 성서에 대한 해석 면에서 그는 친구인 아리우스처럼 지나치게 경직되지 않았을 뿐 내심으로는 아리우스의 이론에 여전히 동조했다. 유세비우스는 니케아에서 아리우스를 고발해 파문하고 추방했던 사람들, 흔히 '니케아파'라고 부르는 사람들에게 적대감을 품고 있었다.

니케아파 가운데 가장 격렬한 반대자였던 알렉산드리아의 알렉산더 주교가 죽자 아타나시우스가 그의 후계자가 되었는데, 그는 아직 반反아리우스 주장을 적극적으로 드러내지 않았다. 따라서 이때 유세비우스의 가장 큰 적수는 아타나시우스가 아니라 공개적으로 아리우스파를 박해하는 안디옥의 주교 유스타티우스였다.

유세비우스가 종교회의에서 콘스탄티누스의 어머니 헬레나에게 공손히 대하지 않았다는 이유로 유스타티우스를 고발하자, 황제는 종교회의의 결정대로 그를 해임한 뒤 트라키아로 추방한다.

니코메디아의 유세비우스가 아리우스의 동지들, 가이사랴의 유세비우스와 힘을 합쳐 처음으로 쟁취한 승리는 그들의 투쟁을 더욱 가속화시킨다. 그들은 교리의 문제가 아니라 개인 신상을 빌미로 많은 니케아파 주교들을 차례차례 해임시킨다. 그러면서 황제 주변에서 활동하던 대적들을 더욱 압박해나간다. 게다가 황제가 330년에 제국의 수도를 로마에서 비잔티움(이후 콘스탄티노플로 새롭게 명명)으로 옮기기로 결정함에 따라 그들의 계획은 한결 수월해진다.

수도 이전 작업은 무려 13년에 걸쳐 진행되었지만, 로마가 항상 이방족의 위협을 받았던 데 비해 새 수도는 난공불락의 천연 요새로서 뚜렷한 이점이 있었다. 다른 한편, 황제는 천도를 통해 다른 지역에 비해 유난히 불안한 두 국경 지역, 즉 고트족이 겹겹이 에워싸고 있는 다뉴브 국경과 페르시아제국이 널리 퍼져 있는 유프라테스 국경에 더 가까이 있을 수 있게 된다.

동료 주교들에게 교회의 최고 지위자로 인정받은 교황은 이제 황제가 떠난 제국의 옛 수도, 그리스도인들에게 가장 중요한 성지 순례의 중심인 로마의 유일한 주인으로 남는다. 제국의 수도보다는 니코메디아의 왕궁을 더 좋아했으며, 지리적으로도 로마와 멀리 떨어진 황제는 그때부터 로마에는 가끔 들를 뿐이었다. 따라서 황제는 로마에 거주하는 교황의 측근들과도 자연스럽게 멀어지게 된다. 이 때문에 동방교회의 신학자들, 즉 아리우스파는 훨씬 자유롭게 활동하면서 그들의 교리를 적극적으로 되살릴 수 있었다. 그들은 불과 몇 년 전만 해도 상상조차 할 수 없었던 일, 즉 아리우스의 복권을 위한 물밑 작업에 한층 박차를 가한다.

335년 아끼던 여동생 콘스탄티아가 임종하면서 아리우스에게 관용을 베풀어달라고 간곡히 요청하자 콘스탄티누스는 그를 유배지에서 다시 부른다. 마침내 유배에서 풀려난 아리우스는 소송을 재검토하라는 황제의 명령으로 수도에서 열린 법정에 출석하게 된다. 아리우스는 "창세 전에 성부에게서 태어난" 예수 그리스도를 암시하는 신앙고백문을 제출한다.

"교회와 성서가 말하고 가르친 대로 성부와 성자와 성령을 진실로 믿사오며, 하나님은 진정 현세와 다가오는 세상의 심판자이시다."

그는 자신의 이론을 드러내지 않으면서도 니케아 신경에 기록된 용어들, 특히 성부와 성자 사이의 동질성을 함축하는 용어 또한 의도적으로 사용하지 않는다. 콘스탄티누스는 아리우스가 제출한 문서를 예루살렘 종교회의에 모인 주교들에게 보낸다. 황제는 이에 덧붙여 아리우스의 신앙고백을 호의적으로 검토하고 그를 교단에서 다시 받아들일 것을 요구하는 메시지도 함께 보낸다.

이러한 황제의 계획에 맞선 유일한 반대자는 아타나시우스 주교였다. 그는 이단 아리우스의 위협이 되살아난다고 말하면서 니케아파의 단결과 각성을 촉구한다. 알렉산더 주교의 사제였던 아타나시우스는 알렉산더의 교구를 승계해 주교가 되었으며, 반反아리우스 대열의 선봉장이 된다. 그는 북이집트 교회의 자율을 주장하던 분리주의자 멜레티우스의 제자들을 비난하고 그들에게 폭력을 행사한다.

콘스탄티누스는 멜레티우스파의 호소를 듣고 아타나시우스에게 첫 번째 경고 편지를 보낸다.

"당신은 나의 의지를 분명히 알고 있으니 교회로 돌아가려 하는 사람들을 지체 없이 받아들여야 한다. 당신이 내 뜻을 거부하거나 내 뜻에 반해 누군가를 배제시키는 것을 알게 되면, 나는 즉시 황제의 명령을 위임받은 밀사를 보내 당신을 해임하고 알렉산드리아에서 쫓아내겠다."

그러나 당시의 상황에 대한 일치되는 증언들에 따르면 멜레티우스파에 대한 아타나시우스의 거친 행동은 반복된다. 결국 유세비우스의 요구에 따라 황제는 티레에서 종교회의를 소집한다. 그런데 정작 당사자인 이집트인 주교(아타나시우스)는 여기에 참석하지 않은 채 콘스탄티노플로 달려가 황제의 법정에 자신의 의견을 진술한 편지를 직접 제출한다. 그러나 콘스탄티누스는 아타나시우스에게 유죄를 선언하고 갈리아로 추방한다. 아리우스 논쟁의 제물이 된 아타나시우스는 이후 알렉산드리아에서 다섯 번에 걸쳐 추방당하고, 모두 열일곱 차례나 유배당한다.

티레에 모였던 주교들은 아타나시우스가 종교회의 법정에 나타나지 않는 바람에 재판을 하지 못한다. 그들은 예루살렘으로 자리를 옮겨 아리우스 이론에 대해서는 언급하지 않고, 다만 황제의 뜻에 따라 아리우스의 복권에 대해서만 의견을 나눈다. 이때 이집트인 사제(아리우스)와 함께 추방당했던 두 명의 리비아 주교도 복권을 간청한다.

얼마 후 아리우스파를 위한 승리의 축제가 벌어진다. 알렉산더 주교의 거센 반대에도 불구하고 제국의 수도 콘스탄티노플의 주교, 유세비우스는 절친한 친구 아리우스의 복권을 기념하기 위해 336년 부활절에 호화로운 잔치를 열기로 한다. 루키아노스의 옛 제자들이 제국의 사방에서 몰려든다. 반면 뿔뿔이 흩어진 니케아파는 도시 곳곳에서 숨죽인 채 상황을 지켜보고 있었다.

축하연이 열리기 전날, 아리우스가 친구들과 함께 거리를 산책하다가 갑자기 배를 움켜지며 고통을 호소한다. 그는 서둘러 거리의 화장실로 달려갔고, 신음하며 쓰러져 거기에서 죽고 만다. 이 죽음의 원인은 정확히 밝혀지지 않았지만 독살이라고 전해진다.

니케아 진영은 이때부터 아리우스 이론이 교회에서 받아들여지지 않았다고 말한다. 다음 해에 콘스탄티누스도 죽음을 맞는데, 황제는 임종하는 침상에서 "자기의 죄를 씻기 위해" 세례를 받겠다고 요청한다. 이때 황제는 세례를 위해 아리우스의 신앙고백을 선택한 것으로 보인다.

콘스탄티누스 황제가 죽고 난 뒤 두 아들이 제국을 분할해서 통치한다. 콘스탄티우스 2세는 동로마제국을 다스리며 아리우스설을 지지한다. 아리우스파는 그의 후원을 받으며 콘스탄티노플에 모여든다. 반면 콘스탄스는 서로마제국을 통치하며 니케아파의 주장을 지지한다. 그 결과 니케아파의 이론은 로마와 안디옥 교구에서 서서히 공식 교리로 자리잡는다.

이방족들이 아리우스 신앙으로 개종하다

극적인 반전을 서둘러 살펴보기에 앞서 아리우스가 죽은 뒤 다양한 사조가 태동하는 과정을 알아볼 필요가 있다. 막상 아리우스가 죽자 그의 이론은 많은 토론과 논쟁을 거치며 경직된 주장에서 벗어나 새로운 학파를 형성한다. 우리가 기억하는 대로 본래 아리우스설은 성부와 성자의 본성은 같지 않다고 주장하며 성자의 완전한 신성을 부인한다. 반면 니케아 공회는 성부와 성자는 처음부터 본질이 같으며, 따라서 성자는 성부와 동일한 하나님이라고 주장한다. 가이사랴·니코메디아의 두 유세비우스와 앙카라의 바실리우스, 니케아의 데오그니스를 포함한 반아리우스파로 불리는 사람들은 '유사한 본질'이라는 새로운 개념을 선호한다. 이후 논쟁의 핵심은 신성의 완전한 부정이 아니라 성부와 성자 사이의 유사성 정도와 본질에 관한 차이에 토대를 두게 된다.

콘스탄티누스가 살아 있을 때는 황제의 단호한 의지 때문에 니케아의 이론을 직접적으로 공격하지 않았던 아리우스파와 반半아리우스파가 그의 죽음을 기화로 행동 반경을 넓힌다. 그들은 니케아파 주교들을 몰아내고 자기 진영의 주교를 주요 교구의 수장으로 세우기 위해 민감한 문제들을 제기하며 니케아파의 이론을 공격하기 시작한다. 그러나 아리우스파의 반대에도 불구하고 새로 즉위한 콘스탄스는 아타나시우스를 본래의 자리, 즉 알렉산드리아의 주교로 복권시킨다.

아타나시우스는 복권되자마자 교황 율리우스와의 면담에서 아리우스파의 오류를 일일이 지적한다. 또한 교리적인 입장이 다르다는 이유로 아리우스파가 자신을 끊임없이 괴롭혔다고 주장한다. 율리우스 교황은 즉각 로마에서 종교회의를 소집해 알렉산드리아 주교에 대한 자신의 전적인 지지를 선언하고, 회의에 참석한 주교들에게 니케아 신경을 존중하라고 말한다. 이러한 교황의 발언은 유세비우스와 그의 지지자들의 입장에서 보면 서방뿐 아니라 동방에서도 주도권을 차지하려는 서방교회의 도발이자 동방의 교단을 향한 전면적인 선전포고와 다름없었다. 그들은 서방교회의 공격에 대해 입 다물고 가만있지 않았다. 즉시 전열을 정비해 집단적인 반격에 나섰고, 그 결과 아타나시우스는 다시 유배에 처해진다.

340년부터 350년까지는 반反아리우스파의 종교회의가 반복해서 열리는 시기이며, 그들의 명백한 목적은 그리스도의 위상에 대해 누구나 인정하는 신앙고백을 제정하는 것이었다. 314년 안디옥에 있는 데디카스 교회에서 첫 번째 회의가 열렸으며, 많은 주교들이 참석했다. 누군가가 나서서 형식화하기를 꺼리는 '본질'이라는 민감한 단어의 사용은 일단 보류한 채, 여러 주교들이 참석한 이 회의에서 채택된 교의는 니케아 신경과 크게 다르지 않다. 이때 제시된 단어를 일일이 정리해보면 '성자, 단성생식, 하나님, 말씀, 능력과 지혜, 창세 전에 성부에게서 태어나고 그로 인해 모든 것이 이루어진 우리 주 예수 그리스도, 완전한 신에게서 나온 완전한 신' 등이다. 그러나 이 형식은 모든 사람을 최종적으로 만족시키지 못했으며, 일부 주교들은 거세게 반발한다.

343년 동방과 서방의 주교들과 교황의 특사까지 포함된 새로운 공회가 세르디카에서 열린다. 그러나 이 공회는 열리기가 무섭게 폐회된다. 동방의 주교들이 지난 공회에서 이미 파문당한 니케아의 주요 인물들, 특히 알렉산드리아의 아타나시우스에게 회의장에서 나가라고 고함을 치는 바람에 산회되고 만 것이다. 다수를 이루는 서방 주교들의 반대에 부딪히자 동방교회의 주교들은 성명서를 남기고 밤에 회의장을 떠나버린다. 그 성명서는 아타나시우스의 지지자들은 물론 심지어 교황 율리우스까지 서슴지 않고 비난하는 내용이 담긴 충격적인 문건이었다.

기독교 역사에서 두 번째 세계 공회로 기록되었어야 할 회의는 이처럼 파국으로 끝난다. 서방 주교들은 동방 주교들의 태도에 대한 응징으로 일부를 파문한 뒤, 헤어지기 전에 다시 니케아 신경을 지지하는 선언문을 채택한다. 이 사건은 동방과 서방의 두 자매 교회들 사이에 오랫동안 깊은 상처를 남긴다. 아타나시우스는 공회가 파국을 맞고 3년이 지난 346년에야 자기 자리로 돌아올 수 있었다.

350년 형제 콘스탄스가 죽자 동로마제국의 황제 콘스탄티우스

2세는 영토를 점점 서방으로 넓혀나가면서 니케아파에 대한 탄압도 강화한다. 로마 주교인 리베리우스 교황과 이미 늙은 노인이 된 코르도바의 오시우스를 포함한 일부 주교들이 교구에서 쫓겨나 멀리 외지로 추방당한다. 아리우스설은 제국의 전 영토로 확장되고 로마제국의 국경을 넘어 세계로 퍼져나간다.

아리우스설의 극적인 부흥은 고트 왕국에서 태어난 '울필라'라는 이름의 카파도키아 사람의 역할에 크게 기인한다. 고트 왕국에 살고 있던 울필라의 조부모는 소아시아에 거주하던 이방족들의 공격으로 나라가 망하자 가산을 잃고 노예로 전락한다. 그 당시 어린아이였던 울필라는 배움에 대한 욕망이 컸다. 비록 노예였지만 그는 주인들이 사용하는 언어를 익혔고, 그리스어와 라틴어도 읽고 쓸 줄 알았다. 그 결과 동로마제국에서 고트의 대사로 임명되고, 거기에서 황제의 측근인 니코메디아의 유세비우스를 만나 각별한 친분을 쌓는다. 울필라는 유세비우스의 신앙인 아리우스파의 기독교에 매료되어 세례를 받고 그리스도인이 된다. 마침내 그는 341년에 안디옥의 주교로 임명된다.

유세비우스는 울필라에게 고트족, 나아가 이방족에게 가서 그들을 개종시키라는 새로운 임무를 맡긴다. 이방족은 로마인이 아닌 유럽 민족을 총체적으로 가리키는 용어로 게르만족, 고트족, 롬바르디아족, 부르군트족, 프랑크족 등이 해당된다.

이에 따라 울필라는 기독교사에 금자탑을 이루는 역사적 과업에 착수하게 된다. 그는 우선 고트어 철자를 정리하고 성경을 고트어로 번역하는 획기적 작업을 시작해 30년에 걸쳐 완성한다.

그와 동시에 자신이 아리우스설에서 터득한 기독교 이론을 이방족에게 자세하게 가르친다. 콘스탄티노플에서는 이곳저곳 옮겨 다니며 황제의 주변 사람들에게 아리우스의 원리를 전수한다.

옛 노예가 가르치는 신흥종교를 믿지 않으려는 이교도 고트족의 반발에도 그는 물러서지 않고 당당히 맞선다. 그 결과 예상치 못한 승리를 거둔 울필라는 고트족, 나중에는 반달족, 알라만족, 롬바르디아족에 이르기까지 이방족들의 집단 개종에 성공한다. 그의 영웅적 선교로 4세기 중반에는 로마인이든 로마인이 아니든 대다수의 그리스도인이 아리우스파가 된다. 20년이 지난 뒤 성 히에로니무스는 당시를 묘사하며 다음의 유명한 말을 남긴다.

"전 영토가 변화의 고통으로 신음을 토하며 놀랍게도 모든 사람이 아리우스파가 되었다."

이방족들이 기독교로 개종했다는 것은 로마제국의 침입(로마의 약탈은 410년에 일어났다)을 받은 서방의 이방족들이 기독교와 그 제도를 보존하고 있다는 사실을 입증한다. 만약 울필라가 이처럼 복음화를 위해 노력하지 않았다면 과연 지금의 교회가 어떻게 달라졌을지 아무도 모른다. 울필라는 아리우스파였다는 이유로 한 번도 성인품에 올라본 적이 없다. 그러나 그는 기독교를 위해 실로 놀라운 기여를 했을 뿐 아니라 의심의 여지 없이 기독교 역사를 통틀어 가장 위대한 선교사 가운데 한 사람이다.

타협의 형식을 찾아서

제국 내부에서 쉴 새 없이 심층을 파고드는 분열에 대해 고민하던 콘스탄스 황제는 356년 리베리우스 교황이 추방된 뒤 점점 심각해지는 교회의 갈등을 보며 마침내 주교들의 도움을 받아 타협안을 찾기로 한다. 그는 매우 경직된 아리우스설에 의지하지 않으면서도 니케아 신경을 대체할 수 있는 새로운 방안을 모색한다.

357년, 참석자를 서방 주교들로 제한해 규모를 축소시킨 공회가 시르미움에서 열렸고, 여기에는 코르도바의 오시우스도 참석한다. 이때 벌어진 논쟁의 내용은 자세히 알려지지 않았지만, 최소한 회의 진행이 심상치 않았다는 것은 어렵지 않게 알 수 있다. 아리우스파의 일방적 주장에 따라 채택한 '공회의 타협안'은 니케아파의 격분을 불렀으며, 심지어 동방의 일부 주교들도 쉽게 받아들이지 못한다. 시르미움 신경은 니케아파의 주교인 푸아티에의 힐라리우스가 '시르미움의 신성모독'이라 바꿔 부를 만큼 큰 파장을 불러일으킨다.

"우리의 입으로 두 하나님을 말해서는 안 된다. 주께서 스스로 '나는 나의 아버지 곧 너희 아버지, 나의 하나님 곧 너희 하나님에게로 가느니라'고 말씀하셨기 때문이다."

시르미움 신경은 여기에서 더 나아가 본질이라는 주제에 대해 이렇게 덧붙인다.

"우리는 더 이상 본질에 대해 언급하지 말아야 하며, 진술하지도 말아야 한다. 왜냐하면 이 주제에 대해 성서에 전혀 기록되어 있지 않으며, 그것은 분명히 인간의 지식과 지성을 초월하기 때문이다. 아무도 성자의 출생에 대해서 말할 수 없다. (⋯) 오직 성부만이 어떻게 성자를 낳았는지 알 수 있을 뿐이다."

그리고 마지막으로 이렇게 결론짓는다.

"어느 누구도 성부가 성자보다 위대하다는 것을 의심할 수 없다. 왜냐하면 성부는 영광에서, 위엄에서, 신성에서 더욱 위대하기 때문이다. 성부라는 이름 자체가 이미 말하고 있을 뿐 아니라 성자 스스로 '나를 보내신 아버지는 나보다 크시다'고 증언하고 있다.「요한복음」4장 28절 누구든지 다음과 같은 말이 보편적이라는 사실을 모르지 않는다. 성부의 인격과 성자의 인격, 따라서 두 인격이 존재한다. 그리고 성부는 더욱 위대하며, 그에게 종속된 다른 모든 것들과 마찬가지로 성자도 성부에 종속한다. 성부는 시작이 없으며, 그는 보이지 않고 죽지 않으며 고통이 없다. 반면 성자는 성부에게서 태어난 존재다."

리베리우스 교황은 앙카라의 바실리우스가 제정한 반半아리우스파의 신앙고백인 시르미움 신경에 서명하고 나서야 다시 로마로 돌아올 수 있었다. 분명 그는 신앙의 확신에서가 아니라 고통스러운 유배에서 벗어나기 위해 서명했을 것이다.

다음 해에 안디옥에서 새로운 공회가 열린다. 시르미움 신앙고백의 근본 사상을 더욱 강화하기 위해 반半아리우스파가 인정했던 '본질이 유사한'이라는 타협안을 공회에서 폐기한다. 여러 주교들의 불평을 전해 들은 콘스탄스는 그토록 기다렸던 결론, 즉 자신의 제국 안에서 '하나님의 아들'을 중심으로 동방과 서방을 화해시키며 그리스도인의 일치를 이끌어낼 타협안을 아직 찾지 못했음을 인정할 수밖에 없었다.

콘스탄스는 명실공히 세계적인 공회만이 이 난해한 문제를 해결할 수 있을 것으로 생각한다. 359년, 동방과 서방의 주교들이 니코메디아에 모여서 성자의 본성에 대한 문제를 근본적으로 해결하기 위해 공회를 열기로 결정한다. 황제는 회의가 시작되기에 앞서 조정안이라고 할 만한 문안을 작성하게 한다. 그것은 무엇보다 니케아파와 아리우스파를 모두 아우르는 중간 노선이 되어야 했다. 콘스탄스가 제정한 타협안은 359년 5월 22일 작성된 문안으로, 아타나시우스가 경멸조로 사용한 표현을 인용하자면 '시대에 뒤떨어진 교의'였다.

새로운 교의는 성부가 성자를 낳았다는 점을 특히 강조한다.

"(성자는) 단성생식이며, 유일한 성부에게서 유일하게 나왔으며, 신에게서 나온 신이며, 성서에서 말한 대로 그를 낳은 성부와 유사하며, 오직 성부가 그를 낳았기 때문에 그의 출생에 대해서는 아무도 알 수 없는 존재다."

또한 본질에 대한 암시를 모두 지워버린다. 즉, 본질을 나타내는 우시아*ousia*라는 단어에 대해 이렇게 말한다.

"신자들도 모르고 성서에도 나오지 않기 때문에 본질*ousia*은 많은 파장을 일으킨다. 따라서 앞으로는 신에 대해서 말할 때 이 단어를 완전히 삭제하고 우시아라는 언급조차 피하는 것이 좋을 것 같다. (…) 대신에 우리는 성서에서 말하고 가르치는 것처럼 성자는 성부와 모든 면에서 유사하다고 말한다."

콘스탄스는 이렇게 미리 제정된 교의를 공회에 참석하는 모든 주교에게 제출할 생각이었다. 그런데 공회가 열리기 직전, 주교들이 공회에 참석하기 위해 자기 교구를 떠나 니코메디아로 향하고 있을 때 공회가 예정된 도시에 지축이 송두리째 흔들리는 엄청난 지진이 일어난다. 그러자 황제는 회의를 취소하는 대신 분할해서 개최할 것을 제의한다. 이에 따라 동방의 주교들은 셀레우시아에 모이고, 서방의 주교들은 리미니에 모인다. 그러나 너무 암시적이고 지나치게 애매한 '황제의 교의'는 양 진영의 주교들을 모두 만족시키지 못한다. 다만 그들은 황제의 강압에 못 이겨 억지로 서명한다.

콘스탄스는 즉각 새로운 공회를 소집한다. 셀레우시아와 리미니에서 서명받은 문건을 총회에서 승인받기 위해 소집한 이 공회는 전보다 훨씬 축소된 규모로 콘스탄티노플에서 열린다. 여기에 참석한 주교들은 대부분 동방 주교들로, 수도를 둘러싸고 있는 교구의 수장들이었다. 그들은 이미 주교들의 서명이 끝난 황제의 교의를 다시 손보아 훨씬 '아리우스적인' 방향으로 내용을 수정한다. 즉, '성부와 유사한'이라는 문구는 남겨두고, '모든 면에서'라는 부분은 지워버린다. 그러고는 니케아 신경을 포함한 이전의 신앙고백을 모두 폐기하기로 결정한다.

황제는 양 진영의 '타협'에 만족을 표시하는 한편, 자신의 주장을 고수하며 새로운 형식을 끝까지 인정하지 않은 주교들은 아리우스파든 니케아파든 종파를 가리지 않고 모두 유배를 보낸다.

그리스도의 본성 논쟁이 기독교를 분열시키다

만약 콘스탄스가 공회를 마치지 못하고 몇 달 뒤에 죽었다면 기독교 교리가 어떻게 변했을지 아무도 모른다. 아주 어려서 고아가 됐던 율리아누스가 콘스탄스를 승계한다. 황제와 동명이인의 철학자 율리아누스는 "그리스도인들이 그(율리아누스)에게 배교자라는 별명을 붙였다"고 말한다. 율리아누스는 아리우스의 기독교 공동체에서 성장했으며, 니코메디아의 유세비우스가 젊었을 때부터 그를 가르쳤다.

한편, 율리아누스는 그에게 지극히 헌신적이었던 환관 마드니우스가 전수한 철학과 그리스 문화의 고전에 더욱 심취한다. 정확한 이유는 알 수 없지만, 콘스탄스 황제의 명령으로 몇 년 동안 카파도키아의 게오르기우스 주교의 집으로 거주가 제한되었던 율리아누스는 주교의 서재를 좋아했다. 거기에는 기독교 서적뿐 아니라 고대의 철학 서적들이 빽빽이 꽂혀 있었다. 율리아누스는 이 시기에 주교에게 세례를 받지만 진정한 의미에서 그리스도인은 아니었다.

콘스탄스는 은신처에서 율리아누스를 불러 황태자로 책봉하고 전쟁 중인 갈리아 지방으로 보낸다. 최전방에 배치된 율리아누스는 가슴을 에는 듯한 편지를 남긴다.

"나는 그리스의 여신 아테나에게 나 같은 불쌍한 자를 버리지 말고 제발 구원해달라고 간절하게 빌었다. 당신들 가운데 많은 사람들이 나를 보았고, 그들이 증인이다. (…) 그리고 여신은 나를 버리지도 배신하지도 않았다는 것을 사실로써 보여주었다. 내가 가는 곳마다 여신이 나를 인도했고, 어느 곳을 가든지 항상 여신은 해와 달이 보내준 수호천사로 나를 지켜주었다."

율리아누스의 통치 기간은 2년 남짓이었는데, 이 짧은 기간 동안 자신의 부모를 암살한 것으로 생각되는 선임자(콘스탄스)에게 철저히 빚을 갚는다. 그는 콘스탄스 치하에서 아리우스파가 끼쳤던 영향력을 달갑게 생각하지 않았다. 많은 역사학자들의 말대로 그의 진정한 목적은 그리스도인의 내분을 유도해 기독교를 약화시키는 것이었을까?

사실 콘스탄스와 근본적으로 반대 입장을 취한 율리아누스는 콘스탄티노플 공회의 결정을 취소시키고 니케아파의 신앙을 되살리려고 했다. 그는 권좌에 오르자마자 니케아파를 위한 관용의 법령을 발포하고, 이교도와 유대인, 니케아파를 향해 선임자가 채택했던 단호한 조치를 모두 폐기시킨다. 반면 그리스도인이 문법과 철학을 가르치는 것을 금하는 보다 일반적인 조치를 취한다. 다산多産의 작가인 그는 소책자를 제작해 실제로 그리스도인의 신앙을 공격하기도 했다. 한 예로 율리아누스는 자신의 유명한 책 『갈릴래아인들에 반대하며』에서 기독교를 '뿌리도 없는 신흥종교'라고 거침없이 비판하고 있다.

율리아누스가 군사 원정 중에 죽자 제국은 다시 갈라진다. 그가 죽고 테오도시우스가 즉위하기까지 여러 명이 연이어 황제 자리를 계승한다. 그들은 각자의 주관에 따라 공회를 열고, 다음 황제는 그에 대한 반대 공회를 열면서 숱한 논쟁에 휘말린다. 기독교의 여러 종파들은 황제들의 짧은 통치 기간 도중 가능한 한 많은 이익을 챙기려고 혈안이 된다. 다른 종파의 주교들에 의해 추방 또는 파문당했던 이들이 기회가 돌아와 다시 복권되고 원래의 자리에 재임용되면 이번에는 자신들을 괴롭힌 상대 진영의 주교들을 가차없이 해임하고 추방했다.

교회 안에서는 강단에 선 주교들의 교리적 색깔에 따라 설교가 달라져 어느 날은 아리우스파의 주장을, 어느 날은 니케아파의 주장을 듣게 되었다. 도시에서 그리고 교회 안에서 사람들은 점점 민감해지고 끊임없이 자극을 받는 상황에 처한다. 그리스도의 신성, 더 정확히 말해서 신성의 정도(그리스도는 하나님인가, 아니면 제2의 신인가?)에 대한 격렬한 논쟁이 사람들을 다툼으로 몰아넣는다. 서로 먹살잡이하고 싸움을 벌였으며, 그것을 뜯어말리기 위해 종종 황제의 군사가 개입하는 지경에까지 이른다.

당시의 황제들에 대해 말하자면, 페르시아와 이방족에 맞서 국경을 지키는 전쟁에 몰두해야 했던 그들로서는 이전의 황제들, 즉 콘스탄니누스나 콘스탄스처럼 교회의 일에 신경쓸 겨를이 없었다. 그리고 그들 가운데 누구도 기독교의 일치를 이루기 위해 다시 세계 공회를 여는 일은 꿈도 꾸지 못했다.

아폴리나리우스와 그리스도-신

테오도시우스의 후원으로 제국의 기독교 정책이 급반전을 이루는 내용을 살펴보기에 앞서 새로운 논쟁을 일으킨 쟁점들을 미리 알아볼 필요가 있다. 비록 아리우스 논쟁만큼 큰 규모는 아니었지만 라오디케아의 아폴리나리우스의 제자들이 일으키는 문제들로 새로운 논쟁이 대두되면서 테오도시우스는 황제에 즉위하자마자 세계 공회를 소집한다.

아폴리나리우스는 오랜 숙적인 아리우스가 주장하는 제2의 신으로서의 그리스도에 대해 반대의 입장을 취한다. 시리아에 있는 라오디케아에서 태어난 아폴리나리우스는 360년경 도시의 주교가 된다. 니케아파의 열정적 지지자였던 그는 그리스도는 완전한 신이라는 자신의 이론을 숨기지 않는다. 그가 사용한 용어를 인용하자면 그리스도는 강생한 신이며, 그의 육신에는 인간의 영혼이 아니라 말씀이 거주한다. 아폴리나리우스의 제자들에게서 자주 발견되는 형식에 따르면 이는 강생한 말씀의 유일한 본성, 즉 신의 본성이다. 이 말은 달리 표현하면 그가 인간의 영혼을 지니지 않았고, 그의 육신에는 말씀 곧 하나님이 거하시기 때문에 그리스도는 분명히 말해서 인간이 아니라는 의미가 된다.

"그리스도는 영혼이 없거나 감정이 없거나 정신이 없는 육신이 아니다"라는 니케아파의 근본적 주장을 상기시키기 위한 공회가 알렉산드리아에서 열린다. 그러나 아리우스 논쟁에 깊이 빠져 있고, 니케아파의 전열을 흐트러뜨리지 않으려는 주교들은 아폴리나리우스를 공식적으로 단죄하지 않았다. 또한 그가 지속적으로 자신의 이론을 가르치는 것을 교회의 이름으로 금하지도 않았다.

아폴리나리우스에 대한 공식 고발은 콘스탄티노플 공회에서 처음 이루어지지만, 이와 함께 교리 논쟁의 새 역사가 시작된다. 그것은 그리스도 안에서 신성과 인성, 그리고 신과 인간이 결합하는 방식에 관한 핵심적 논쟁이다.

교회의 승리
콘스탄티노플

교회의 승리

379년, 스페인 태생의 장군 테오도시우스는 전쟁에서 계속 승리를 거두며 점점 강성해져서 마침내 동로마제국의 황제가 된다. 4년 뒤, 그는 제국을 재통일하면서 동방과 서방을 동시에 지배하는 통일 제국의 새로운 황제가 된다. 테오도시우스의 통치 아래 로마의 종교 정책은 근본적인 변화를 맞는다.

오래전부터 그리스도인에게 호감을 느끼고 있던 테오도시우스 황제는 기독교 내부에서 벌어지는 분열에 대해 깊은 관심을 보인다. 그는 군대에 있을 때 니케아파 신앙인들과 좋은 관계를 맺었고(그가 자란 스페인은 아리우스 논쟁과는 거리가 있었다), 그들에게 영향을 받아 이미 열렬한 니케아파 그리스도인이 되어 있었다. 마침내 기독교는 황제의 보호를 받으며 새로운 전환점을 맞는다.

380년 2월 테오도시우스는 종교에 관한 그의 첫 번째 법령인 '데살로니가 칙령'을 공포한다. 당시 서로마제국의 황제였던 그라티아누스가 테오도시우스의 법령에 공동으로 서명함에 따라 기독교는 제국의 공식 종교가 된다(그전까지는 311년에 기독교를 채택한 아르메니아에서만 공식 종교로 인정받았다).

그러나 테오도시우스가 모든 기독교 공동체를 공식적으로 인정한 것은 아니다. 황제가 법령을 통해 밝힌 대로 "다마소 주교와 알렉산드리아의 베드로 주교가 고백하는" 신앙만 진정한 신앙으로 선언한 것이다. 그들이 고백하는 신앙이란 엄격한 삼위일체 안에서 동등한 권위를 지니는 성부와 성자와 성령의 동일한 신성을 인정하는 신앙을 말한다. 다시 말해 니케아파의 교리만 인정한 것이다. 이와 아울러 법령에는 다음의 내용이 기록되었다.

"여기에 순순히 복종하지 않는 사람들은 신의 심판을 받을 뿐 아니라 하늘이 우리에게 영감을 준 판단에 따라 우리가 결정하는 징벌을 받을 것이다."

이후 제국의 모든 시민들은 반드시 로마 교회의 그리스도인이 되어야 했다.

콘스탄티노플에 도착한 테오도시우스가 내린 첫 조치는 "진정한 신앙으로 돌아오라"는 교회의 요구를 거부한 아리우스파의 한 주교를 소환하는 일이었고, 그가 소환을 거부하자 테오도시우스는 즉시 그를 유배 보낸다. 그리고 그 자리에 나지안주스의 그레고리우스를 앉힌다.

　같은 해에 세례를 받음으로써 테오도시우스는 즉위 초기에 세례를 받은 첫 황제가 된다. 이후 그는 아리우스파가 모이는 장소와 교회를 공격해 파괴시키고 '이단적인' 서적들을 모두 불태워버린다. 결코 타협적인 인물이 아니었던 그는 로마의 정통성에서 벗어나는 모든 반대자를 적으로 간주한다. 예를 들면 아리우스파는 물론 도나파, 아폴리나리우스파 등 로마의 법률에서 이탈한 모든 종파는 엄격하게 이단으로 단죄된다. 테오도시우스 치하에서는 약 15개의 법령이 공포되어 이단으로 간주된 종파들을 탄압했다.

동방의 공회

　381년에 테오도시우스는 새로운 공회를 소집한다. 이는 훗날 콘스탄티노플 세계 공회라고 불리지만, 사실 동방 주교들만 참석한 종교회의였다. 또한 이전의 세계 공회들과는 달리 교황의 특사도 초청하지 않았다. 결국 서방을 원천적으로 배제시킨 동방 주교들의 일방적 공회였다.

　그해 5월에 황제의 궁정에서 열린 개회식에 약 150명의 주교가 참석한다. 그들 중에는 우리가 지금까지 이름을 알고 있는 인물들이 포함된다. 니케아와 나지안주스의 두 그레고리우스 주교, 황제가 '정통성의 대로'라고 부른 타르수스의 디오도루스, 안디옥의 멜레티우스 그리고 예루살렘의 키릴루스가 참석한다. 성령의 신성을 부인하는 주교들, 즉 성령 반대 운동에 속한 주교들은 다만 그리스도의 신성을 인정할 뿐 성령의 신성에 관한 이론을 인정하지 않는다. 그들은 첫 회의에 참석했다가 대다수의 니케아파가 주도하는 토론에 참여하기를 거부하고 회의장을 떠나버린다. 성령의 신성에 대한 문제는 5세기에 논쟁의 중심을 차지했는데, 이 문제에 대해서는 다음 장에서 살펴보기로 한다.

콘스탄티노플 공회의 회의록은 니케아파의 기록만 전해지고 있으므로 회의의 진행 과정을 정확하게 알기 위해서는 여러 증언에 의존해야 한다. 가장 소란스러웠던 논란은 주교들의 서열에 관한 것이었다는 사실이 공회에 참석한 사람들이 남긴 증언을 통해 밝혀진다.

콘스탄티노플에 '새로운 로마'의 지위를 부여하는 문제가 새로운 쟁점으로 떠오른다. 다시 말해 콘스탄티노플을 로마에 이은 두 번째 교구로 격상시키기 위해 전통적인 지위를 고수하던 알렉산드리아와 안디옥을 세 번째, 네 번째의 자리로 밀어내는 문제가 쟁점이 된 것이다.

성령 반대론자들이 떠나고 난 뒤 주교들은 오히려 교리적 측면에서 손쉽게 타협점을 찾아 기존의 니케아 신경에 성령의 형식을 덧붙이게 된다. 그리스어로 작성된 새로운 결정문은 '니케아-콘스탄티노플 신경'이라는 이름으로 전해진다. 이는 오늘날에도 여전히 암송되는 신앙고백으로서 일인칭 단수인 '나'가 주어가 되지만, 원래의 형식은 다음과 같이 일인칭 복수인 '우리'로 작성되었다.

"우리는 전능하신 성부를 믿으며, 하늘과 땅의 창조주이시며 보이는 우주와 보이지 않는 우주의 창조주이신 성부 하나님을 믿습니다. 그리고 창세 전에 성부에게서 태어나신 하나님의 유일한 성자 곧 우리 주 예수 그리스도를 믿사오며, 그는 빛에서 태어나신 빛이며, 진정한 하나님에게서 태어나신 진정한 하나님이시며, 창조되신 이가 아니라 태어나신 이라는 사실을 믿습니다.

그는 진정 성부와 똑같은 본질이심을 믿사오며, 진정 그로 말미암아 모든 만물이 이루어졌음을 믿습니다. 그는 우리 인간을 위해 그리고 우리를 구원하시기 위해 하늘에서 내려오셨습니다. 성령으로 말미암아 그는 동정녀 마리아에게서 강생하셨으며, 마침내 인간이 되셨고, 우리를 위해 본디오 빌라도에게 고난을 받으시고 십자가에 못 박히셨으며, 고통을 당하며 죽으셨고, 성서에 기록된 대로 장사한 지 사흘 만에 다시 살아나셨으며, 하늘에 오르셔서 전능하신 하나님의 우편에 앉으셨습니다.

그는 산 자와 죽은 자를 심판하시기 위해 영광스럽게 다시 오실 것이며, 그의 통치는 결코 끝나지 않았습니다. 우리에게 생명을 주시는 거룩한 성령을 믿사오며, 그는 성부에게서 나오셨으며, 성부와 성자와 함께 찬양받으시고 영광을 받으시기에 합당하십니다.

우리는 보편적이며 사도적인 거룩한 교회를 믿으며, 세례를 받음으로써 용서하심을 믿습니다. 우리는 죽은 자 가운데서 다시 살아나실 것을 믿으며, 다가오는 세상의 새로운 생명을 믿습니다. 아멘."

이처럼 주교들은 교회 안에서 논란이 시작된 성령의 동질적인 신성을 인정했다. 사실 성령에 관한 주제는 초기 기독교에서 4세기의 역사가 흐르는 동안 신학자들의 특별한 주의를 끌지 못했다. 다만 성자의 인격에 중심을 둔 삼위일체에 관한 논쟁의 틀 안에서 부분적으로 성령을 상기시켰을 뿐이다. 주교들은 성경에서 하나님에게 헌정하는 주 또는 키리오스*Kyrios*라는 호칭을 마침내 성령에게도 부여한다. 이렇게 해서 기독교의 전통에서 본질적 개념이 되는 '유일한 주'라는 명칭을 니케아 신경에서 차지한 그리스도와 마찬가지로 성령도 성부, 성자와 더불어 주*Kyrios*가 된다.

마찬가지로 그들은 '생명을 주는' 성령의 신성을 인정한다. 따라서 나지안주스의 그레고리우스 주교의 다음 말대로 성령은 이제 하나님이 된다.

"너희가 성령을 의심하고 너희에게 가르친 것을 믿지 못한다면 너희는 하나님의 영을 인정하지 않는 것이며, 진실로 너희에게 더욱 많은 지혜가 필요하다!"

그러나 공회에 모인 주교들이 성령은 성부에게서 유래한다고 말하면서도, 다른 주교들로부터 타협을 끌어내기 위한 고육지책으로 정작 성자에 대해서는 의도적으로 언급하지 않는다.

성부와 성자로부터 성령의 발현이라는 동방교회의 주장에 맞선 새로운 이론은 589년에 열리는 톨레도 공회에서 처음 도입되지만, 그후로도 성령은 오랫동안 교회의 전례로 사용되지 않는다. 예를 들면 810년 샤를마뉴가 교황 레온 3세에게 기독교 교리에 성령의 발현을 도입하라고 주장하지만, 성령이 실제로 서방교회의 전례에서 사용된 시점은 10세기이다. 이는 1054년 정교회 내부의 분리 과정에서 가장 중요한 원인이 된다. 오늘날에도 정교회는 물론 심지어 동방의 가톨릭 교회에서도 성령의 발현을 교리에 도입하지 않고 있다.

다시 콘스탄티노플로 돌아가자. 공회가 거의 끝나갈 무렵인 381년 7월, 주교들은 '신의 거룩한 작품'이라고 말하면서 공회에서 제정한 신앙고백을 황제에게 보낸다. 그들은 자신들이 제정한 교리를 승인할 것을 요청하는 한편, 첫 공회의 법령에 따라 치리 대상이 되는 이단자들을 즉각 단죄할 것을 요구한다.

당시의 법령은 특히 아리우스파와 반半아리우스파를 이단으로 지적하고, 이에 덧붙여 성령 반대론자들과 아폴리나리우스파, 사벨리우스파를 언급하면서 모든 이단 종파를 반드시 파문시켜야 한다고 주장한다. 그러면서도 정작 그들의 이단성에 관한 구체적 오류는 상술하지 않는다. 테오도시우스는 교회의 모든 권리와 특혜는 오직 삼위일체에 근거하는 '진정한 신앙'의 지지자들에게만 주어진다는 법령을 즉각 공포한다.

국교國教

콘스탄티누스 치하에서 '특혜받는' 종교였던 기독교는 테오도시우스의 통치가 시작되면서 '공식 종교'로 인정받고, 391년에 마침내 제국의 '국교'가 된다. 이로써 단지 제국의 시민들만 그리스도인이 되는 것이 아니라 국가 자체가 그리스도인이 된다. 테오도시우스는 이교도들의 공식 예배를 전면 금지시켰으며, 정치권력과 성직자의 권위가 서로 밀착되면서 교회는 점점 특별한 혜택을 받는다. 이교도 사원에 대한 재산 몰수가 이루어지면서 교회는 전에 없던 부의 특혜를 누리게 된다.

새로운 법령에 따라 비그리스도인, 더 정확히 표현하자면 니케아파가 아닌 모든 사람들이 박해 대상이 된다. 이후 상원들은 국가의 고위 공직자와 더불어 특별한 지위에 오르려면 반드시 그리스도에 대한 충성을 맹세해야 한다. 다마소 주교는 로마 교구에 교황청의 지위를 부여하고, 황제는 전례 없는 교회의 철완鐵腕이 된다.

상인商人이 신학을 말하다

그러나 기독교는 여전히 평온하지 않았다. 그리스도의 신비가 신학자들을 부르고, 그리스도인은 제각기 무리지어 격렬한 논쟁에 휘말렸다. 또한 제국의 여러 도시 안에서 쉴 새 없이 시위를 조직하거나 이에 대항하는 반대 시위를 벌였다. 모든 사람들이 교리 논쟁에서 벗어나지 못했으며, 어떤 식으로든 분쟁에 관여했다. 극심한 분열의 시대를 살았던 역사학자 암미아누스 마르켈리누스는 『역사』에서 그리스도인들이 '마치 야수처럼' 서로 싸운다고 기록하고 있다.

4세기 말부터 5세기 초에 걸쳐 벌어진 첨예한 논쟁의 초점은 바로 성자의 본질에 관한 문제이다. 즉, 예수의 인성과 말씀의 신성을 어떻게 설명할 것인가, 예수와 말씀은 성자 안에서 동등한가 아니면 하나의 가치가 다른 가치를 앞서는가, 두 본성이 어떻게 그리스도의 인격 안에서 조화를 이루는가 하는 문제이다. 또한 성자의 신성에 대한 해묵은 논쟁도 다시 고개를 든다. 즉, 성자는 정말 성부와 동일한 본질로 이루어졌는가, 그는 진정 성부와 동등한가 하는 문제이다. 이와 함께 성령의 지위에 대해서도 예외 없이 논쟁이 벌어진다. 즉, 성령도 완전한 하나님인가, 그렇다면 세 위격이 결과적으로 하나의 유일한 인격을 이룬다는 삼위일체의 신비를 도대체 어떻게 설명하고 이해할 것인가 하는 문제이다.

383년 콘스탄티노플에서 행한 설교에서 그레고리우스는 이렇게 탄식한다.

"잔돈을 요구하라. 그러면 상인은 당신에게 창조된 것과 창조되지 않은 것에 대한 신학을 말하기 시작할 것이다. 빵값을 물어보라. 그러면 당신에게 성부는 더욱 위대하며 성자는 그에 비해 열등하다고 대답할 것이다. 당신의 욕조가 제대로 준비되었는지 물어보라. 그러면 관리인은 당신에게 성자는 중요하지 않다고 말할 것이다……."

게다가 아리우스 논쟁의 불길도 여전히 꺼지지 않았다. 니케아와 콘스탄티노플 공회의 결정과 테오도시우스 황제의 끈질긴 압력에도 불구하고 아리우스파의 영향력은 좀처럼 수그러들지 않았다. 이방족 안에서 번성하던 아리우스설은 제국에서 끊임없이 추종자를 만들고 있었으며, 그 가운데 가장 두드러진 인물로 발렌티아누스 황제의 어머니 유스티나를 꼽을 수 있다. 그녀의 영향으로 황제는 386년 아리우스파에게 '영원한' 권리를 인정하는 칙령을 공포한다. 이 법령집의 내용은 테오도시우스 2세가 438년에 공포하는 『테오도시우스법전』에 고스란히 담겨 있으며, 일부 아리우스파에게 도시에서 떠나는 조건으로 교회를 유지하는 권리를 인정한다.

그러나 몇 년이 흐른 뒤 일련의 법률이 다시 제정되며, 새로운 법은 이단자들에게 더욱 엄격해진다. 이단의 종파들은 법에 따라 성직자를 세울 수도, 교회를 소유할 수도 없게 된다. 법령이 언제나 예외 없이 지켜지는 것은 아니지만, 새로운 법령은 분명 황제가 원하는 종교 정책의 방향을 제시한다. 황제는 대부분의 그리스도인을 끌어들인 로마 교황의 결정에 호의적인 태도를 보인다.

가장 기독교적인 황제

테오도시우스 1세는 기독교 역사에 영원히 기록되는 큰 업적을 남기고 395년 1월 세상을 떠난다. 그는 한편으로는 로마제국의 통일을 이루었으며(통치 말기에 이르러 통일 제국의 황제가 된다), 다른 한편으로는 제국의 광대한 영토에 거룩한 십자가를 뿌리내린다. 그리스도인 사학자들에게 '테오도시우스 대제'라 불리는 그는 실제로 교회를 위해 뛰어난 역할을 맡았으며, 교회의 진정한 수호자였다.

통일 제국의 가장 위대한 그리스도인 황제라는 최고의 명성을 얻은 테오도시우스는 말 그대로 신앙이 내면에 깊이 뿌리박힌 신앙인이었다. 그러나 그는 열렬한 그리스도인인 동시에 무자비한 인물이기도 했다. 테오도시우스라는 인물의 이중성을 잘 설명해주는 한 일화가 있다.

무대는 390년의 데살로니가이다. 도시에서 매우 인기 있는 서커스의 마부가 총독의 종을 강간한 혐의로 체포되어 심한 고문을 당하고 감옥에 갇힌다. 이로 인해 엄청난 소요가 일어나 총독과 정부의 고위 인사들이 시위자들에게 살해된다.

테오도시우스는 이런 일탈을 참을 수 없었으며, 제국의 모든 사람들에게 일벌백계의 교훈을 주기로 결심한다. 그는 데살로니가 사람들을 서커스에 초청한 뒤 사람들이 떼지어 몰려들자 그들을 모두 원형경기장에 가둔다. 뒤이어 황제의 군사가 들이닥쳐 우리에 갇힌 사람들을 향해 한나절 동안 처참한 학살을 감행한다. 그들은 구경꾼과 경기장에서 들리는 비명을 듣고 달려온 사람들까지 가리지 않고 모두 죽였는데, 그 숫자가 무려 만 명이 넘었다.

그전까지 황제의 잔인한 행위를 보고도 못 본 척 눈을 감아왔던 밀라노의 주교 암브로시우스도 그 일에 대해서만은 입을 다물지 못한다. 그는 공개적으로 황제를 꾸짖으며 회개하라고 요구하고, 진정으로 회개하지 않으면 교회에서 추방하겠다고 위협한다. 몇 주 뒤 황제는 전례 없이 완강한 주교의 태도를 보고는 마침내 머리를 숙인다. 그는 회개를 의미하는 흰 가운을 걸치고 머리에 재를 뒤집어쓴 채 주교 앞에 무릎을 꿇고 하나님의 용서를 구하기 위해 공개적으로 죄를 고백한다.

몇 달이 지나자 황제는 이단자들을 엄중히 처단하는 새로운 법령을 공포한다.

네스토리우스와 '하나님의 어머니'

오늘날까지 상처의 흔적이 완전히 사라지지 않은 새로운 위기가 428년 콘스탄티노플에서 일어난다. 이단에 맞선 격렬한 투사로 명성을 떨치던 네스토리우스가 테오도시우스 2세에 의해 새 주교의 자리에 오른다. 그는 설교를 통해 동정녀 마리아에 대한 자신의 독창적 개념을 주저없이 전파한다.

콘스탄티노플 공회가 열리던 381년에 태어난 네스토리우스는 안디옥의 수도사였으며, 청중을 사로잡는 뛰어난 연설로 널리 알려진다. 그는 연사로서의 남다른 재능으로 비길 데 없는 대중 연설가의 위치를 차지한다. 우리는 네스토리우스가 사용한 우레 같은 연설의 어휘 목록을 통해 그의 활동을 파악해볼 수 있다. 주교가 되어 첫 크리스마스 설교를 하면서 그는 마리아가 성모라는 기존의 이론을 정면으로 반박한다. 그는 우렁찬 목소리로 자신의 주장을 펼치며 마리아에게서 테오토코스*Theotokos*, 즉 '하나님의 어머니'라는 지위를 박탈한다. 완전한 신에게 육신의 어머니가 있다는 어처구니없는 주장에 분노를 터뜨리며, 그는 마리아에게 하나님의 어머니라는 지위 대신 크리스토코스*Christokos*, 즉 '그리스도의 어머니' 또는 그보다 엄격히 말해 테오도코스*Theodokos*, 즉 '하나님을 받은 어머니'의 지위를 부여한다.

"성서는 결코 하나님이 그리스도의 동정녀 어머니에게서 태어났다고 말하지 않았으며, 그녀에게서 태어난 존재는 예수 그리스도, 즉 우리 주 그리스도라고 말했다. 따라서 우리는 성서에 기록된 그대로 신앙을 고백해야 한다."

이러한 그의 주장은 결과적으로 예수의 완전한 신성을 부인하는 것이 된다.

기존의 주장을 반박하는 네스토리우스의 말에는 분명 가시가 돋쳐 있었으며, 청중들의 반응은 즉각적이고 격렬했다. 아직 정통 교리로 정착하지는 않았지만 '하나님의 어머니'라는 마리아의 지위는 거의 반론이 없는 일반적 주장이었고, 이미 기독교의 전통에 속하는 이론이었을 뿐 아니라 많은 그리스도인이 지지하는 사실로 인정되었기 때문이다. 그리스도의 완전한 신성을 안착시키려는 주교들과 신학자들에 의해 마리아의 이 호칭이 기독교 역사에 나타난 것은 마리아에 대한 이론이라기보다는 그리스도 연구를 위한 이론에서 파생되었다고 보는 것이 타당할 것이다.

우리는 이미 2세기부터 이 호칭을 자주 보았으며, 특히 오리게네스와 알렉산드리아의 알렉산더 주교, 가이사랴의 유세비우스와 다른 주교들도 하나님의 어머니라는 용어를 자주 사용했다. 4세기에 나지안주스의 그레고리우스는 이렇게 단호하게 주장한다.

"만약 누군가가 마리아를 하나님의 어머니가 아니라고 말한다면 그는 분명 예수 그리스도의 신성을 부인하는 자이다."

로마 교회가 예수의 어머니를 수식하기 위해 일반적으로 테오토코스라는 호칭을 사용한 데 비해 정통 교리는 그때까지 분명한 정의를 내리지 않고 있었다.

안디옥과 알렉산드리아 종파

네스토리우스가 마리아의 개념을 분명히 주장한 것은 콘스탄티노플의 주교로서 강연했던 크리스마스 설교가 처음은 아니다. 그는 이미 이런 담론을 안디옥에서 여러 차례 발표했으며, 당시에는 그의 주장에 대해 교인들이 분노를 터뜨리지도 않았고, 별다른 동요도 없었다. 우리가 아는 대로 안디옥 교회들의 상황은 콘스탄티노플과는 달랐다. 네스토리우스의 주장에 분노해 거세게 반대하는 시위도 없었고, 미사 도중 모욕적인 일도 일어나지 않았으며, 공동체들을 떠돌아다니는 연판장도 보이지 않았다. 교리적 관점에서 보면, 제2의 로마(콘스탄티노플)는 신학적 입장이 다른 두 종파가 나란히 발전하던 안디옥보다는 오히려 로마 교회의 정통성을 따르는 알렉산드리아에 더 가까웠다는 것을 알면 이해하기 쉬울 것이다.

네스토리우스설의 심층으로 더 깊숙이 들어가 기독교의 파벌 사이에 벌어진 심각한 위기를 말하기 전에 두 종파의 대립적 관점, 특히 그리스도 연구와 관련 있는 부분에 대해 먼저 설명하는 것이 좋을 듯하다.

우리가 이미 아는 대로 아리우스와 아리우스의 제자들 그리고 반反아리우스주의자들의 스승인 루키아노스가 가르쳤던 안디옥 학파는 처음부터 성경에 대한 문자적·역사적 접근으로 이름이 알려져 있다. 반면 알렉산드리아 학파는 상징적·비유적인 관점으로 성경을 해석한다.

안디옥의 신학자들은 그리스도의 완전한 인성 그리고 신성을 강조한다. 그들에 따르면, 그리스도의 본성은 완전한 두 본성의 결합으로 이루어져 있다. 이것은 우리가 말씀-인간이라고 부르는 이중성을 말하며, 그리스도 안에서 신과 인간을 구별한다. 그들의 주장은 결국 구별되는 두 아들, 즉 마리아의 아들과 하나님의 아들에 대해 말하는 것으로 '하나'인 그리스도를 '둘'로 분리시킨다는 거센 비난을 받았다.

이와는 달리 이미 1세기에 마리아에게서 태어난 한 '신'을 주장했던 안디옥의 이그나티우스 계보의 신학자들은 오직 육신이 된

말씀, 즉 그리스도의 유일한 본성인 피지스*physis*를 강조한다. 그
들은 인성과 신성이 합쳐진 두 본성의 불가분의 결합을 주장하면
서 유일한 하나의 본성으로 완전히 융합되었다고 말한다.

알렉산드리아 교회의 주장은 이 개념을 더욱 분명하게 설명하
고 있다. 그들이 말하는 형식에 따르면, 이미 잉태되는 순간 그리
스도의 인성은 신성에 완전히 흡수된다고 단언한다. 마치 한 방울
의 물이 바다에서 흔적도 없이 희석되듯이 인성은 사라지고 오직
신성만 남을 뿐이라는 것이다. 이런 논리는 극단까지 나가면 결국
예수에게서 인성이 배제된 유일한 신성을 나타내는 단성생식론
을 낳는다(이에 대해서 나중에 다시 살펴보겠다).

안디옥 학파의 위대한 신학자 테오도루스가 바로 네스토리우
스의 스승이다. 그는 제자보다 앞서 이미 완전한 인간의 본성과
완전한 신의 본성을 지닌 그리스도의 인성과 신성의 결합을 강조
했다.

"만약 그리스도에게 이런 결합이 없다면 그가 맡은 육신은 우리
처럼 단지 평범한 인간에 불과하기 때문이다. 유일한 성자에게서
나온 개념으로 인성과 신성의 두 용어를 주장하는 이유가 된다."

죽음을 겪고 파괴된 것은 인간의 몫일 뿐 신의 본성이 아니다.
그는 오직 신성으로 말미암아 부활한다. 테오도루스의 논리에 따
르면, 그리스도는 마리아의 인성을 받고 태어났기 때문에 근본적
으로 인성에 참여한다. 그러나 그는 인성을 지닌 존재인 동시에

하나님의 신성을 그대로 간직하고 있다. 우리를 구원하기 위해 인간의 육신을 덧입은 하나님은 그 안에 거주하며, 그에 의해 드러나고, 그에 의해 모든 사람들에게 알려질 수 있는 것이다. 그리스도는 이처럼 '두 본성의 빈틈없는 결합'이며, '하나님이 육신을 덧입은 인간'이 된다. 그런데 정작 우리는 유일한 본성으로 두 가지를 동시에 말할 수 없다.

이처럼 두 본성 사이의 근본적 구별을 강조하는 테오도루스는 결합sunapheia이라는 용어를 사용해 그리스도의 인격 안에 인성과 신성이 합쳐져 있다고 설명한다. 테오도루스는 죽은 다음에 이단으로 단죄되는 첫 번째 신학자로 기록된다.

반면 알렉산드리아 학파의 저명한 신학자이자 그 도시의 주교였던 키릴루스는 끊임없이 안디옥파가 주장하는 원리를 논박한다. 그는 한 인격 안에 두 본성이 결합되었다는 안디옥파의 논리를 부정하면서 두 본성을 지닌 유일한 인격, 즉 결합 후 그리스도의 인격의 단일성을 강조한다. 따라서 그는 태어나고 고난받고 십자가에 못 박혀 죽은 것은 그리스도의 이중성 가운데 인간의 몫이라는 이론을 정면으로 부인한다. 그가 육신을 입고 말씀이 육신이 되는 순간부터 태어나고 고난받고 죽은 것은 모두 '강생한 말씀'으로서 하나의 분리되지 않는 완전한 그리스도라는 것이 키릴루스의 주장이다.

이처럼 '본성의 그리스도 연구'에 맞서 키릴루스는 '인격의 그리스도 연구'를 전개한다.

"유일하신 주 예수 그리스도를 인간의 몫과 신의 몫으로 나눌 수는 없다. 다만 우리가 말할 수 있는 것은 두 본성의 차이를 알면서 서로 혼동되지 않게 드러내는 유일하신 주 예수 그리스도가 존재할 뿐이라는 사실이다."

키릴루스는 이렇게 강조하면서 태어나고 죽은 존재가 만약 신이 아니라면 그리스도 안에 존재하는 '모든 신적 비밀이 사라지고 말 것'이라고 덧붙인다. 키릴루스는 네스토리우스와 격렬한 논쟁을 벌이고 마침내 단성생식의 고랑을 파헤치면서 자신의 주장을 더욱 깊이 있게 파고드는 기회를 맞는다.

그리스도 연구를 위한 논쟁인가, 우월성의 싸움인가

새 주교 네스토리우스가 마리아의 지위에 대해 자극적인 크리스마스 설교를 한 후 콘스탄티노플에서는 사람들의 불만이 점점 끓어오르고 있었다. 제국의 다른 항구에 상륙한 여행자들은 콘스탄티노플의 거리마다 사람들이 모여 소란을 일으키고, 교회에서는 청중의 고함으로 설교가 중단되는 등 안팎에서 벌어지는 심상치 않은 갈등을 자세히 전해준다. 그들은 네스토리우스가 "태어났고 죽었으며 우리가 장사지냈던 신"을 찬양하기를 거부한다고 지적하며, 그의 개인적 이론을 신랄하게 비판한다. 네스토리우스는 하나님의 어머니라는 마리아의 지위를 정당한 교리로 지키려는 도릴레의 유세비우스나 키지쿠스의 프로클루스 같은 다른 주교들 앞에서도 자신의 주장을 굽히지 않았다.

이처럼 네스토리우스는 자신의 판단을 사실로 확신했으며, 로마 교황 켈레스티누스에게 반대자들을 거침없이 비난하는 편지를 보낸다. 이에 맞서 네스토리우스의 주장에 반대하는 주교들도 그의 설교문을 발췌한 문서와 자신들의 편지를 동봉해 교황에게 보낸다.

그런 가운데서도 네스토리우스의 주장은 안디옥뿐 아니라 그리스도의 본성에 대한 이견으로 거센 충돌이 일어나고 있던 이집트와 제국 전체에 점진적으로 뿌리를 내린다. 알렉산드리아의 주교 키릴루스는 네스토리우스의 주장에 대한 성직자들과 사막 교부들의 반응을 보며 적잖이 걱정한다. 그들의 반응을 살펴보건대 네스토리우스의 이론에 결코 무관심하지 않다는 사실을 깨닫게 된다. 키릴루스는 서둘러 그들에게 하나님의 어머니의 지위를 옹호하는 장문의 편지를 보낸다.

그는 또한 알렉산드리아에서조차 주교인 자신보다 명성을 떨치고 있는 네스토리우스에게 편지를 보낸다. 편지에서 키릴루스는 매우 차가운 말투로 그의 신앙에 대한 확실한 해명을 요구하고, 더 이상 '심각한 스캔들'을 일으키지 말라고 윽박지른다. '그리스도의 자비로' 편지를 쓰노라고 말하면서, 키릴루스는 '하나님의 어머니' 마리아의 정당한 지위를 인정하라고 네스토리우스를 다그친다. 마리아의 호칭은 단순한 선택의 문제가 아니라 정통적 신앙과 교황들이 가르치고 마리아에게 부여한 절대적 교리라는 말도 빼놓지 않는다.

편지를 받은 네스토리우스는 알렉산드리아의 동료 키릴루스를 '이집트인'이라고 부르면서 아무런 설명도 없이 매우 절제된 문장으로 짤막하게 답장을 보낸다. 네스토리우스가 이집트인이라고 부른 키릴루스는 자신이 '진정한 신앙'이라고 판단하는 것을 지키려는 열정이 넘치고, 불같은 성질로 소문이 자자한 인물이었다. 그는 장차 박해를 통해 도시의 유대인 공동체를 초토화시키고, 이단으로 판단되는 다른 기독교 공동체에 대해서도 같은 방법으로 탄압을 계속하게 된다.

키릴루스가 위협적인 편지를 보내자 네스토리우스도 이에 대해 냉정한 답장을 보낸다.

"당신이 놀라운 편지로 욕설을 퍼부은 것에 대해서 나는 아무 관심이 없다. 당신의 욕설과 모욕은 의사의 침착한 인내를 요구할 뿐이며, 때가 되면 모든 사실이 당신을 응징할 것이기 때문이다."

네스토리우스는 조금도 망설이지 않고 자신의 주장을 계속 펼쳐나간다.

"태어나거나 육신의 고통을 겪는 것은 절대 신성이 아니다. 그것은 단지 신성에 결합된 육신일 뿐이다. (…) 하나님은 분명 십자가에 못 박힌 육신과 결합되었다. 그러나 하나님은 절대 육신과 더불어 고통을 느끼지 않는다."

그리고 편지의 마지막을 이렇게 마친다.

"말씀이 정녕 우리를 위해 자신과 결합된 육신 안에서 겪은 모든 것은 진실로 경탄할 만하다. 그러나 육신에 신성을 부여하는 것은 분명 거짓이며, 우리로 하여금 하나님을 비방하게 만드는 일이다."

키릴루스가 네스토리우스와 끈질기게 논쟁을 벌인 배경에는 분명히 정치적인 목적도 있었다. 초기 기독교의 역사에서 지성의 중심으로 자리잡은 알렉산드리아는 콘스탄티노플 공회의 결정을 순순히 받아들이지 않는다. 주교 서열에서 두 번째 자리를 고수하던 알렉산드리아는 381년 콘스탄티노플에 그 자리를 넘겨주었다. 키릴루스가 네스토리우스의 이단을 고발하고 정통성을 전면에 내세우는 이면에는 이전에 알렉산드리아가 가졌던 우월성과 가치를 되찾으려는 의도가 숨어 있었던 것이 아닌가? 알렉산드리아 사람들이 보기에는 콘스탄티노플이 제2의 서열을 부당하게 빼앗은 것이 아닌가?

물론 키릴루스는 그리스도 안에서 두 본성의 결합을 확신하고 있었으므로 자신의 이론을 지키려고 했다. 그러나 신학적으로 논란이 된 문제가 분명 그것만이 아니었는데도 유난히 그 문제에 집착한 데는 나름대로 이유가 있었기 때문이다.

분명한 목적이 있었으므로 키릴루스는 네스토리우스와 벌이는 치열한 싸움에 자신을 내던진다. 논리를 가다듬고, 주교단 내의

지지자들과 왕궁 안에 있는 지지자들을 빠짐없이 계산하면서 그는 자신의 생각을 전하기 위해 황제에게 장문의 편지를 보낸다. 그런가 하면 황후 유도키아와 황제의 자매들 그리고 황실의 실력자인 풀케리아에게도 편지를 보낸다. 덧붙여 그는 『네스토리우스의 신성모독에 대해』라는 제목의 논증적인 저서를 집필하고, 네스토리우스 사건에 대해 자신의 견해를 밝힌 문서를 교황에게 보낸다.

로마의 켈레스티누스 교황은 네스토리우스의 이단적 주장을 단죄하기 위해 공회를 즉각 소집한다. 그리고 네스토리우스에게 준엄한 편지를 보내서 개인의 주장이 아니라 공동의 신앙이 담고 있는 내용과, 로마와 알렉산드리아와 모든 가톨릭 교회에서 인정하는 이론을 가르치라고 요구한다. 그는 편지가 도착하는 날로부터 열흘의 말미를 주면서 그의 주장을 포기하라고 요구하고, 만약 그러지 않을 경우 파문당할 것이라고 경고한다. 순진함인가, 어리석음인가? 켈레스티누스는 이에 관한 일을 모두 키릴루스에게 맡겨 자신의 결정을 네스토리우스에게 전달하고 그대로 실행하라고 지시한다.

이런 상황은 물론 알렉산드리아 주교(키릴루스)의 마음을 상하게 하지 않았으며, 그는 시간을 재며 천천히 일을 꾸민다. 키릴루스는 장차 교황의 이름을 이용하는 한편, 교황이 맡긴 일을 넘어서서 자신의 계획을 실행한다. 그 일은 그해 가을이 끝나갈 무렵 이집트 공회를 소집하면서 시작된다. 교황이 직접 작성해 네스토리우스에게 서명을 요구한 12조항의 신앙 계율이 담긴 파문 칙서는 열흘의 기한이 지난 후에야 네스토리우스에게 전달되고, 그 뒤 공회가 소집된다.

교황의 칙서 가운데 일부는 알렉산드리아의 전통에서 인용한 매우 근본적이며 일방적인 것이어서 분명 안디옥 사람(네스토리우스)으로서는 순순히 받아들이기 어려운 내용이었다. 즉, 네스토리우스는 마리아가 하나님의 어머니라는 사실을 받아들이는 것(칙서 1항)을 넘어서서, 인격을 분리하지 않고 그리스도의 인성과 신성이라는 두 본성의 결합을 무조건 인정해야 하며(칙서 3항), 완전한 신인 동시에 완전한 인간인 그리스도를 인정해야 한다. 또한 그리스도의 육신은 말씀이 거주하기 위해서 일시적으로 선택한 사원寺院이 아니라 말씀 자체이기 때문에 그의 육신은 생명의 원천이 된다(칙서 11항)는 것도 인정해야 한다. 네스토리우스에게 전달된 파문 칙서는 이렇게 마무리된다.

"만약 누군가가 하나님의 말씀이 육신으로 말미암아 고통을 겪었으며, 육신으로 말미암아 십자가에 못 박혔고, 육신으로 말미암아 죽음을 견뎌야 했으며, 그는 죽은 자 가운데서 다시 살아난 영원한 생명이며, 그 자신이 하나님으로서 생명을 주는 자라고 신앙고백을 하지 않는다면 누구를 막론하고 예외 없이 파문을 당할 것이다."(칙서 12항)

12조항의 파문 칙서는 네스토리우스의 손에 전해지자마자 기름에 젖은 채 불에 던져진다. 키릴루스는 서열의 우위를 무시하고 마치 자신의 교구에서 일하는 평범한 사제에게 대하듯 네스토리우스에게 말한다.

"성령의 영감으로 말미암아 니케아에 모였던 공회가 진술한 신앙고백을 당신이 지금 되뇌는 것으로는 충분치 않다. 왜냐하면 비록 당신이 소리 내서 그 원문을 읽었다고 해도 당신은 그것을 이해하지 못했으며, 제대로 해석하지도 못했고, 오히려 왜곡했을 뿐이다. 이제 당신은 서면으로 그리고 맹세하면서 사악하고 타락한 주장을 모두 버려야 할 것이며, 다만 우리가 생각하는 대로 생각하고, 다만 우리가 가르치는 대로 가르치겠다고 분명히 고백해야 한다."

네스토리우스에게는 미처 대답할 시간조차 없었다. 키릴루스의 세 번째 편지가 그에게 도착하기 전 기독교 내에서(결국 자기의 제국 안에서) 분열을 종식시키고 안정된 평화를 지키기 위해 고심하던 황제 테오도시우스 2세가 기독교 역사에서 세 번째 공회를 소집한 것이다. 자신이 콘스탄티노플의 주교로 세운 네스토리우스에게 여전히 호감이 있었던 황제는 제국의 수도에서 가깝고 육로나 해로를 통해 접근하기 쉬운 에베소를 공회 장소로 택한다. 당시의 연대기 작가들이 말하는 대로 황제는 이렇게 함으로써 네스토리우스를 구해주려 했던 것인가? 실제로 황제는 각 도시의 주교에게 전문을 보내 논쟁에서 균형을 이룰 수 있게 가능하면 최소한의 주교만 참석해달라고 당부한다.

네스토리우스의 교의

그전까지의 공회를 통틀어 가장 격렬하고 소란스러웠던 에베소 공회를 자세히 서술하기에 앞서 네스토리우스의 학설을 알아보자. 그는 마리아의 지위에 관한 문제뿐 아니라 4세기에 걸쳐 진행된 초기 기독교의 교회(교회들이라고 말하는 것이 더 현명한 표현일지 모른다)가 제정한 기독교 교리에 대해서도 다시 문제를 제기한다. 네스토리우스의 비판자들이 언급한 크리스마스 설교 발췌본과 함께 몇 통의 편지와 그의 저서가 오늘날까지 전해지고 있다. 시리아어 번역본인 『다마스쿠스의 헤라클리데스의 책』이라는 제목으로도 잘 알려진 네스토리우스의 『리베르 인스크립투스*Liber inscriptus*』는 본래 그리스어로 작성되었으며, 번역은 535년으로 거슬러 올라간다.

먼저 이 책에 얽힌 일화를 알아보자. 사람들은 이 책을 이미 오래전에 잃어버린 것으로 생각하고 있었는데, 1895년 쿠르디스탄 산맥의 코카니스라는 도시에 있는 네스토리우스 교회 대주교의 서재에서 우연히 발견되었다. 네스토리우스는 마지막 유배 생활을 하면서 뒤늦게 집필한 이 책에서 자신이 일생 동안 주장한 교의의 정통성을 나름대로 서술하고 있다. 그가 쓴 다른 책들은 황제의 명령으로 모두 불타 없어졌는데, 이에 대해서는 다음 장에서 살펴볼 것이다.

네스토리우스는 분명하게 그리스도의 두 본성을 구별한다. 그는 하나는 인간의 특성으로, 다른 하나는 신의 특성으로 이루어져 있다고 두 본성의 결합을 인정하면서도 서로 뒤섞이는 것은 거부한다. 즉, 오직 인간만이 마리아에게서 태어났고, 오직 인간만이 십자가에서 죽었으며, 그리스도에게 인간은 육신이 아니라 '신성의 도구'라고 설명한다.

그는 유명한 크리스마스 설교에서 뿌리 깊은 확신으로 남아 있는 자신의 생각을 조심스럽게 말하고 있다.

"나는 분명하게 본성을 나누지만, 동시에 진정으로 결합을 찬양한다. 그리스도는 틀림없이 이중적 존재지만 마치 하나처럼 경배한다고 고백하는 게 옳을 것이다. 그는 본성에서는 신성과 인성으로 이중적이지만 일체가 되었기 때문에 분명 하나다."

이미 1세기 전 안디옥의 주교 유스타티우스도 "말씀이 동정녀에게서 육적인 도구를 받아들였다"고 네스토리우스와 거의 같은 말을 한 바 있다. 그는 이 도구를 말씀의 성전인 예수의 몸이라고 불렀다.

이런 이야기 속에서 우리는 2세기의 주교 이그나티우스의 음성을 떠올린다. 그 역시 안디옥의 주교였으며, "말씀이 육신이 되었다"는 「요한복음」의 서론을 언급했다. 그는 인간으로서의 그리스도와 신으로서의 그리스도를 구별하고, 그리스도를 '육신을 지닌 말씀'이라고 주장했다.

테오도시우스 황제가 '정통성의 대로'라고 명명했던 타르수스의 주교 디오도루스 역시 말씀의 성전이 되는 마리아의 아들과 하나님의 아들을 구별하면서 그 둘이 그리스도 안에서 유일한 하나로 합쳐진다고 말했다. 디오도루스의 주장은 이후 알렉산드리아의 키릴루스에게 비난을 받는 빌미가 된다. 즉, 하나는 마리아에게서 태어나고 하나는 하나님의 성자로서 태어난 두 아들을 말하는 것이므로 결국 서로 다른 두 그리스도를 말하는 명백한 이단이라는 것이다. 이는 키릴루스가 네스토리우스를 비난한 내용과 한 치의 오차도 없이 정확히 일치한다.

그런데 "성서에서 말하는 대로 말씀이 곧 육신이 되었지만 그는 어떤 인간 안에 들어온 것이 아니라 오직 예수 안에 들어왔다"는 키릴루스의 주장에 대해 네스토리우스는 "신성을 지닌 그리스도가 인간의 육적인 고통을 겪는다는 것은 절대 불가능하다"고 반박한다. 그리고 460년 6월 키릴루스에게 보낸 편지에서 네스토리우스는 이렇게 덧붙인다.

"예수의 육신은 분명 그리스도의 신성이 머무르는 성전이다. 그리고 이 성전은 최상의 거룩한 결합에 의해 신성과 합쳐진 육신의 성전이며, 신성이 이 성전과 일치할 만큼 흠 없이 합쳐진 성전이라고 생각하는 것이 옳고 성서의 전통에도 부합한다. 그러나 신성이 성전을 차지했다는 핑계로 말씀이 육신의 산물, 즉 출생과 고통과 죽음을 겪는다는 것은 그릇된 생각이다."

그러나 이 단계에서 네스토리우스 사건은 그와 키릴루스 두 사람 또는 두 학파 사이에서 벌어진 단순한 논쟁을 넘어서서 모든 그리스도인에게 근본적으로 영향을 끼친다. 황제는 뭔가 분명한 태도를 취할 것을 교회에 요구하고, 황제의 뜻에 따라 431년 성령 강림절에 맞춰 에베소 공회가 열린다. 그리고 거기에서 내리는 첫 번째 결정은……

에베소의 치열한 전투

테오도시우스 황제는 선임자들의 예를 좇아 에베소 공회에 참석할 것을 독려하는 편지를 주교들에게 보낸다. 그는 그 편지 속에 슬그머니 위협을 가미하고 있다.

"누구든지 사전 허락 없이 공회에 참석하지 않는다면 결코 관용을 베풀지 않을 것이다. 참석하지 않는 자는 하나님 앞에서 그리고 내 앞에서 어떤 변명도 용납되지 않는다."

그는 "제국의 선善은 종교에 달려 있다"고 말은 하면서도 이렇게 덧붙인다.

"우리는 국가의 이익을 고려하며 신의 섭리를 따라야 한다. (…) 제국의 선은 종교에 달려 있다. 따라서 긴밀한 연합만이 두 요소를 가깝게 만든다."

이 소환장은 430년에 발송되고, 주교들은 431년을 기다린다. 교황 켈레스티누스는 자신을 대신하기 위해 특사들을 보낼 것이라고 통보한다. 그리고 네스토리우스와의 첫 번째 조정에 실패한 알렉산드리아의 주교 키릴루스와 다시 보조를 맞추라고 특사들에게 넌지시 귀띔한다.

세 공회

부활절이 지나고 키릴루스는 그를 수행하는 사제와 수도사들을 계산에 넣고도 무려 40명이 넘는 이집트 주교들의 대대적인 호위를 받으며 알렉산드리아 항구를 떠난다. 특히 이 시기는 지중해의 항해 조건으로는 가장 이상적이다. 겨울의 거친 풍랑은 끝나고, 바다가 가을처럼 죽은 듯 잠잠하지 않으면서 봄바람이 간간이 불어와 승객들을 괴롭히지 않고 오랫동안 운항하기에 알맞은 날씨가 이어지기 때문이다.

에베소에 미리 도착한 사람들은 만반의 준비를 갖추고 있었다. 그들은 키릴루스를 맞이할 방법과 기술을 상세히 기록한 친서를 전달받은 밀사들이었다. 한편, 키릴루스는 그들에게 비밀리에 전문을 보내 황제의 주변을 잘 살피면서 주의 깊게 지켜보라고 지시하는 것도 잊지 않는다. 황제가 전적으로 네스토리우스에게 반감을 가진 것은 아니어서 혹시라도 자신이 도착하기 전에 마음의 변화를 일으켜 네스토리우스파에게 기울지 않을까 염려했기 때문이다.

키릴루스는 예정보다 일찍 도착했지만, 마케도니아의 주교들과 소아시아의 주교들 그리고 네스토리우스도 이미 도착해 있었다. 그런데 정작 공회가 열리기로 예정된 6월 7일에도 교황 특사들을 포함한 안디옥의 주교들과 시리아, 동방의 주교 등 네스토리우스를 지지하는 대부분의 주교들이 도착하지 못했다. 그들은 지난 겨울 극심한 추위의 여파로 도로가 유실되어 거의 사용할 수 없게 된 육로로 오는 중이었다. 안디옥의 요하네스 주교는 키릴루스에게 전문을 보내 안디옥 대표단이 늦게 도착할 것이라고 미리 사과의 메시지를 전달했다. 결국 공회의 개최 일자가 연기된다.

에베소에서는 초여름의 무더운 날씨가 사람들의 심기를 자극하고 있었다. 교회에서, 거리에서, 광장에서 주교들과 수도사들, 네스토리우스파와 키릴루스파가 서로 헐뜯고 욕설을 퍼부으며 심하게 다툰다. 에베소의 상황은 이미 견딜 수 없는 지경이 되고 만다.

6월 21일, 안디옥의 대표단은 더 이상 도착을 늦출 수 없는 입장이었지만 발걸음은 더디기만 했다. 로마 교회의 대표단도 마찬가지였다. 다음 날인 6월 22일에 키릴루스는 갑작스럽게 공회의 개회를 결정한다. 그는 이미 에베소에 도착해서 공회를 기다리고 있던 주교들에게 소환장을 보낸다. 또한 네스토리우스에게도 그를 이단으로 고발하는 신학자들 앞에 나와서 변론하라고 통보한다. 네스토리우스는 황제가 소환장을 보낸 주교들이 모두 참석하지 않은 상태에서는 자신도 참석할 수 없다며 키릴루스의 요구를 거부한다. 그의 주장은 당연히 받아들여지지 않는다. 소송이 진행되지만 자신을 지키려는 지지자들이 그 자리에 없다는 것을 네스토리우스는 잘 알고 있었다.

그러나 키릴루스의 입장에서 보면 당시의 상황은 그의 목적을 이루는 데 더 이상 바랄 게 없는 최상의 조건이었다. 이전 공회와는 달리 몇 주가 걸리는 지루한 토론 과정을 생략한 채 서둘러 콘스탄티노플 주교 네스토리우스를 단죄하고 축출할 수 있는 여건이 마련된 것이다. 키릴루스는 지나치게 서두른다며 격렬히 항의하는 소아시아의 주교들을 무시하고 계획대로 개회를 준비한다. 게다가 황제가 특사 칸디디아누스 백작을 통해 기다리라고 요구했지만 키릴루스는 황제의 지시에도 아랑곳없이 로마 주교의 이름으로 회의를 강행한다.

결국 6월 22일 아침에 공회가 열린다. 키릴루스가 네스토리우스에게 보낸 편지가 읽혀지고, 그의 답변도 낭독된다. 회의는 그리스도를 모욕한 이단자로 네스토리우스를 고발하며 끝난다. 197명의 주교가 네스토리우스를 격렬히 비난하고 키릴루스가 작성한 공회의 문서에 서명한다.

"그가 모독한 우리 주 예수 그리스도는 여기 참석한 성공회를 통해 네스토리우스에게서 주교의 지위를 박탈하며, 모든 성직자들의 모임에서 추방할 것을 선언한다."

공회의 문서에는 말씀이 육신과 결합하기 위해 마리아의 몸에서 태어났으며, 따라서 그의 육신은 인간의 영혼으로 생명을 부여받았다고 기록되었다. 그러나 키릴루스의 문서에는 '그리스도의 유일한 본성'이라는 알렉산드리아 학파의 고유한 주장이 그대로 담겨 있다. 반면 정통 교리는 그리스도 안에서 두 본성의 원리를 강조한다.

주교들은 공회의 결정을 알리기 위해 네스토리우스에게도 공문을 보냈으며, 그를 불경한 언어로 그리스도를 모욕한 '새로운 유다'라고 명명한다. 세월이 흐른 뒤 마지막 유배 생활을 하던 네스토리우스는 최후의 저서에서 당시의 일화를 회상하며 키릴루스를 신랄하게 비난한다.

"키릴루스가 모든 법정을 장악했고, 그가 바로 법정이었다. 그가 공회를 소집했고, 그가 우두머리가 되었다. 누가 재판관인가? 물론 키릴루스다. 누가 고발자인가? 물론 키릴루스다. 누가 로마의 주교인가? 키릴루스다. 키릴루스, 그는 실로 전부였다."

공회는 키릴루스의 요구에 따라 공식적으로는 폐회되지만, 갈등은 결코 그대로 끝나지 않는다. 6월 26일, 요하네스 주교가 이끄는 동방의 대표단이 마침내 에베소에 도착한다. 자초지종을 전해 들은 요하네스 주교는 격분하며 회의의 정당성을 인정하지 않는다. 그는 즉각 새로운 공회를 소집하고, 그의 부름에 50명가량의 주교가 참석을 통보한다. 키릴루스의 독선과 서두름에 마음이 상했던 황제의 특사도 이 회의에 참석해 키릴루스를 해임하기로 결정하면서 그리스도의 '유일한 본성'에 대한 그의 주장은 마침내 정통성을 상실한다.

이 회의는 더 나아가 6월 22일 키릴루스가 주도한 공회에 참석해 알렉산드리아의 주교(키릴루스)가 작성한 공회 문서에 서명했던 주교들이 즉각 서명을 취소하지 않을 경우 모두 해임시키기로 결정한다. 이 보고서가 황제에게 전달되자 황제는 6월 29일에 신속하게 답장을 보낸다. 황제의 답장은 6월 22일에 통과된 공회의 결정을 무효화하는 한편 주교들에게는 도시를 떠나지 말고 대기하라고 명령한다.

로마의 주교단은 아직 에베소에 도착하지 않았다. 그들은 7월 초가 되어서야 가까스로 도시에 들어온다. 그들이 도착하자 에베소는 난장판이 된다. 두 진영, 즉 6월 22일 집단과 6월 26일 집단이 날카롭게 대립하던 끝에 마침내 극단적인 싸움이 벌어진다. 교회 뜰에서 평신도와 수도사들까지 가세한 난투극이 벌어져 수많은 희생자가 발생한다. 7월 10일, 심상치 않은 상황을 목격한 교황의 특사들이 새로운 공회를 소집하고, 네스토리우스의 반대자들만 참석시킨다. 이때 6월 22일의 회의록이 낭독되고 재차 승인되면서 네스토리우스는 다시 해임된다.

7월 16일에 임시 회의가 소집된다. 이 회의에서는 네스토리우스와 펠라기우스파 켈레스티우스의 신학적 오류를 낱낱이 고발하고 단죄하는 6조항의 법령이 제정된다. 즉석에서 만들어진 새 법령에 따라 30여 명의 주교들과 함께 안디옥의 요하네스 주교가 파문되고, 그가 주재했던 6월 26일 공회의 결정문은 휴지 조각이 되고 만다. 또한 니케아 신경 이외의 모든 결정문에 대한 참고가 법적으로 금지된다.

알렉산드리아의 키릴루스는 극적인 승리에 들뜬다. 반면 황제는 마음의 상처를 가라앉히지 못한다. 로마 교회가 어떻게 황제의 결정을 순순히 따르지 않는가? 황제가 6월 22일의 결정을 폐기하고 다시 주도했던 6월 29일의 결정을 교회가 문제 삼은 것이다. 황제는 이것이 교회의 일이며, 다만 신학에 관한 문제라는 교회의 주장에 설득당하지 않는다. 교황과의 새로운 갈등을 염두에 두지 않은 채 그는 8월 초에 알렉산드리아의 키릴루스와 네스토리우스는 물론 키릴루스와 가까운 에베소의 주교 멤논까지 쌍방의 당사자들을 모두 해임시킨다. 황제는 에베소 공회의 공식 폐막이 선언되지 않은 상태에서 다른 주교들에게 각자의 교구로 돌아가라고 요구한다.

키릴루스의 '은총'

그러는 동안 동방 주교단의 수장인 요하네스는 안디옥에 돌아왔다. 키릴루스파와 네스토리우스파 양 진영 사이에서 들끓는 갈등은 그대로 남아 있었으며, 그들은 각자의 주장을 고집하며 황실과 다른 주교들은 물론 심지어 자기 위치를 확보하려는 평신도들에게까지 끊임없이 편지와 전문을 보낸다. 황제는 자신의 판단을 뒤집고 네스토리우스를 일방적으로 해임한 에베소 공회의 결정에 전적으로 공감하지 않았다. 그러나 특사 아리스톨라오스를 안디옥에 보내 공회의 결정을 따르라고 지시한다.

키릴루스는 황제의 특사가 요하네스의 사저에 도착하기 전에 또 다른 반전이 일어날까 두려워한다. 여전히 황제의 주변에 폭넓게 자리잡고 있는 네스토리우스파의 압력으로 예기치 않은 상황이 발생할지 모른다고 생각한 것이다. 그는 '은총'이라 스스로 명명한 귀한 선물로 황제 측근들의 환심을 사기 위해 사람들을 움직인다. 키릴루스가 궁정에 뿌린 뇌물에 대해서는 상세한 목록이 오늘날까지 전해지고 있다. 많은 목록을 모두 옮길 수 없어 간단히 몇 품목만 나열해보면 다음과 같다.

천 권이 넘는 금장도서(이것만으로도 무려 2만 명의 가난한 사람들을 일 년 내내 먹여 살릴 수 있다), 모직 카펫 25장, 바닥 카펫 24장과 벽장식 카펫 14장, 상아 장식 8개를 포함한 의자 60개, 옥좌 14개, 옥좌 덮개 70장, 문둘레 장식 12장, 식탁보 24장…….

특히 네스토리우스에게 호감을 가진 것으로 알려진 막강한 실력자 크리세루스 환관에게는 상아 옥좌 4개와 화려하게 수놓은 옥좌 덮개, 무엇으로 만들었는지 알 수 없는 카펫들, 식탁보, 타조알, 200권의 금장도서 등의 선물이 전달된다. 역사학자 루이스 세바스티아누스는 17세기에 출간된 책 『6세기 교회 역사의 비망록』

에서 이렇게 유머스럽게 표현하고 있다.

"성스러운 키릴루스는 물론 성인이지만, 우리는 그의 모든 행위가 성스럽다고 말할 수는 없다."

키릴루스의 열정은 의심의 여지 없이 그리스도 연구의 미래를 위해서 결정적 역할을 담당한다. 테오도시우스 2세는 결국 주변의 압력에 못 이겨 네스토리우스의 이단성을 사실로 인정하기에 이른다. 9월이 되어서야 황제는 이상한 공회의 폐막을 공식 선언한다.

결과적으로 에베소 공회는 대립하던 쌍방이 함께 참석한 공동 회의를 한 번도 열지 못하고 일방적 주장만 난무한 채로 막을 내린다. 그전까지 열린 세계 공회의 일반적인 규칙처럼 어떤 교리나 교회의 법령도 제정하지 못하고, 그저 상대를 겨냥한 파문과 지위의 박탈 외에는 갈등의 해법도 제시하지 못함으로써 전례 없이 실패한 공회로 기록된다. 그러나 에베소 공회는 참석자들의 명단과 그들의 담론, 테오도시우스 2세의 서한, 네스토리우스와 키릴루스의 편지, 키릴루스파가 자신들의 논리로 설득하기 위해 공들여 작성한 주교들의 보고서 등 공식 문서가 남은 첫 공회이다.

황제의 지시로 키릴루스는 다시 복권되고 네스토리우스는 교회에서 영구 제명된다. 그는 안디옥 근처의 성 유프레피우스 수도원에 은둔한다. 황제가 더욱 먼 곳으로 유배를 보내기 전까지 네스토리우스는 예전에 수도사로 지낸 적이 있는 그 수도원에서 4

년을 보낸다. 네스토리우스 사건이 불붙인 소요를 진정시키기 위해 황제는 그를 도시에서 멀리 떨어진 페트라로 다시 유배 보내고, 이후 점점 더 멀리 유배지를 옮긴다. 네스토리우스는 결국 이집트 사막 한가운데의 폐쇄된 오아시스로 유배되었으며, 이곳에서도 글쓰기를 멈추지 않는다. 그는 네 번째 칼케돈 세계 공회가 열리던 해인 451년경 사막에서 숨을 거둔다.

433년의 합의문

에베소 공회를 마친 뒤 비록 네스토리우스를 제외한 모든 주교들이 마리아에게 하나님의 어머니로서 성모의 지위를 부여하는 데 동의했지만(아니면 최소한 동의한다고 말했지만), 기독교는 갈가리 찢긴 채 오히려 깊은 상처를 입고 만신창이가 된다. 이때 생긴 그리스도인들 사이의 분열은 너무 골이 깊었다. 이러한 상황은 알렉산드리아나 안디옥이나 조금도 다르지 않았다. 서로 파문시키고 서로 축출하면서 성직자 조직은 와해 위기에 직면한다.

조정자들이 양 진영 사이에 끼어들고, 황제도 일정한 압력을 행사하기 위해 교회 일에 자연스럽게 개입하고, 키릴루스와 요하네스가 서로 편지를 교환하기 시작하면서 양 진영 사이의 날카로운 갈등이 서서히 수그러들고 진정한 화해의 의지를 보인다. 키릴루스와 편지를 주고받던 요하네스는 안디옥 사람 테오도레투스가 작성한 신앙고백을 보내며 읽어보라고 권한다. 그것은 양 진영의 누구에게도 일방적으로 해를 끼치지 않으면서 적절히 중용을 지킨 문안으로, 쌍방이 좋은 의도로 생각하면 무리 없이 받아들일 수 있는 신앙고백이다. 합의문은 하나의 그리고 유일한 그리스도를 전제로 한다.

"그리스도는 하나님의 유일한 성자이며, 완전한 신인 동시에 육신과 합리적인 영혼이 결합된 완전한 인간이다.

그는 창세 전에 신성에 의해 성부에게서 태어난 성자이며, 마지막 날에 우리를 위해 그리고 우리를 구원하기 위해 마리아에게서 인성으로 태어난 아들이다.

결국 두 본성의 완전한 결합이 있으므로 우리는 유일한 그리스도, 유일한 성자, 유일한 주라고 고백하는 것이다. 뒤섞이지 않는 온전한 연합으로 인해 우리는 마리아가 하나님의 어머니임을 고백한다.

말씀이신 하나님은 강생했고, 인간이 되었으며, 잉태 순간부터 동정녀에게서 취한 성전, 즉 자기 자신에 결합되었기 때문이다."

키릴루스는 잠시 머뭇거리다가 이내 받아들이기로 결정한다. 다만 아직 완전히 끝나지 않은 네스토리우스의 해임을 요하네스가 기꺼이 인정한다는 조건을 제시한다. 요하네스는 마침내 그의 제안을 받아들인다. 이에 대한 키릴루스의 대답은 마치 디오게네스의 찬가처럼 들린다. 그는 「시편」 96편을 인용해 "하늘이 기뻐하고, 땅이 찬양하리라!"고 외친다. 그리고 "분열의 장벽이 무너졌다. 우리를 슬프게 만든 모든 것이 끝났다!"고 덧붙인다.

이것이 바로 433년에 양 진영이 합의한 내용이다. 황제도 이에
보조를 맞춰 네스토리우스의 저서와 사본들을 남김없이 모두 불
태우라고 명령한다.

대략 10년 동안, 즉 442년에 요하네스가 죽고 444년에 키릴루
스가 죽을 때까지 양 진영의 합의는 별문제 없이 존중되었다. 양
진영에서 분쟁을 잠재우기 위해 최선을 다해 노력한 결과 심각한
갈등은 사라진 듯했다. 그러나 두 사람이 죽고 난 뒤 합의 내용에
대해 각 진영에서 나름대로 해석하게 된다. 433년의 신앙고백은
허울뿐인 문서로 전락하고 그리스도의 본성에 관한 원칙적 문제
는 여전히 걸림돌이 된다. 알렉산드리아파가 일관되게 주장하는
것처럼 그리스도는 유일한 본성인가, 아니면 안디옥파의 주장처
럼 두 본성인가? 이런 경우라면 상황은 다시 원점으로 돌아가고
근본적인 문제는 그대로 남는다. 두 본성은 어떤 방식으로, 그리
고 어느 단계까지 결합되는가? 이것은 머잖아 다시 벌어지는 새
로운 논쟁의 쟁점이 된다.

네스토리우스 교회들

451년의 칼케돈 세계 공회로 이어지는 논쟁을 살펴보기에 앞서
나는 교회의 공적인 단죄에도 불구하고 여전히 존속하고 있는 네
스토리우스설의 계승에 대해 이야기하려고 한다. 먼저 1세기 전

에 있었던 아리우스설과 마찬가지 경우라는 것을 떠올리게 된다. 아리우스가 파문되고 난 뒤에도 무려 4세기가 넘는 기간 동안 아리우스의 사상은 이방족, 특히 갈리아 지방에서 크게 발전했다. 그러나 그 이후 무대에서 사라진 아리우스설과는 달리 네스토리우스설은 여전히 존속하고 있으며, 그의 교회들은 오늘날에도 세계적인 기독교 모임에 참여하고 있다.

잠깐 뒤로 돌아가보자면, 431년에 있었던 네스토리우스의 파문은 많은 기독교 공동체, 특히 안디옥에 퍼져 있던 많은 교회들에 의해 거부당한다. 433년 키릴루스와 합의문 조정안을 만들기 위해 요하네스가 네스토리우스의 해임을 받아들이자 안디옥 교회의 분노는 한층 높아진다. 그러나 안디옥 주교 요하네스는 한편으로는 의혹을 받으면서 다른 한편으로는 존경을 받는다. 안디옥의 공동체들은 요하네스가 살아 있는 동안에는 누구도 감히 그의 주장에 반대하지 못한다. 따라서 공동체들은 매우 조심스럽게 네스토리우스의 교의를 가르치고, 요하네스 또한 지나치게 소란을 일으키지만 않으면 그들이 가르치는 것에 대해 눈을 감아준다.

그러나 442년에 요하네스가 죽고 그의 후임으로 로마와 가까운 주교 돔누스가 새로 임명되면서 상황은 반전된다. 때가 되면 네스토리우스설로 복귀하려던 안디옥 교회의 모든 희망이 물거품이 되고 만 것이다. 마침내 그들은 페르시아 교회라는 새로운 이름으로 안디옥 교회, 결과적으로 로마 교회에 결별을 선언하고 새로운 교단으로 독립한다. 그 이후 그들은 교회 모임, 특히 이후에 열리는 모든 세계 공회에 참석하지 않는다.

페르시아 교회는 로마로부터 독립한 최초의 교회이며, 동방교회의 중심이 된다(이후 여러 교회가 독립을 선언하며, 자율적인 교회로 탈바꿈한다). 안디옥에서 파생된 다른 교회와 마찬가지로 이 교회는 '두 공회의 교회'라고 불린다. 두 공회라는 다소 어색한 명칭은 독립 교회들이 초기의 두 공회만 인정하기 때문에 붙여진 것이다. 우리가 앞에서 본 325년 니케아의 세계 공회와 381년 콘스탄티노플의 공회를 묶어 두 공회라고 부른다. 몇 년 후 세 공회 교회라고 부르는 교회들이 태동한다. 이는 앞의 두 공회와 더불어, 이 장에서 다룬 에베소 공회까지 포함해 세 공회는 인정하되 이후 열리는 다른 공회들, 특히 칼케돈 공회를 인정하지 않는 교회들을 말한다.

오늘날까지 활발하게 활동하는 네스토리우스의 주요 교회들은 아시리아 교회(정확한 명칭은 동방 아시리아 사도 교회다)이며, 대주교의 본부가 미국 시카고에 있다. 1990년 바그다드로 이전할 예정이었으나 걸프전과 이라크전쟁의 여파로 이전이 이루어지지는 않았다. 또한 1968년에 창립된 동방 고대 교회가 있다. 이 교회는 그레고리력의 채택 문제로 아시리아 교회에서 분리되었으며, 대주교의 본부는 이라크에 있다. 마지막으로 네스토리우스의 세 번째 대교회는 인도에 있다. 이는 말라바르 정교회로 아시리아 사도 교회에 편입된 교회이며, 교회의 최고 권위자는 말라바르 대주교라는 호칭으로 불린다.

말라바르 정교회에는 약 400만 명의 신자가 있는 데 비해 두 개의 아시리아 교회는 신자가 150만 명에서 200만 명을 넘지 않는다. 신자가 중동의 여러 나라에 분산되고, 유럽과 캐나다, 호주, 특히 미국에 많이 흩어져 있기 때문에 정확한 숫자를 파악하기가 쉽지 않다.

테오도시우스법전

438년 2월 15일, 동로마제국의 황제 테오도시우스 2세가 제국의 수도 콘스탄티노플에서 『테오도시우스법전』이라는 이름의 새로운 법령을 공포하면서 기독교는 빠르게 안정되었다. 아니, 최소한 겉보기에는 그렇게 보였다. 『테오도시우스법전』은 콘스탄티누스 황제 이후 제국에서 공포된 모든 법률과 일반 제도를 집대성한 법령집이다. 황제는 얼마 전 콘스탄티노플에서 자신의 여동생과 결혼한 서로마제국의 황제 발렌티누스 3세에게도 법전의 사본을 보냈다. 『테오도시우스법전』은 다음 해 1월 1일에 동방과 서방을 포함해 제국 전체에 전달되면서 엄격하게 준수되며, 11세기까지 서방의 유일한 법전으로 남게 된다.

201항의 법령으로 이루어진 법전의 16권이자 마지막 권은 전적으로 종교에 관한 것이다. 첫 장에는 다마소 주교와 알렉산드리아 주교가 설교했던 교리를 모든 그리스도인이 반드시 따라야 하는 신앙 교리로서 '보편적 신앙'으로 정의한다. 이 신앙에 소속되지 않는 사람들에 대해서는 다음과 같이 이야기한다.

"우리는 그들을 미쳤거나 정신이 나간 자들이라고 판단할 것이
며, 그들은 이단적 신앙으로 인해 심한 모욕을 당할 것이다. 그들
이 모이는 장소는 앞으로 교회라는 이름을 사용하지 못하며, 그들
은 하나님의 저주에 맞닥뜨리게 되고, 하나님의 심판에 따라 우리
들이 가하고자 하는 무서운 보복을 피할 수 없을 것이다."

두 번째 장에는 교회의 특권과 성직자들이 누리게 될 특혜가 일
일이 나열된다. 그들에게는 세금이 면제되며, 그들의 종이나 배
우자도 마찬가지로 세금을 내지 않는다. 또한 성직자들의 자녀들
도 부모처럼 교회 안에서 그들의 신앙을 따라야 한다. (그렇다면
그 당시에 사제들의 결혼이 일반적이고 합법적이었다는 증거가 된다.)

테오도시우스는 자신이 제정한 종교에 관한 법령을 특히 강조
하고 있다.

"종교의 이름으로 부여된 특혜는 반드시 '보편적 신앙'을 따르
는 신자들에게 주어져야 한다. 이단자들과 교회의 분리주의자들
은 이런 특혜를 받지 못할 뿐만 아니라 공공의 강제 노역에 처해
진다."

개인의 신앙의 자유는 문제가 되지 않는다. 그러나 공적으로는
오직 니케아의 기독교만이 허용된다.

"모든 이단은 하나님의 법으로 금지될 뿐 아니라 황제가 제정

한 법률에 의해서도 엄격히 금지된다. 만약 신앙이 없는 사람이 그릇된 가르침으로 하나님의 뜻을 약화시킨다 해도 그것이 단지 자신을 위해 개인적으로 말한 것이라면 그것은 그의 권리다. 그러나 그 말이 다른 사람들에게 해를 끼쳐서는 안 된다."

황제의 법령은 아울러 신앙에 대한 토론을 엄격히 금한다.

"누구든 공공연히 종교에 대해 따지거나 토론하지 못하며 충고할 수 없다."

마침내 법령은 니케아 기독교가 아닌 모든 예배 장소, 특히 이교도들이 공적으로 예배드리는 사원의 폐쇄를 명령한다. 아울러 "타락한 이교도들의 재산을 몰수하고, 그들이 살아 있다면 추방할 것"과 "악마에게 희생 제물을 바치는 자는 극형에 처할 것"을 예고한다.

마지막으로 '진정한 신앙'의 지지자들에게는 다음과 같이 권고한다.

"그들은 종교의 권위를 빌미로 조용히 살고 있는 유대인이나 이교도들에게 해를 끼치지 말아야 하며, 솔선해서 법과 질서를 지켜야 한다. 만약 그리스도인들이 조용히 살고 있는 선량한 시민들에게 폭력을 행사하거나 재산을 빼앗는다면, 그들이 빼앗은 것을 돌려주어야 할 뿐 아니라 세 배 혹은 네 배로 변상해야 한다."

그리스도의 두 본성
칼케돈

433년에 양 진영의 합의안이 도출되고 니케아의 기독교, 즉 로마의 기독교를 유일한 정통 신앙으로 안착시키려는 테오도시우스 칙령에도 불구하고 사람들의 흥분은 여전히 가라앉지 않았다. 안디옥의 경우가 그러했고, 특히 그리스도의 두 본성을 주장했다고 해서 키릴루스에게 거친 비난을 받은 알렉산드리아도 속사정은 같았다.

키릴루스는 "그리스도의 두 본성은 결국 말씀 안에서 하나의 유일한 본성을 이룬다"고 주장하며 그리스도인들을 설득하기 위해 애쓰고 있었다. 논쟁이 심한 자신의 이론을 진전시키려던 키릴루스는 안디옥과 동방의 나머지 공동체에서 심각한 동요를 일으킬 수 있는 다음의 형식을 만든다.

"우리 주 그리스도는 결합되기 전에는 인성과 신성의 두 본성으로 이루어졌지만 결합된 후에는 하나의 유일한 본성을 지닌다."

유티케스와 알렉산드리아 학파

키릴루스의 그 말이 콘스탄티노플의 수도원 원장 유티케스의 귀에도 들어간다. 사람들에게 성인으로 존경받던 그는 철저한 네스토리우스 반대자로 알려져 있었다. 그가 알렉산드리아 학파의 논리에 이끌린 것은 네스토리우스설에 맞선 그의 험난한 투쟁을 위한 사전 준비였을까? 에베소 공회에 참석하지는 않았지만 그는 언제나 키릴루스를 지지하고 있었고, 알렉산드리아의 주교는 에베소 공회에서 벌어진 토론에 관한 중요 자료들을 유티케스의 수도원으로 보내준다.

유티케스에게는 신실한 대자代子로서 환관 크리세루스가 있었다. 그는 에베소 공회 때 키릴루스에게 엄청난 선물 공세를 받았던 바로 그 인물로, 황제에게 큰 영향력을 행사하던 황실의 실력자였다. 크리세루스는 대부代父인 유티케스에게 헌신했고, 그로 말미암아 유티케스도 황제에게 큰 신임을 받는다. 네스토리우스는 마지막 유배지인 이집트 사막에서 집필한 책에서 탄식하며 유티케스에 대해 언급한다. 네스토리우스는 유티케스를 '주교들 중의 주교'라고 표현하면서, 그가 교회 일을 마음대로 주무르고, 자기 마음에 들지 않는 주교들을 일방적으로 해임하는가 하면 자기와 가까운 사람들은 제멋대로 임명한다고 기록했다.

유티케스는 그때까지 남아 있는 네스토리우스파 주교들을 고발하는 데 앞장선다. 특히 그는 『거지들』이라는 제목의 매우 원색적 담론의 저자인 키루스의 주교 테오도레투스를 고발한다. 테오도레투스는 유티케스를 패러디한 거지를 등장인물로 무대에 세운다. 주인공 거지는 성자의 유일한 본성을 주장하고, 성자의 본성은 이중적이라는 교회의 정통적 이론에 낱낱이 응수한다.

유티케스는 점점 실제 키릴루스보다 더 키릴루스적인 주교가 되어가고, 실제 알렉산드리아 학파보다 더욱 알렉산드리아 학파적인 학자가 된다. 실제로 알렉산드리아 학파는 성자의 본성에 대한 이론을 전개하기 위해 많은 주의를 기울인다. 콘스탄티노플의 수도원장은 두 본성이 결합하고 나면 그리스도 안에는 유일한 본성만 남을 뿐이라고 강조한다. 이 본성은 신적인 본성이며, 인간적인 본성은 그 안에 완전히 흡수된다는 것이다.

사태의 심각성을 파악한 콘스탄티노플의 대주교 플라비아누스는 448년에 종교회의를 소집한다. 30명가량의 주교가 참석한 이 회의에서 유티케스를 해임하고 그리스도 안에 구별되는 두 본성이 존재한다는 정통적 교리를 인정하라고 요구한다. 유티케스가 이를 거부하자 마침내 그를 파문한다.

나이가 칠십이 넘은 늙은 수도사는 순순히 말을 듣지 않는다. 그는 즉시 테오도시우스 2세 황제와 레온 1세 교황에게 장문의 편지를 보내 자신이 겪은 고통을 토로하며 도움을 청한다. 이후 유티케스는 큰 지원을 받는다. 키릴루스가 죽은 뒤 그의 후계자로 알렉산드리아 교구의 주교가 된 디오스코루스가 유티케스의 주장에 전적으로 동조하고 나선 것이다.

레온 교황은 매우 심각한 문제라고 생각되는 일을 자신이 전혀 모르고 있었다는 데 화가 치민다. 그는 '타락하고 미친 오류'와 맞서 싸운 데 대해 플라비아누스 주교를 치하한다. 테오도시우스 황제는 측근인 환관의 말을 듣고 수도원장을 지키기 위해 이번에는 에베소에서 새로운 공회를 소집한다. '진정한 신앙'의 수호자로 자처하는 테오도시우스 황제는 몇 달 전 플라비아누스가 콘스탄티노플에서 소집한 회의에서 내린 결정을 무효화한다. 플라비아누스가 교황에게 보낸 절망적 호소에도 아랑곳없이 황제는 자신의 결정을 바꾸지 않는다.

449년 3월 에베소의 제2 공회라고 부르는 모임에 참석하라는 소환장이 발송된다. 이 공회에 대해서 말할 수 있는 최소한의 사실은 대표 구성이 공정하지 않았다는 점이다. 알렉산드리아의 디오스코루스는 20명의 주교들과 함께 참석해 회의를 주재한다. 시리아 수도사들의 대표인 바르 사우마도 주교는 아니지만 수도사 대표인 수도원장 자격으로 공회에 참석한다. 네스토리우스설을 옹호했다는 이유로 얼마 전 고발당한 키루스의 테오도레투스 주교는 정통 신앙의 뛰어난 신학자인데도 공회에 초대받지 못한다. 또한 콘스탄티노플의 플라비아누스의 경우는 황제가 공회에 부르기는 했지만 정작 투표권은 박탈한다. 콘스탄티노플에서 유티케스를 단죄했던 주교들 역시 모두 투표권을 박탈당한다.

에베소의 두 번째 전투

449년 8월, 새로운 에베소 공회가 시작되지만 미처 안건을 심의하기도 전에 서둘러 개막 미사가 올려진다. 145명의 주교와 3명의 교황 특사가 참석하고, 알렉산드리아의 디오스코루스가 회의를 주재하며, 피고의 주장에 동조한 예루살렘의 유베날리스가 참관한다. 토론은 그리스어로 이루어졌으며, 심지어 그리스어를 한마디도 모르는 교황 특사들에게조차 라틴어로 통역되지 않았다. 특사들의 완강한 요구에도 불구하고 플라비아누스를 지지하고 유티케스를 단죄하는 교황의 서신은 회의에서 낭독되지 않는다. 교황은 특사들에게 전달한 서신을 통해 유티케스의 주장이 "사리에 어긋나고 타락했으며 무분별하다"고 고발하면서, 그리스도 연구에 대한 교회의 정통 교리를 다시 한 번 강조한다.

"하나님의 유일한 성자는 강생하기 전에 두 본성을 지니고 있지만 말씀이 육신으로 강생한 후에는 유일한 본성만 남는다고 말하는 것은 그리스도의 신성을 모독하는 것이다. (…) 두 본성의 연합으로 인해 본질적 차이가 없어지는 것이 아니다. 반대로 두 본성은 그대로 유지되며 하나의 유일한 인격 또는 위격 안에서 서로 만난다."

431년 에베소 공회가 열렸던 교회에서 다시 열린 첫 회의의 진행은 그야말로 우스꽝스러웠다. 그리스도의 두 본성이 의제에 오르고 디오스코루스의 신호가 떨어질 때마다 주교들은 마치 기다리고 있었던 것처럼 북을 치듯 책상을 두드리며 야유를 보냈다. 유티케스에 대한 반대 의견이 제시되면 주교들은 "그리스도를 둘로 나누는 자들을 둘로 쪼개라!"고 고함을 질러댔다.

"그리스도가 강생한 후에도 두 본성을 지닌다고 말하려는 것이 아닌가?"

디오스코루스가 이렇게 의도적으로 질문을 던지면 주교들은 즉각 "파문하라! 파문하라!"고 응수한다. 지난해에 콘스탄티노플에서 결정된 유티케스 해임안을 다시 상정하며 주교들에게 의견을 밝히라고 하자 여기저기에서 "동의하지 않는다!"는 반대의 외침이 나온다.

유티케스의 복권이 투표에 부쳐지고, 플라비아누스의 성직자 지위를 박탈하는 안건도 의제에 오르면서 회의장의 흥분은 절정에 이른다. 플라비아누스파 주교들은 거센 공격을 받는다. 바르사우마 수도원장이 이끄는 엄청난 규모의 대표단이 유티케스를 지지하기 위해 몰려온다. 그들은 문에서 기다리고 있던 신봉자들과 합세해 문을 박차고 회의장으로 뛰어든다. 황제의 군사들이 그 뒤를 따라 들어오고 회의장은 난장판이 된다.

플라비아누스는 폭행을 당해 크게 다쳤지만 가까스로 몸을 피한다. 그러나 곧 붙잡혀 다시 유배형에 처해진다. 플라비아누스는 유배지로 가던 도중 죽음을 맞는데, 공적으로는 심한 부상의 후유증이라고 알려졌지만 자세한 내막은 알 수 없다. 다만, 그가 유배지로 가다가 암살당했다는 소문이 자자했다.

다시 붙잡혀 유배지로 떠나는 짧은 시간에 플라비아누스는 교황에게 전달할 메시지를 작성한다. 그는 도무지 믿기 어려운 회의의 진행 과정을 이야기하는 한편, 자신이 당한 거친 폭력을 자세히 전하며 그들에게서 도망쳐 제단 뒤에 숨으려고 발버둥치던 자신의 비참한 모습도 숨김없이 털어놓는다. 이 메시지는 교황의 특사 힐라리우스에게 건네졌고, 그는 메시지를 몸에 숨긴 채 에베소에서 간신히 도망친다. 힐라리우스는 로마에 도착하자마자 교황에게 플라비아누스의 메시지를 전달한다.

메시지를 전달받은 교황은 분노를 터뜨린다. 그는 즉각 로마에서 종교회의를 소집하고, "공회가 아니라 강도질*latrocinium, non concilium*"이라고 에베소 공회를 격렬히 비난한다. 교황은 서둘러 테오도시우스 2세에게, 궁정의 실력자들에게, 특히 황제의 누나 풀케리아에게, 콘스탄티노플의 성직자에게, 심지어 이미 죽은 플라비아누스에게까지 편지를 보낸다. 그는 에베소 공회에서 벌어진 사태에 대해 거세게 항의하며 제2 공회를 열겠다고 주장한다. 그러나 이번에는 동방이 아니라 서방에서, 구체적으로 이탈리아에서 개최하겠다는 의지를 밝힌다. 그런데 이런 노력은 모두 헛수고로 끝난다. 교황은 어떤 답장도 받지 못했던 것이다.

절망에 빠진 교황은 서로마제국의 힘없는 황제 발렌티아누스 3세에게 자신을 대신해 테오도시우스 황제에게 편지를 써달라고 요청한다. 발렌티아누스는 그대로 실행한다. 그러나 동방의 동료 테오도시우스 2세는 에베소에서 열린 공회가 정당하게 진행되었으며, 유티케스의 복권과 플라비아누스의 추방은 당연한 조처라는 냉담한 답장을 보낸다. 게다가 그는 동방교회의 문제에 로마 주교가 개입한 것을 못마땅하게 생각한다.

주고받은 편지의 내용은 전체적으로 공손했지만 그 앙금이 남아 450년 초여름 교황과 황제의 갈등은 심각하게 고조된다. 어쨌든 두 사람은 교리에 대한 각자의 개인적 확신을 굽히지 않는다. 레온 교황도 가만히 있지 않았다. 그는 7월 중순에 자신의 신학적 주장을 기술한 편지와, 이미 오래전에 황제에게 보내졌지만 에베소에서 의도적으로 은폐시킨 책들을 담아 황제에게 보낸다. 그러나 테오도시우스 2세는 그 편지를 영원히 읽지 못한다. 7월 28일 말에서 떨어져 그 자리에서 즉사했기 때문이다.

피고가 된 디오스코루스

그리스도 연구의 역사는 이처럼 종잡을 수 없이 전개되고, 기독교의 교리 제정은 지금까지 우리가 본 대로 황제의 생각과 밀접하게 연관된다. 이제 눈길을 끄는 급격한 변화가 일어나고, 교회와 황제가 새로운 상황에 깊이 관여하게 된다.

테오도시우스 2세의 죽음이 알려지자 황제의 종교 정책에 비협조적이라는 이유로 수도원에 갇혔던 그의 누나 풀케리아가 풀려나고, 그녀는 곧 로마 군대의 장군 마르키아누스와 결혼한다(그녀는 여전히 처녀성을 지니고 있었다). 명망 높은 장군 마르키아누스는 시민의 환호를 받으며 황제에 즉위한다. 풀케리아는 변명할 기회도 주지 않은 채 테오도시우스 2세의 두터운 신임을 받았던 환관 크리세루스를 즉시 처형시키고, 유티케스를 콘스탄티노플에서 멀지 않은 곳에 투옥시킨다. 플라비아누스의 유해가 곧 수도로 옮겨져 정중하게 장례가 치러진다. 또한 에베소 공회에서 축출당했던 주교들이 다시 복권된다.

한편, 콘스탄티노플의 주교 아나톨리우스는 최후통첩을 받는다. 『플라비아누스에게 바치는 책』에 경건하게 서명하고, 가깝게 지내던 알렉산드리아의 주교(디오스코루스)와의 관계를 완전히 끊으라는 황실의 서한이 전달된 것이다. 선택의 여지가 없었던 그는 지체 없이 실행한다.

마르키아누스와 풀케리아는 여기에서 멈추지 않는다. 이번에야말로 진정한 신앙의 기초를 확고하게 세우고, 무려 4세기에 걸쳐서 끊이지 않고 반복되며 그리스도인을 분열시킨 집요한 논쟁에 종지부를 찍기 위해 세계 공회를 열기로 결정한 것이다. 그들은 9월에 교황에게 편지를 보내 동방에서 열리게 될 세계 공회에 참석하라고 요구한다.

난처해진 레온은 머뭇거리며 답장을 늦춘다. 테오도시우스 2세 치하에서 그토록 열망했던 공회지만 평정을 찾은 상황에서는 별로 의미가 없을 것이라고 판단하면서도 한편으로는 불안한 마음을 떨치지 못한다. 교황은 아직 완전히 꺼지지 않은 논쟁의 불씨를 다시 지피게 되지 않을까 걱정한다. 곰곰이 생각한 끝에 마침내 451년 초여름이 되어서야 마르키아누스에게 편지를 보내고 자신의 생각을 가감없이 전해줄 특사를 파견한다. 교황의 편지는, 가까스로 되찾은 평화를 더욱 굳건하게 세우고 끊임없이 로마를 공격하는 훈족의 위협에 대비하기 위해 공회를 늦추라는 메시지를 담고 있었다.

그러나 너무 늦었다. 마르키아누스가 벌써 주교들에게 공회의 개최를 알리는 소환장을 발송한 데다가 니케아에서 9월 중에 열리는 것으로 잠정 결정한 뒤였기 때문이다. 교황이 짤막하게 반대 의사를 밝히자, 마르키아누스는 신에게 부여받은 황제의 권한을 내세우며 교회의 일치를 이루는 것도 황제의 역할이라고 주장한다. 레온 교황은 황제의 추상같은 의지에 복종하는 것 외에는 선택의 여지가 없었다. 다만 그는 특사에게 매우 엄중한 자신의 의도를 전하고 반드시 그대로 지키라고 지시한다. 즉, 니케아 신경을 사수하고, 유티케스와 유니테리언파의 이단성을 단죄한다는 명분으로 네스토리우스파의 복권을 절대로 허용하지 말라는 내용이었다.

교황은 황제와 황비에게도 편지를 보내 특사의 중재를 통해서 자신이 공회를 주재하겠다는 메시지를 전한다. 테오도시우스 2세가 소집했던 에베소 공회로 인해 감정이 틀어진 교황은 이번 공회의 싸움도 결코 만만치 않으리라는 것을 알았기 때문에 또다시 위험을 자초하고 싶지 않았던 것이다. 거기에 덧붙여 교황은 다음 공회는 이탈리아에서 열어 자신이 직접 회의를 주재하기를 바라며, 보다 많은 서방 주교들이 참석할 수 있도록 배려해달라는 개인적 희망도 전한다.

8월 말, 주교들이 니케아에 몰려들었다. 교황의 특사들을 제외하고는 대부분 동방의 주교들이고 서방의 주교들은 이따금 눈에 띌 뿐이었다. 그전까지 열렸던 모든 공회와 비교할 때 이처럼 많은 인파가 몰린 것은 처음이었다. 어떤 자료에는 무려 600명이 공회에 참석했다고 되어 있지만, 실제로는 350명이라는 주장이 훨씬 설득력이 있다.

그런데 마지막 순간에 황제는 회의 장소를 콘스탄티노플의 정면에 위치하고 보스포루스 해협 옆에 있는 칼케돈으로 옮기라고 지시한다(칼케돈은 나중에 카디코이가 되며, 오늘날 이스탄불의 한 지역이다). 훈족이 제국의 서부 지역을 위협하고 있어서 마르키아누스가 수도를 떠날 수 없었기 때문이다. 그런데 이런 결정에는 이 기회에 자신이 직접 공회에 참석하려는 의도도 포함되어 있었다. 황제는 유티케스를 지지하는 수도사들을 조심스럽게 추방하고자 했다. 그들은 쓸데없는 말썽을 일으킬 가능성이 많았다. 게다가 그들을 추방하는 일은 이미 지난 공회의 회의록에 기록된 의결 사항이기도 했다.

주교들의 이동이 비교적 신속히 이루어져 칼케돈 세계 공회는 451년 10월 8일 성지순례지로 명성이 자자한 성 유페미아 성당에서 개최된다. 주교들은 자신의 신학적 신념에 따라 자리를 선택한다. 오른쪽에는 디오스코루스의 지지자들이, 왼쪽에는 교황의 지지자들이 자리잡았고, 성당 중앙의 제단 위에는 복음서들이 놓여 있었다.

회의가 시작되어 교황의 특사들 가운데 한 명이 연설하자 이내 시끄러운 소리가 들렸다. 교황의 단호한 의지를 전달받은 특사가 큰 소리로 외친다.

　"디오스코루스는 공회에 참석하지 못한다. (…) 그가 떠나든가 우리가 떠나든가 둘 중 하나가 있을 뿐이다!"

　알렉산드리아의 주교는 교황의 결정에 맞서지 못한다는 것을 잘 알고 있었다. 그는 더 이상 다른 사람들처럼 평범한 참석자의 입장이 아니었기 때문이다. 그는 자리에서 일어나 두 대열 사이에 가만히 앉는다. 디오스코루스는 이제 피고가 되며, 그에 관한 재판이 진행된다. 사람들은 그에게 에베소 공회에서 그가 저지른 행동을 심문하고, 공회 회의록을 읽어보라고 그에게 요청한다. 회의는 하루 종일 이어지고, 양 진영에서 터져나오는 고함소리로 이따금 중단된다.

　디오스코루스는 구구한 변명을 하지 않고, "그것은 나의 영혼과 나의 구원에 관한 문제다"라고 비장하게 대답한다. 그러나 에베소 공회의 결정에 서명했던 많은 주교들은 앞다퉈 각자의 입장을 번복하고, 신음소리를 내며 용서를 구하고, 압력 때문에 마지못해 그렇게 했다고 말하고, 알렉산드리아 주교가 두려워서 그렇게 행동했다고 구차한 변명을 늘어놓는다. 게다가 정말 볼썽사나운 광경이 연출된다. 대성당의 오른쪽에 앉아 있던 디오스코루스 지지자들이 주섬주섬 짐을 챙겨 다른 진영, 즉 왼쪽에 있는 로마 진영으로 자리를 옮긴 것이다.

밤늦게까지 진행된 첫 번째 회기가 끝나자 플라비아누스는 다시 복권된다. 디오스코루스는 아직 단죄되지 않았지만, 그는 회의의 필연적 결과를 이미 알고 있었다. 세 번째 회기가 끝나고 그는 교회와 성직자의 지위를 모두 박탈당한 채 유배당한다. 교황의 특사들은 알렉산드리아에 새로운 주교를 임명하라고 요청한다. 곧 이어 유티케스도 파문된다. 그는 3년 후인 454년에 죽지만, 끝까지 자신의 주장을 굽히지 않는다. 나중에 황제에게 보낸 편지에서 레온 교황은 "유티케스가 여전히 독을 뿜어내고 있다"고 탄식하고 있다. 교황은 옛 수도원장을 훨씬 더 외진 곳으로 유배시키라고 요구한다.

칼케돈의 정의

교황은 자신을 대신해서 공회에 참석한 특사들에게 무슨 일이 있어도 니케아의 형식을 반드시 고수하라고 지시한다. 그러나 회의가 진행되면서 니케아 신경을 수정할 수밖에 없는 불가피한 상황이 발생한다. 근본적으로 수정하는 것은 아닐지라도 새로운 형식으로 보강할 필요가 생긴다. 기독교 역사에서 처음 열렸던 공회이후 그때까지 2세기가 지나면서 끊임없이 논란을 불러일으킨 용어들을 더 명확히 정의해야 했기 때문이다.

유티케스와 디오스코루스의 단일신성론을 단죄한 칼케돈 공회는, 그 당시 이방족들 사이에서 크게 번성한 아리우스 이론을 고발하고 네스토리우스설을 단죄하기 위해 더욱 세심하게 용어들을 다듬을 필요가 있었다. 아리우스설 이상으로 네스토리우스설은 페르시아 교회의 지지를 받았다. 페르시아 교회는 우리가 앞에서 보았듯이 다시 말라바르 교회와 근동의 아시리아 교회로 확산되기 때문에 그들의 영향력을 결코 무시할 수 없었다. 교회는 이에 맞서 이론을 정비하고 분명한 정의를 내려야 했다. 교황은 다시 한 번 그리스도의 동질성, 즉 테오토코스를 제시하면서 인간적이며 신적인 두 본성은 결합을 통해 본질적 차이가 사라지지 않는다고 강조한다.

"그리스도는 인성과 신성에 있어서 완전하며, 따라서 그는 하나님 그리고 사람들과 동일한 본성을 지닌다. (⋯) 그리스도는 두 본성이 결합되며, 혼동되지 않고, 변하지 않으며, 나누어지지 않고, 분리되지 않는다."

이러한 교회의 결론이 칼케돈 공회의 정의로 신앙고백에 명시되는데, 그것은 다음과 같다.

"신성한 교황의 가르침에 따라 우리 모두는 한목소리로 유일하신 우리 주 예수 그리스도, 곧 성자를 가르친다. 신성에서 하나님처럼 완전하며, 인성에서 사람처럼 완전하고, 진실로 하나님이며 동시에 진실로 인간으로서 합리적인 영혼과 육신을 지닌 그는 신성에 의해서 성부와 동일하며, 인성에 의해서 우리와 동일하다.

완전한 인간으로서 그는 모든 것에서 우리와 유사하지만 죄는 없다. 창세 전에 신성으로 말미암아 성부에게서 태어난 그는 마지막 날에 우리를 위해서 그리고 우리를 구원하기 위해서 인성으로 말미암아 하나님의 어머니인 동정녀 마리아에게서 태어났다.

그는 유일하신 그리스도이시고 성자이시며 주님이시다. 우리는 그가 혼동되지 않고, 변하지 않으며, 나누어지지 않고, 분리되지 않는 두 본성으로 이루어짐을 인정한다. 두 본성의 차이는 연합으로 인해 절대로 사라지지 않으며, 반대로 두 본성의 각각의 몫은 하나의 유일한 인격 안에서 보존되고 만난다."

마르키아누스와 풀케리아는 451년 10월 25일에 있었던 공회 폐막식에 나란히 참석한다. 황제는 회의 결과를 승인하려는 주교들에게 엄숙하게 선언한다.

"모든 사람들이 신성하고 진실한 공회의 결정을 따르기 바라며, 누구나 공통된 신앙을 영위하고 진실하고 보편적인 신앙을 인정하기 바란다."

한편으로는 칼케돈의 신앙고백을 받아들이지 않으려는 반대자들에게 가해질 제재(제국의 도시에서 추방, 군인들과 관리들의 경우 강등과 좌천)와 공회의 결론에 대한 논쟁의 전면 금지와 같은 후속 조치를 전달한다.

단일신성론의 분열

칼케돈의 결론은 안디옥 교회가 알렉산드리아 교회를 물리치고 승리했다는 것을 의미한다. 이에 대해 알렉산드리아 사람들은 깊은 좌절감과 동시에 말로 표현할 수 없는 모욕감을 느낀다. 알렉산드리아 교회가 믿고 소중히 여기던 주교는 부정한 자로 매도되고, 정죄되고, 고발당하고, 유배당했다. 회기 중에 그를 보호하려 했던 사람들도 그에 못지않은 고통을 감수해야 했다. 그들은 다수에게 거센 비난을 받았으며, 추방당하지 않으려면 어쩔 수 없이 자신들의 정통적 주장을 버려야만 했다.

들끓던 불만이 마침내 이집트와 예루살렘에서 터지고 만다. 수도사들이 이끌던 신봉자들이 격렬한 시위를 벌이면서 디오스코루스가 설교했던 교리를 공개적으로 저버리고 배신한 주교들을 거칠게 성토한다. 그들은 죽을 때까지 싸울 것이며, 그들의 신앙을 지키기 위해 필요하다면 순교를 마다하지 않겠다고 다짐한다. 예루살렘에 살고 있던 테오도시우스 2세의 미망인 에우독시아가 그들의 후원자로 나선다. 그러나 마르키아누스 황제가 시위자들을 진압하기 위해 무력을 동원하고, 칼케톤의 결정에 반대하는 주교들을 가차없이 유배 보내며, 떠나기를 거부하는 자들을 예외 없이 처형하기로 결정하는 순간 모든 저항은 물거품이 되고 만다.

알렉산드리아의 상황은 일촉즉발의 위기 상황에서 내전 형태로 발전한다. 황제의 군사들이 시민들에게 부상을 당하고 여기저기에 숨고 산 채로 불태워진다. 교회는 디오스코루스의 뒤를 이어 알렉산드리아의 새 주교로 임명된 프로테리우스를 인정하지 않는다. 457년 마르키아누스가 죽자 프로테리우스가 해임되고, 티모테우스가 그의 자리를 대신해 알렉산드리아의 주교가 된다. 새로운 주교로 임명된 그가 선택한 최초의 주도권은 칼케돈을 고발하는 공회를 소집한 것이다.

마르키아누스를 계승한 레온 황제(교황 레온과 이름이 같았다)는 사태의 심각성을 깨닫는다. 그는 선임자들이 행한 무력 진압이 단일신성론자들의 저항을 근본적으로 막지 못했다는 것을 분명히 인식한다. 오히려 역효과를 초래했던 것이다. 황제는 이전처럼 알렉산드리아에 군대를 보내는 대신 동방의 주교들과 다양한 방법으로 타협을 시도한다.

그와 더불어 레온 교황도 나름대로 타협을 시도한다. 그러나 그가 택한 방법은 의견이 다른 주교들에게 편지를 보내 칼케돈의 정의를 더 분명히 밝히려는 서투른 타협이 되고 만다. 칼케돈의 정의가 그리스도 안에서 완전한 두 본성이 연합하고 나서도 여전히 존속하는 이중성을 인정하는 것이라면, 교황은 이중성을 부인하는 그들을 어떻게 설득할 것인가?

많은 동방의 주교들, 즉 시리아·팔레스타인·에티오피아·아르메니아의 주교들과 더불어 이집트 주교들의 주장은 근본적으로 본성의 결합이 이루어지면 오직 '유일한 본성*monos physis*'만 남는다는 것이다. 그들은 인간의 제한적이며 일시적인 본성은 신성과 연합한 뒤에는 무한하고 영원한 신성에 완전히 흡수되어 흔적도 없이 사라질 뿐이라고 일관되게 주장한다.

설득이 무위로 돌아가자 황제는 알렉산드리아 주교(티모테우스)를 크리미아로 유배 보내고 티모테우스라는 동명同名의 주교를 임명한다. 그러나 그의 임기는 단기간에 불과했고, 게다가 수천 명의 희생자를 낳은 시민들의 봉기로 점철되었다.

레온 황제가 죽고 이어서 제노 황제의 짧은 통치가 끝나고 난 뒤 바실리스쿠스가 황제의 지위를 계승한다. 제국의 화합을 보장하는 교회의 일치를 이루기 위해 그는 선임자들과 근본적으로 다른 종교 정책을 펼친다. 황제는 티모테우스를 수도원으로 보내고 유배 중이던 다른 티모테우스를 다시 부른다. 그리고 그와 더불어 이전에는 볼 수 없었던 극적인 화해를 시도한다.

교황은 티모테우스를 콘스탄티노플에서 반갑게 맞이한다. 그들은 대화를 통해 일반적으로 교황 회칙이라고 불리는 소중한 문서를 작성한다. 이것은 칼케돈의 불완전한 개혁을 고발하고 그리스도의 신적이며 인간적인 본성의 결합 방식을 거의 언급하지 않은 니케아와 콘스탄티노플의 신앙고백으로 회귀할 것을 권장한다. 말 그대로 양 진영의 대타협을 위한 획기적 문서가 만들어진 것이다. 이집트인과 팔레스타인을 포함해 거의 600명에 가까운 주교들이 이 교황 회칙에 서명한다. 그때부터 그리스도의 신성만을 인정하는 단일신성론도 선택된 땅에 뿌리내릴 수 있게 된다.

바실리스쿠스가 제노에게 전복당하고, 제노가 477년 권력을 재탈환하면서 새로운 황제는 티모테우스를 다시 유배 보내고 다른 티모테우스를 불러들인다.

우리는 이처럼 알렉산드리아의 주교가 임명되었다가 해임되고 다시 임명되는 파란만장한 계승을 오랫동안 목격하게 된다. 그러는 동안 알렉산드리아의 주교는 로마와 멀어지면서 로마 교회의 지배에서 서서히 벗어난다. 6세기 말 알렉산드리아 교회는 심지어 한 교회에 칼케돈을 지지하는 주교와 반대하는 주교, 즉 두 명의 주교가 함께 동거하는 희극적 상황을 맞기도 한다. 그러나 630년경 아랍의 정복이 있고 나서야 이집트 교회는 로마 교회의 간섭에서 벗어나 완전히 독립한다.

이집트 교회는 로마에서 독립해 콥트 교회가 된다(이집트를 뜻하는 *egyptos*에서 유래한다). 이집트와 에티오피아의 콥트 교회는 시리아 교회와 아르메니아 교회와 더불어 우리가 '세 공회 교회'라고 부르는 교단을 형성한다. 그들은 칼케돈 공회를 배제하고 처음의 세 공회만 인정하기 때문이다.

이처럼 교회의 역사는 그리스도 교리의 해석에 따라 서로 합치거나 분리되면서 점점 진정한 신앙의 정통성을 향해 나아간다.

에필로그

⟨

5세기에 걸쳐 소용돌이치는 혼돈의 역사를 맞지만 초기 기독교는 그 시기에 로마 황제와 교황의 특혜를 받으며 강성한 교회를 태동시킨다. 콘스탄티누스 황제는 기독교의 깃발 아래 제국을 통일시키기 위해 과감한 승부수를 던지고, 마침내 승리한다. 451년부터, 그리고 칼케돈의 4차 세계 공회 이후로 대부분의 그리스도인은 예수의 정체성에 대해 공통된 의견을 나타낸다. "두 가지 본성을 지닌 유일한 인격으로서 예수는 신인 동시에 인간이다"라는 기독교의 기본 교리를 갖추게 된다.

물론 모든 기독교 공동체가 완전하게 교리의 일치를 이룬 것은 아니다. 우리가 살펴보았듯이 내부에서 끊임없이 분열된 움직임이 일어났으며, 로마 교회에서 분리된 일부 종파가 이질적 형태로 오늘날까지 존속하고 있다. 그러나 로마제국은 대교회의 교리에 근거하는 신앙을 선택했고, 대교회는 황제들의 지지를 받으며 그들의 교리를 바탕으로 정통성을 내세운다.

로마제국의 몰락과 이방족의 침입이 있었지만 이미 확고하게 뿌리내린 기독교의 근간은 좀처럼 흔들리지 않는다. 이방의 군주들은 자신들의 정치권력을 제대로 뿌리내리려면 권위 있는 종교로 개종하는 것이 유리하다는 사실을 깨달았기 때문이다. 고대 말기부터 르네상스 초기에 이르기까지 '기독교의 시대'가 열린다. 천 년의 오랜 세월을 거치면서 기독교 사회는 시골의 농부에서 왕에 이르기까지 4세기와 5세기에 걸쳐 제정된 대공회의 신앙을 한목소리로 제창한다.

강성한 기독교의 울타리 안에서 유대인 소집단은 다행히 명맥을 유지한다. 반면 교회는 기독교 세계의 경계까지 파고들며 성장하는 이슬람 신앙을 거세게 공격한다. 이슬람교는 삼위일체의 신앙을 비난하며 엄격한 일신교로 회귀할 것을 주장하기 때문이다. 기독교는 힘겹게 쟁취한 공동 신앙의 교리를 근본적으로 문제 삼는 종파들을 이단으로 단죄한다.

이단자들은 교회의 교리와 권력을 뒤흔들 위험이 있을 뿐 아니라 기독교 내부의 결속마저 위협한다. 카타리파[1]는 이런 이유로 고통스러운 경험을 겪었다. 1209년 로마 교황이 카타리 지파인 알비파[2]에 맞서 처음으로 십자군을 보내면서 집단적인 유혈 탄압이 시작된다. 십자군은 1226년에 프랑스의 루이 8세가 필리프 아우구스투스를 계승하면서 황제의 군사들을 십자군에 파병하며 절정을 맞는다.

그노시스파가 주장했던 이원론의 상속자인 카타리파는 삼위일체의 근본을 부정하며, 물질은 악한 조물주의 작품이라고 주장하고 영혼의 창조자인 선한 하나님은 삼위일체의 다른 두 요소인 성자와 성령보다 상위에 존재한다고 주장한다. 그들은 천사들 가운데 가장 높은 천사가 바로 중개자 역할을 맡은 성령이며, '하나님의 왕국'을 선언하는 성자는 구원의 메시지를 전하지만 하나님은 아니라고 단언한다. 1215년 11월에 열린 라테라노의 4차 공회(전체적으로 계산해서 열한 번째 세계 공회가 된다)는 카타리파(그리고 알비파)가 주장하는 왜곡된 삼위일체론의 이단성을 단죄하기 위한 세계 공회였다.

11세기가 되자 대교회는 둘로 쪼개지는 심각한 갈등을 겪으면서 로마어를 사용하는 서방의 교회와 그리스어를 사용하는 동방의 정교회로 분리된다. 그러나 동방과 서방으로 갈라지는 교회의

---

1. 12~13세기에 유럽에서 위세를 떨친 기독교 이단으로 물질을 악의 근원으로 정의하면서 신과 대립시키는 이원론과 육식·결혼 생활·사유재산을 부정하는 극단적인 금욕주의가 특징이다. 로마 교회는 이를 이단으로 규정하고 십자군을 보내 토벌한다. 십자군에 의해 붕괴된 카타리파는 15세기 초에 완전히 소멸된다. _역자
2. 카타리파 이단의 추종 세력으로 12세기 중엽 프랑스 툴루즈 지방의 알비에 전파되어 크게 세력을 떨쳤다. _역자

분리는 교리 차이에 기인하는 것이 아니다. 분열의 명분이 되는 성령에 관한 삼위일체 논쟁은 사실 핑계에 불과하다. 실상 교리적 문제는 로마 교회에서 완전한 독립을 원하는 동방교회의 오랜 숙원과 교황의 권위에 전적으로 복종하는 서방교회 사이에 이미 벌어진 심각한 균열을 결론짓는 구실일 뿐이다. 정교회의 분리는 신학적인 이유보다는 정치적인 이유에서 비롯된다. 물론 중대한 사건이기는 하지만, 성직자의 조직과 의식儀式 문제로 인한 동방교회와 서방교회의 분리가 예수의 정체성에 대한 그리스도인들의 일치된 신앙을 훼손하는 것은 아니었다. 예수는 여전히 양 진영에서 삼위일체의 제2위격인 성자의 강생으로 인정된다.

르네상스 시대에 서방의 기독교 세계를 양분시키는 새로운 분리가 일어난다. 그것은 프로테스탄트(개신교)의 종교개혁에 따른 총체적인 분열이며, 두 지도자 루터와 칼뱅은 가톨릭 교회를 근본적으로 개혁하고 로마의 독선에서 벗어나기를 바랐다. 그들은 교황청의 면죄부 판매와 성직자들의 부패를 고발하면서, 모든 그리스도인들에게 형식적인 종교에 얽매이지 말고 신앙의 본질로 돌아가서 무엇보다 성경을 읽고 진정한 메시지를 파악하라고 권한다. 또한 사제들의 성적인 타락의 원인이 되는 독신을 비판하며 성직자들의 결혼을 권장한다. 그들은 구원에 이르는 본질적 신앙과 선행의 역할을 포함한 몇 가지 신학적 문제에 대해 가톨릭 교회와 다른 의견을 내놓는다.

그러나 어느 순간에도 그들은 니케아에서 칼케돈까지 네 번의 세계 공회를 거치며 만들어진 삼위일체의 신학적 근거를 문제 삼지는 않는다. 예수의 정체성에 대해서는 개신교나 가톨릭이나 정교회를 가리지 않고 모두 일치된 교리를 내세운다.

종교개혁은 민주화를 촉진시키고 종교적 다원론을 주장하면서 마침내 서양 사회에 정교분리政敎分離를 정착시키는 발판이 된다. 몽테뉴와 에라스무스 같은 계몽주의 사상가들은 인본주의자들과 개혁주의자들이 세운 보편적 이념에 근거해 가톨릭 교회로 하여금 종교의 관용을 베풀 것을 요구한다. 정치와 종교가 분리된 민주국가의 성립은 인본주의에 토대를 두는 현대사회의 핵심이다. 물론 인본주의는 근본적으로 복음서의 메시지에서 심층적인 영감을 얻지만, 더 이상 종교의 강압적인 틀에 머무르지 않는다. 성직자들의 일방적 권력에서 벗어나 보편적인 인권을 강조하는 민주주의는 인간의 합리적 이성에 근거한다. 이처럼 가톨릭 교회는 수세기 동안 정교분리, 민주주의, 의식의 자유, 인간의 권리 같은 현대성을 이루는 근본 가치와 대립된다.

가톨릭 교회는 인본적인 '현대 사상'을 받아들이지 않고 조직적으로 맞서거나 의도적으로 회피한다. 16세기부터 지속된 인본주의에 맞선 공세적 입장을 버리고, 종교개혁의 충격에서 벗어나 '그 시대의 세상'과 적극적으로 어울리려는 시도는 바티칸 2차 공회(1962~1965년)가 열리면서 시작되었을 뿐이다. 다시 말해 테오도시우스 황제 이후 그리스도인들의 신앙에 대해 행사하던 교회의 독점 권리는 20세기 중반이 되면서 결정적인 국면을 맞는다.

이런 근거로 어떤 신학자들은 바티칸 2차 공회가 '콘스탄티누스 시대의 완전한 종말'을 고했다고 주장한다. 이는 로마 교회가 오랫동안 사회에 행사하던 강압적인 영향력의 종식을 인정하는 것이다. 그로부터 청빈을 주장하는 복음서 메시지로의 복귀, 사랑의 절대 가치, 일시적 권력과 영적 권리의 분리가 되살아난다.

르페브르를 필두로 보수주의자들은 종교적인 자유를 인정하는 교황령을 문제 삼아 바티칸 2차 공회를 인정하지 않는다. 보수적인 성향의 베네딕토 16세가 교황으로 선출되고, 그가 극단적인 전통주의자들을 교회의 품으로 끌어들이기 위해 2009년에 시도했던 구태의연한 방식은 개혁적인 바티칸 공회를 지지하고 다른 종교들과 대화하면서 현대사회의 특성을 요구하는 그리스도인들의 거센 반발을 부른다.

그러나 보수주의자들의 분열은 신앙의 정의에서 비롯되지 않고, 교회 또는 교회가 사회에 행사해야 하는 역할에 근거한다. 대략 50년 전부터 사회를 억누르는 생생한 긴장이 성직자와 정치, 사회, 도덕적인 주제를 압박하지만 교리적인 문제를 지적하지는 않는다. 교회를 비판하거나 떠나는 그리스도인의 근본 문제는 성생활이나 성직자들의 결혼, 자유 신학이나 여성의 지위, 내적 민주주의의 결핍(보수주의자들에게는 과잉이 되겠지만) 같은 실생활에 관계된 것들이다. 1968년 바오로 6세는 「인간 생명*Humanae Vitae*」이라는 이름으로 보수적인 교황 회칙을 출간한다. 이렇게 교회가 전통을 앞세우며 예외 없이 낙태를 비난하고 일방적으로 단죄하자 상처를 입은 많은 그리스도인들이 가톨릭 교회를 비난하며 등을 돌렸다. 에체가레 추기경은 이 상황에 대해 알맞은 표현을 찾았다.

"우리는 말 없는 분열을 목격하고 있다."

사실상 그리스도의 본성에 대한 논쟁은 4세기 말부터 교회 안에서 사라졌다. 오늘날 이 문제는 더 이상 종교회의의 안건이 되지 않으며, 고대에서처럼 공공연한 신학적 논쟁의 대상이 되지도 않는다. 각자의 신앙고백이 무엇이든 현대의 모든 그리스도인은 그리스도의 신성을 인정하는 기독교 신앙을 공유한다. 그러나 기본 교리에 대한 가시적인 일치에도 불구하고 실제로 많은 그리스도인이 삼위일체 교리를 제대로 이해하지도, 따르지도 못하고 있다. 얼마나 많은 그리스도인이 삼위일체론을 분명히 알거나 이해하는가? 그리스도인 가운데 얼마나 많은 사람이 진정으로 예수의 신성을 인정하는가?

사회 논리학적인 연구와 서방 국가들을 대상으로 실시한 여론조사를 보면, 개인주의와 비평 의식의 발달이라는 현대성의 두 매개가 그리스도인의 신앙을 심층적으로 변화시킨다는 것을 알 수 있다. 오늘날에는 모든 면에서 교리가 일치하는 집단적 신앙의 정의는 불가능하게 되었다. 조금 풍자적으로 말하자면, 서로 다른 문화 특성에 따라 이질적 경향을 드러내면서 그리스도인은 각자에게 적합한 '개인의 교리'를 가지고 있다. 예를 들면 미국인의 경우 유럽인에 비해 삼위일체나 강생 이론을 믿는 사람이 훨씬 많다.

"너희는 나를 누구라 하느냐?"라는 예수의 질문에 대한 유럽인의 대답은, 심지어 교회에 열심히 다니는 그리스도인에게서조차 매우 다양하게 나타난다. 더욱이 현대적인 신앙의 정의에서도 초기 기독교의 수많은 이단성을 다시 발견한다는 것은 매우 흥미로운 일이다. 다시 말해 예수에 대해 "하나님이 양자로 택한 한 인간"이라는 주장은 양자론자들의 이론이었으며, "하나님의 아들이지만 성부보다 열등한 존재"라는 주장은 종속론과 아리우스설을 따르고, "진정한 하나님인 동시에 진정한 인간이지만 그 안에서 오직 인간의 본성만이 강생의 고통을 겪는다"는 이론은 네스토리우스설을 따른다.

유럽의 그리스도인에게 예수는 점점 하나님의 강생이 아닌 다른 존재가 되고 있다. 예수는 상징적인 의미에서 하나님의 아들이거나 모범적인 인물, 말하자면 성인이나 선지자 또는 현인으로 여겨진다. 그리고 부활이라는 주제도 많은 사람들이 진실로 인정하기보다는 오히려 의심을 품는다. 나는 지금 기독교 문화에 관심이 없는 불신자나, 신앙은 있지만 교회에 다니지 않는 사람들에 대해 말하는 것이 아니다. 그들에게는 예수가 단지 인간일 뿐이지만, 그리스도인으로 자처하는 사람들조차 예수의 신성을 확신하지 못하고 있다.

그러나 예수의 신성을 부정하는 순간 본질적인 질문이 제기된다. 예수가 신이 아니라면 기독교 신앙에서 무엇이 남는가? 우리는 무엇을 기독교 신앙의 근본 토대라고 말할 수 있는가? 기독교의 본질적 근거는 무엇인가?

삼위일체와 강생의 교리는 대부분의 교회에서 공유하는 기독교 신앙의 근본 원리가 된다. 그러나 아르메니아 교회와 동방의 콥트 교회는 초기의 3공회에서 파생된 신앙의 정의만 인정하고 있다. 우리가 이미 살펴본 대로 네스토리우스 교회는 초기의 2공회만 인정한다. 반면 개혁파 교회는 초기의 4공회를 모두 인정하고, 정교회正教會는 7공회를, 로마 가톨릭 교회는 21공회를 인정한다.

로마 교회의 정통적인 신앙은 니케아 공회에서부터 근래에 교황령으로 선언된 교황 회칙까지 전반적인 교리를 받아들이며, 새롭게 제정된 교황 회칙은 다음 세 가지 교리를 담고 있다. 마리아의 무염수태는 1854년 교황 비오 9세에 의해서, 교황의 무오성은 1870년 바티칸 1차 공회에서, 그리고 성모 마리아의 승천은 1950년 교황 비오 12세에 의해 교리로 제정된다.

우리가 살펴본 대로 정통적인 신앙은 강생과 삼위일체의 교리를 제정했던 니케아-코스모폴리탄 공회의 교리 안에 이미 들어 있다. 그러나 삼위일체론은 3세기의 기독교 종파들, 즉 아리우스파, 가현론자들, 양자론자들에 의해 부인되었으며, 오늘날에도 많은 그리스도인들이 분명히 이해하지 못하거나 사실로 인정하지 않는다. 그렇다면 그들이 진정으로 기독교를 믿지 않는다는 것을 의미하거나 그들의 신앙이 거짓되거나 불완전하다는 말인가?

만약에 그렇다고 대답한다면, 기독교 신앙의 근본 교리가 처음에는 없었다가 3세기 또는 4세기에 공회의 결정에 따라 점진적으로 그리고 인위적으로 만들어졌다는 말이 된다. 그것이 사실이라면 그 이전의 사도들의 신앙은 무엇이며, 삼위일체와 강생의 이론이 세워지기 전에 이미 예수를 믿었던 증인들의 신앙은 모두 거짓 신앙이라는 말인가? 베드로와 막달라 마리아, 마가나 바울의 신앙이 진정한 신앙이 아니라는 주장은 도무지 사리에 맞지 않는다. 세 인격을 지닌 하나님 또는 두 본성을 지닌 예수에 대해 뚜렷한 인식이 없었기 때문에 그들의 신앙이 불완전했다고 말하는 것도 이치에 맞지 않는다. 이는 교리가 신앙을 만드는 것이 아니라 교리 이전에 신앙이 먼저 존재한다는 명백한 진리를 모르기 때문이다.

2세기부터 제정된 교리 이전에 기독교 신앙의 근거와 본질은 간단히 말해 사도들의 주장에서 비롯된다. 그것은 예수를 알고 그를 믿는 사람들의 신앙이며, 가장 오래된 기독교 저서 안에서 우리가 발견한 숱한 증인들이 밝히는 신앙이다.

그렇다면 초기 기독교의 증인들에게 공통된 신앙은 무엇인가? 그것은 예수의 인성과 그가 맡은 사명에 직접적으로 관련된 두 가지 요소로 설명할 수 있다.

1. 예수는 하나님과 특별한 관계를 지닌 존재이며, 하나님과 인간 사이의 유일한 중개자로서 구원자의 역할을 맡는다.
2. 예수는 죽었다가 다시 살아났으며, 죽은 자 가운데서 부활한 그는 눈에 보이지 않게 세상과 사람들에게 계속 존재한다.

나는 이 두 주장이 바로 기독교 신앙의 핵심을 이루는 것이라고 생각한다. 제자들에게 예수는 전적으로 인간이다. 그는 결코 인간의 모습을 지닌 신으로 여겨지지 않았으며, 하나님이나 아브라함 또는 모세의 강생으로 여겨지지도 않았다. 그는 하나님과 맺은 유일한 관계를 통해 유대인들이 기다린 메시아가 되었으며, 세상을 구원하기 위해 그리고 세상에 보내기 위해 하나님이 택한 아들 곧 성자가 된다. 이런 정체성으로 말미암아 예수는 "모든 이름 위에 뛰어난 이름"으로 세상의 모든 피조물과 천사들 위에 으뜸가는 존재가 된다.

이처럼 예수와 하나님의 극단적 친밀함과 그를 특별한 인물로 만드는 하나님의 거룩한 선택이 세 번에 걸쳐 복음서에 나타난다. 예수가 광야에서 요한에게 세례를 받을 때, 변화산상에서 변형될 때, 그리고 죽은 지 사흘 만에 다시 부활할 때 예수는 하나님의 특별한 선택을 받는다.

예수가 세례를 받을 때 하늘에서 신비한 음성이 들려오며 하나님이 그에게 주시는 기이한 사랑을 계시한다.

"너는 내 사랑하는 아들이라 내가 너를 기뻐하노라"

「마가복음」1장 11절

예수가 베드로와 야고보, 요한을 데리고 산에 올라갔을 때, 예수의 모습이 찬란하게 빛나면서 두 선지자 엘리야와 모세와 이야기를 나눈다.

그때 하늘에서 들려오는 음성이 세 명의 사도에게 들린다.

"이는 내 사랑하는 아들이니 너희는 그의 말을 들으라"

「마가복음」 9장 7절

예수는 제자들에게 그(예수)가 죽은 자 가운데서 다시 살아나기까지 지금 들은 것을 아무에게도 말하지 말라고 지시한다. 이렇게 예수는 하나님의 특별한 선택을 증명하는 세 번째 방식, 즉 부활을 말한다. 복음서는 예수가 전한 부활의 예언에 대해 제자들이 의아하게 생각했다고 덧붙인다.

"그들이 이 말씀을 마음에 두며 서로 문의하되 죽은 자 가운데서 살아나는 것이 무엇일까 하고"

「마가복음」 9장 10절

예수의 부활은 분명 제자들을 당황하게 만든 가장 충격적인 사건이다. 그리고 예수의 부활로 말미암아 인류의 생명을 구원하기 위한 보편적 사명을 완성하기 위해 하나님이 선택한 유일한 인간이 바로 예수라는 사실이 입증된다. 그러나 부활한 예수에 관한 성경의 기록은 언뜻 읽어서는 제대로 파악할 수 없으며, 뭔가 모호하고 이상한 느낌을 준다. 예수가 분명히 죽었다가 다시 살아났지만 부활한 육신은 이전과 같지 않다. 물론 예수의 육신은 실제 육신이며 유령이 아니다. 부활한 예수가 구운 생선을 먹었는가 하면 제자들이 만져볼 수 있게 자신의 상처를 보여주기 때문이다.

그러나 그의 몸은 닫힌 문을 그냥 지나는가 하면 나타났다가 갑자기 사라지는 등 분명히 이상한 몸이었다. 가장 가까운 사람들조차 그를 알아볼 수 없었다. 막달라 마리아는 바로 옆에 있는 예수를 알아보지 못하고 무덤 안에서 그의 시신을 찾으려 애썼고, 엠마오로 가던 순례자들은 예수와 함께 길을 걸으면서도 그가 누군지 모른 채 십자가 고난의 충격적 사건을 예수에게 말했다.

복음서 저자들은 마치 이런 모순된 상황들을 통해 이성으로는 파악할 수 없는 뭔가를 일깨우려는 것 같다. 분명 시체가 소생한 것이 아니지만 예수는 새로운 몸으로 그들에게 나타났고, 지난 삶의 흔적이 그대로 새겨진 실제 육신이지만 동시에 새로운 육신이 된다. 나사로를 비롯해서 이전에 죽은 사람들을 살린 방식대로 예수가 소생한 것이 아니라면, 부활이라는 전대미문의 사건이 죽은 몸의 소생과는 완전히 다르다는 것을 뜻한다. 다시 말해 그의 육신은 전능자에 의해서 새로운 육신으로 변화된 것이다.

부활한 예수는 제자들과 그를 믿는 모든 사람들에게 이전과는 다른 방식으로 나타난다. 그는 분명 새로운 존재로 변했으며, 제자들에게 익숙했던 과거의 존재를 단념하라고 요구한다. 헛되이 시체를 찾던 막달라 마리아가 예수를 알아보고 그 발 아래 무릎 꿇었을 때 예수는 이렇게 말한다.

"나를 붙들지 말라 내가 아직 아버지께로 올라가지 아니하였노라 (…) 내가 내 아버지 곧 너희 아버지, 내 하나님 곧 너희 하나님께로 올라가리라" 「요한복음」 20장 17절 예수의 부재가 그가 존재하는 새로운 조건이 된다. 그는 내면적인 존재가 되어 믿는 자들의 마음에 자리잡는다. 부활한 모습을 보여주면서 제자들의 신앙을 완전히 새롭게 재구성한 뒤 예수가 마침내 하늘로 승천하며 제자들의 눈에서 완전히 사라졌다고 복음서는 기록하고 있다. 자신의 부활을 통해 예수는 모든 사람들의 부활을 예시한다. 그가 죽음을 물리치고 죽음을 뛰어넘어 다른 세상의 문을 활짝 열었기 때문이다. 제자들의 신앙을 다시 일으켜 세운 것은 바울이 지적한 대로 그리스도의 '복음'이다.

"그리스도께서 만일 다시 살아나지 못하셨으면 우리가 전파하는 것도 헛것이요 또 너희 믿음도 헛것이며" 「고린도전서」 15장 14절

예수가 하나님과 특별하고 유일한 관계이며, 단지 죽은 자 가운데서 부활했다는 사실 때문에 그가 바로 하나님이라고 단정할 수는 없다. 우리가 살펴본 대로 강생 이론은 그가 죽고 나서 60년 이상 지난 다음에야 나타나며, 삼위일체론도 2세기가 되어서야 등장한다. 물론 이 말이 신학이나 교회가 제정한 교리가 무의미하다는 뜻은 아니다. 교회는 예수가 직접 했던 말을 토대로 신앙의 정의를 내리고, 정통 교리를 제정하기 위해 사람의 이성이 아니라 성령의 도움을 구한다.

어떤 사람들은 개인의 이익이나 정치적 사건이 종종 공회의 결정을 지배했다는 점을 들어 교리의 제정과 신앙의 정당성을 의심한다. 반면 어떤 사람들은 "하나님은 곡선을 가지고 곧게 쓰신다"

고 말하면서, 교회가 그리스도의 정체성을 밝히는 데 도움을 주기 위해 하나님은 개인적 또는 정치적 우연성을 이용한다고 주장한다. 이는 교회의 권위를 전적으로 인정하는 신앙이다. 그러나 교회의 권위가 지니는 절대성에 대한 인식이 아르메니아파나 개신교도, 가톨릭 신자, 정교회 신자에게 모두 똑같은 방식으로 이루어지는 것은 아니다.

교회의 권위 또는 복음서의 증언을 통한 기독교 전통에 대한 신뢰가 어떻든 나는 기독교 신앙의 토대가 사도들의 증언 안에 뚜렷이 드러난다는 사실을 확인하는 것이 매우 중요하다고 생각한다. 그들의 증언을 살펴보면 예수는 분명 유일한 존재지만 그렇다고 해서 그가 유일한 하나님, 즉 성부 하나님은 아니다.

삼위일체론은 그리스도의 신비를 이성적으로 설명하는 데 매우 유익한 시도라고 생각한다. 실제로 삼위일체론은 수많은 성인들과 신비로운 인물들의 특별한 신앙과 깊은 성찰을 고취시킨다. 하나님의 뜻은 자신으로부터 확산되기 때문에 하나님은 홀로 존재하시지 않는다. "하나님은 사랑이시라"는 선언처럼 사랑이 하나님의 존재 자체를 구성하지만, 사랑을 포함한 하나님의 창조 행위가 그 자신을 넘어서서 확산되기 전에 삼위 하나님의 관계를 통해 이루어진다.

불신자들뿐만 아니라 신자들에게도 이런 설명은 매우 복잡해 보일 수 있지만 사실 단순할 수도 있다. 복잡해 보이는 이유는 그 형식이 섬세한 정신을 필요로 하기 때문이다. 이런 설명을 제대로 이해하려면 역설과 철학적 개념을 다뤄야 하지만, 그러한 형식들은 대부분 그리스도인의 지성과 마음에 모호하게 다가서기 때문이다. 하나님이 존재한다면 그는 필연적으로 단순하며 유일하다. 그리스 철학자들이 말하는 '하나'의 개념은 인간의 유일한 이성에 의해 이해될 수 있으며, 성경이나 코란이 계시하는 유일한 하나님과 관념적으로 같을 수 있다. 하나의 원리와 유일한 신의 인격, 비인격적인 창조의 능력을 믿는 것은 모든 신자들의 공통분모라 할 수 있다.

삼위일체론은 매우 단순한 교리가 될 수 있다. 지나치게 신비를 덧붙이면 교리는 말할 수 없는 것을 말하려 하거나 생각할 수 없는 것을 이성적으로 밝히려는 헛된 시도로 끝날 수 있다. 완전히 다른 자로 정의되는 존재에 대해 우리가 무엇을 알 수 있겠는가? 예수의 정체성에 대해 뭔가가 여전히 수수께끼로 남는다는 것은 절대로 무의미한 일이 아니다.

예수가 하나님과 유일하고 특별한 관계가 있다는 말은 고전적인 삼위일체론과 달리 설명될 수 있다. 그래서 우리는 하나님이 존재하지만 말로 표현할 수 없고, 본질에 있어서 유일한 하나One라는 중세 신학자들의 용어를 다시 사용한다. 그러나 위격의 차원에서 하나님은 셋이 되며, 세 가지의 다른 양태樣態를 통하여 사람에게 나타난다. 성부 하나님의 창조적인 모습, 로고스(성자)의 지적인 모습, 그리고 성령의 위로자로서의 모습이다.

예수는 로고스, 즉 말씀이 강생한 존재로서 그의 삶과 메시지를 통해 하나님을 강생하고, 인간적인 존재가 말할 수 있는 한계까지 하나님을 말한다. 인성을 지닌 존재이면서 완전하게 신성을 실현하기 때문에 그는 인간인 동시에 신이 된다. 그러나 인간의 이성으로는 도저히 하나님의 본질에 다가설 수 없기 때문에 육신을 입은 예수는 본질에서 성부 하나님의 강생이 아니다.

중세 유럽의 위대한 신학자 토마스 아퀴나스의 주장도 이와 근본적으로 다르지 않다. 하나님에 대해 무려 2천 장이 넘는 방대한 글을 쓰고 나서 그는 자신의 작품을 모두 불태워버리고 싶어 했다. 누구보다도 하나님에 대해 깊은 지식을 갖춘 그는 망설임 없이 이렇게 주장했다.

"우리는 하나님이 무엇인지 말할 수 없으며, 다만 무엇이 아닌지에 대해서 말할 수 있을 뿐이다."

하나님은 다가설 수 없는 본질에서 하나이며, 세상에 드러나는 양태에서 셋이라고 말할 수 있다. 이는 자칫 이단적인 형식처럼 들릴 수 있지만, 하나님의 신비를 훼손하지 않으면서 복음서의 세 가지 중심 형상, 즉 성부와 성자와 성령의 일체성을 지키는 논리적인 주장이 된다. 내가 생각하기에는 인간 예수의 유일한 위상을 인정하면서 기독교 신앙을 가장 분명하게 요약할 수 있는 주장은 다음과 같은 바울의 선언이다.

"그는 보이지 않는 하나님의 형상이다!"

그러나 계시된 하나님의 신비를 밝히려는 신학적 주장을 넘어서서 가장 중요한 기독교 신앙의 요체는 예수의 인격 안에서 불완전한 인간과 완전하고 영원한 하나님이 결합한다는 사실을 믿는 것이다. 이처럼 기독교는 책의 종교가 아니라 사람의 종교다. 이슬람교에서 코란은 하나님의 말씀 자체이며, 유대인들에게 율법(토라)은 말씀을 통한 하나님의 계시이므로(강생이라는 단어가 종종 사용된다) 거의 하나님처럼 신성시된다. 그러나 그리스도인들에게 하나님은 텍스트로 나타나는 것이 아니라 예수라는 한 인격을 통해 나타난다. 그의 삶과 말, 언제나 현재형인 그의 존재를 통해 예수의 인격은 하나님의 말씀을 표현하고 전파한다. 기독교는 인격의 종교이자 실존의 종교로 정의해야 한다.

따라서 기독교는 인격의 종교로서 성서에 기록된 율법보다 계명의 목적인 사람을 중시해야 한다. 이것이 간음한 여인을 대하는 예수의 유명한 일화가 주는 명백한 의미다.「요한복음」8장

유대인들은 간음하다가 현장에서 붙잡힌 여인을 예수에게 데려온다. 여인은 유대인의 율법에 따라 돌에 맞아 죽어야 한다. 그 순간 예수가 무리에게 충격적인 말을 던진다.

"너희 중에 죄 없는 자가 먼저 돌을 던져라!"

예수 역시 유대인이지만, 율법을 보기 전에 먼저 사람을 보면서 예수는 어리석게 율법을 문자적으로 해석하고 적용하는 것을 단호히 거부한다.

모든 사람들에게 예외 없이 적용시키려는 목적으로 수세기에 걸쳐 교회가 제정한 법령은 복음서의 진정한 관점에서 보면 정당한 권리가 아니라 다만 착각에 불과하다. 주교들을 포함한 수많은 그리스도인들은 2009년에 있었던 사건, 즉 한 소녀의 어머니와 그녀를 도운 의사를 파문한 가톨릭 교회의 결정에 엄청난 충격을 받았다. 양아버지에게 강간당하고 임신한 아홉 살의 브라질 소녀를 낙태시키기로 결정한 소녀의 어머니와 의사에게 소브링유 대주교가 교회법을 어겼다는 이유로 파문을 선언하고, 로마 교황청이 이를 승인한 사건이 던진 파장은 기독교 신앙의 본질을 되돌아보게 만든 전형적인 본보기였다.

낙태를 범하는 모든 사람들은 자동적으로 파문한다는 교회법에 따랐다고 하지만, 그런 결정은 기독교 신앙의 본질과 분명히 대립된다. 상대방을 가만히 바라보는 예수의 눈길을 떠올려본다. 율법을 뛰어넘어 간음한 여인을 용서한 예수라면 어떤 결정을 내렸을까? 예수를 대표하고 예수의 메시지를 전파한다고 말하는 교회 제도가 정작 사람을 생각하지 않고 다만 관료적 판단으로 결정 내리는 것을 사람들은 절대로 이해하지 못한다. 중세의 속담에 "최상의 부패가 최악을 낳는다"는 말이 있다. 가장 옳다고 판단할지라도 정말 옳은 것이 아니라면 인간의 죄성에 따라 악한 것이 될 수밖에 없다.

존재의 종교, 다시 말해 그리스도의 영이 사람들의 마음에 내재하는 기독교는 매우 정서적인 특징을 지닌다. 감정적이며 감동적인 표현과 화합을 선호한다. 존재와 인격의 종교로서 기독교는 무엇보다 먼저 사랑의 종교라는 사실을 알아야 한다. 오랜 역사를 거치는 동안 때로는 세상의 권력을 추구하며 일탈하기도 했지만, 기독교는 본질적으로 사랑을 말하고 사랑을 실천하는 종교다. 난민을 위한 구호 활동을 펼치고, 장애인이나 고아들 그리고 병든 사람들이나 감옥에 갇힌 자들, 창녀들처럼 도움이 필요한 사회의 약자들을 위해 헌신적으로 봉사해온 근거는 기독교가 바로 사랑의 종교이기 때문이다. 다른 종교들과는 본질적으로 다른 특성에 따라 기독교는 모든 사람을 차별하지 않고, 모든 사람의 내면에 존재하는 그리스도의 인격을 인정하기 때문이다. 마지막 날의 심판에 대한 예수의 유명한 말을 상기해본다.

"내 아버지께 복 받을 자들이여 나아와 창세로부터 너희를 위하여 예비된 나라를 상속받으라 내가 주릴 때에 너희가 먹을 것을 주었고 목마를 때에 마시게 하였고 나그네 되었을 때에 영접하였고 헐벗었을 때에 옷을 입혔고 병들었을 때에 돌보았고 옥에 갇혔을 때에 와서 보았느니라" 「마태복음」 25장 34~36절

『신약성경』에서 사랑은 기독교의 필연적 가치이며, 심지어 믿음보다 우월한 가치로 소개된다. 바울은 사랑의 소중한 가치를 이렇게 단언한다.

"내가 예언하는 능력이 있어 모든 비밀과 모든 지식을 알고 또 산을 옮길 만한 모든 믿음이 있을지라도 사랑이 없으면 내가 아무

것도 아니요" 「고린도전서」 13장 2절

사랑을 떠나서 기독교는 아무것도 아니다. 예수의 가르침을 심층적으로 살펴보면, 인간이 하나님과 관계를 맺기 위해서 그리고 '임의로 부는' 바람 같은 성령「요한복음」 3장 8절에 감동받기 위해서 믿음과 형식적인 예배가 반드시 필요한 것은 아니다. 사마리아의 산이나 예루살렘의 성전 가운데 어디에서 하나님을 예배해야 하는지 묻는 사마리아 여인에게 예수는 파격적으로 대답한다.

"여자여 내 말을 믿으라 이 산에서도 말고 예루살렘에서도 말고 너희가 아버지께 예배할 때가 이르리라 (…) 때가 오나니 곧 이때라 (…) 예배하는 자가 영과 진리로 예배할지니라"

「요한복음」 4장 21~23절

예수는 영적인 삶의 내면화를 위해 세상으로부터 신적인 권위를 박탈한다. 필연적으로 경쟁적이고 복잡하고 형식적인 종교를 뛰어넘어 본질적으로 단순하고 보편적인 내적 영성으로 사람들을 인도한다. 종교 문화가 표현하는 다양성을 벗어나서 무엇보다 중요한 것은 하나님과 진실한 관계를 맺는 것이다. 예수는 이처럼 종교의 전통으로부터 구원에 이르는 필연적 '길'이자 중심이 되는 정당한 담론을 내세운다.

내가 보기에 기독교 신앙의 특성을 완벽하게 요약했다고 생각하는 사도 요한의 두 문장이 있다. 그 두 문장은 유리되지 않고 서로 반향을 일으키며 한소리로 메아리친다. 요한은 복음서의 서론을 이렇게 마무리한다.

"본래 하나님을 본 사람이 없으되 아버지 품 속에 있는 독생하신 하나님이 나타내셨느니라"

「요한복음」 1장 18절

그리고 그가 작성한 첫 번째 편지에 이렇게 쓴다.

"어느 때나 하나님을 본 사람이 없으되 만일 우리가 서로 사랑하면 하나님이 우리 안에 거하시고 그의 사랑이 우리 안에 온전히 이루어지느니라"

「요한1서」 4장 12절

바로 이것이 기독교 신앙의 본질이며 핵심이다. 하나님은 분명 측량할 수 없는 신비지만, 예수는 그의 궁극적인 본성이 무엇이든 보이지 않는 하나님을 계시한다. 예수는 "하나님은 사랑이시라"는 말씀과 "누구든지 사랑하는 자마다 하나님으로부터 나서 하나님을 아느니라"는 말씀을 전파하며 하나님의 신비를 세상에 전한다. 하나님의 아들로서 세상에 하나님을 전한다는 말은 결국 사랑의 메시지를 전파한다는 말이며, 예수의 종교 곧 기독교를 한마디로 요약하면 사랑의 종교라는 말과 다르지 않다!

예수의 특별한 신성

예수는 누구인가? 그는 '진정한 신'인가 아니면 '만들어진 신'에 불과한가?

뭔가 분명한 결론을 기대했던 독자의 입장에서 보면『신이 된 예수』를 읽고 나서 어딘지 부족한 느낌을 지울 수가 없을 것입니다. 마치 긴 여정의 중간에 머무른 채 종착점에 다다르지 못한 느낌일 것입니다. 예수의 신성에 대해 섣부른 결론을 내리지 않으려는 저자의 분명한 의도 때문입니다. 역사적 사실이 논리를 전개하는 객관적 자료가 될 수 있지만, 예수의 신성을 밝히는 근본적 증거가 될 수는 없습니다. 다만 에필로그에서 저자는 예수의 신적 특성을 초자연적 관점에서 파악하지 않고 근본적인 교훈에서 찾고 있습니다. 따라서 이 책의 메시지를 제대로 파악하려면 예수의 신성을 특별한 관점에서 추론할 필요가 있습니다. 저자가 강조한 핵심을 좀 더 분명하게 이해하기 위해서 역자는 예수의 '특별한 신성'에 초점을 두고 기본적인 이론을 전개하고자 합니다.

우리가 앞에서 살펴본 대로 예수의 신성에 대한 논쟁은 끝나지 않았습니다. 아니, 영원히 끝나지 않을지 모릅니다. 완전한 신성을 말하면서도 정작 사람들은 불완전한 이성의 잣대로 예수의 초월적 신성을 해석하기 때문입니다. 육신을 입고 세상에 왔다는 예수 그리스도의 특별한 신성을 우리는 이해할 수도 증명할 수도 없습니다. 그러나 신성을 증명할 수 없다는 말이 신성을 부정할 수 있다는 근거가 되지는 못합니다. 긍정도 부정도 할 수 없는 인간의 한계가 있을 뿐이며, 객관적 사실로는 예수의 신성을 밝히지 못한다고 인정하는 것이 옳습니다.

그럼에도 불구하고 기독교 역사의 시작과 더불어 오늘날에 이르기까지 예수의 신성을 부정하고 예수의 정체성을 나름대로 정의해보려는 숱한 시도가 있었습니다. 즉, 인간 예수의 특별한 인성을 강조하면서 그의 신성을 부정하려는 시도입니다. 사람의 몸에서 태어난 예수, 따라서 불완전한 인간의 본성을 지닌 예수가 완전한 신이 될 수 없다는 정당한(?) 주장입니다. 고민하고 슬퍼하는 나약한 존재가 그들이 보기에는 결코 신이 될 수 없습니다.

"베드로와 세베대의 두 아들을 데리고 가실새 고민하고 슬퍼하사 이에 말씀하시되 내 마음이 심히 고민하여 죽게 되었으니 너희는 여기 머물러 나와 함께 깨어 있으라" 「마태복음」 26장 37~38절

예수의 신성을 부정하는 주장을 살펴보면 크게 두 가지로 나눌 수 있습니다. 우선, 예수의 신성 자체를 근본적으로 부정하며 성

경에 기록된 것처럼 예수는 나사렛에서 태어난 역사적 인간일 뿐이라는 주장입니다. 그리고 예수의 신성을 인정한다 해도 그것은 '제2의 신'으로서 열등한 신일 뿐 결코 완전한 신은 아니라며 예수의 불완전한 신성을 주장합니다. 그러나 신성의 전제 조건은 완전성입니다. 만약 예수가 완전하지 않다면 그는 당연히 신이 될 수 없습니다. 그리고 우리는 불완전한 신을 믿을 수도 따를 수도 없습니다. 우리가 예수를 믿는 근거는 그가 완전한 신이고 진정한 신이기 때문입니다. 예수는 불완전한 신성이 아니라 이성의 잣대로 해석하는 일반적 신과 다른 그만의 특별한 신성을 지녔을 뿐입니다.

역사적 예수가 단지 특별한 인간일 뿐이라는 주장은 예수의 신성을 근본적으로 부정하는 주장입니다. 그런 생각의 기저에는 불완전한 인간의 몸으로 태어난 예수는 설사 남다른 능력을 지녔다 해도 절대로 완전한 신이 될 수 없다는, 다시 말해 인간은 결코 신이 될 수 없다는 이성적 판단이 깔려 있습니다. '특별한 인간'이라고는 하지만 사실 그도 '먹고 마시는' 인간이었으며, 고통에 몸부림치고, 십자가의 처절한 고난을 앞두고 "내가 고민하여 죽게 되었다"고 탄식하는가 하면, 죽음의 잔이 지나가게 해달라고 처절하게 매달리는 지극히 나약한 인간이기 때문입니다.

"예수가 힘쓰고 애써 더욱 간절히 기도하시니 땀이 땅에 떨어지는 핏방울 같이 되더라"　　　　　　　「누가복음」 22장 44절

"얼굴을 땅에 대시고 엎드려 기도하여 이르시되 내 아버지여 만일 할 만하시거든 이 잔을 내게서 지나가게 하옵소서"

「마태복음」 26장 39절

어떤 관점에서 보면 예수는 분명 신이 될 수 없습니다. 왜냐하면 신은 인간의 고통과 죽음을 뛰어넘는 존재이며, 인간의 희로애락과는 차원이 다른 '지극히 높은' 존재여야 하기 때문입니다. 그런 관점에서 보면 예수는 분명 신이 아닙니다. 실제로 예수는 우리처럼 육신을 입었고, 먹고 마셨으며, 눈물을 흘렸고, 고통을 느꼈습니다. 신이라면 마땅히 사망의 사슬을 끊을 수 있어야 하는데, 십자가에 못 박혀 처절한 고통을 당하면서도 아무 저항도 하지 못하고 힘없이 죽었기 때문입니다.

그러나 예수는 신이 아니기 때문에 십자가에서 죽은 것이 아닙니다. 그는 자신을 기꺼이 제물로 바쳐 세상을 살리기 위해서, 다시 말해 자신을 철저히 희생시키는 '하나님의 거룩한 사랑'으로 세상을 구원하기 위해서 스스로 십자가를 지고 피 흘리며 생명을 바치는 '하나님의 아들', 곧 세상의 신과 본질적으로 구별되는 특별한 신이기 때문입니다. 예수는 지극히 높으신 하나님처럼 높은 보좌, 영광의 보좌에 앉아 세상을 굽어보는 하늘에 계신 신이 아닙니다. 예수는 육신을 벗어난 신, 다시 말해 인간의 삶을 초월하는 신이 아니라 육신과 온전히 결합된 특별한 신입니다. 그것이 바로 예수가 사람의 몸으로 세상에 온 근본 이유입니다.

지극히 높은 신이라서 인간이 감히 다가설 수 없는 신성, "나를 보는 자는 모두 죽으리라"고 말하는 성부 하나님의 신성이라면 예수가 굳이 세상에 올 이유가 없습니다. 천지와 만물을 지으시고 인간의 생사화복을 주관하는 전지전능의 여호와 하나님으로 충분하기 때문입니다. 예수의 신성은 인간과 함께 살며 인간의 고통을 함께 겪고, 나약하고 힘없는 인간을 진정으로 이해하는 '인격의 신'에서 기인합니다. 인간의 고통을 알고 동정하는 신, 친구 나사로의 죽음을 보고 슬퍼서 눈물 흘리는 신, 가난한 자를 사랑하고 병든 자를 고치며 그들을 하나님 나라로 이끄는 '사랑의 하나님'이 바로 예수의 신적 본성의 특징입니다.

예수는 누구보다 심한 고통을 겪었으며, 누구보다 심한 모욕을 당했고, 누구보다 비천한 삶을 살았습니다. 비천한 예수, 짐승의 역한 냄새가 풍기는 말구유에서 태어난 예수는 비천한 우리 인간의 삶을 친히 살았으며, 살 찢기고 피 흘리며 극한 고통을 겪은 예수는 우리의 모든 고통을 알고 함께 슬퍼하는 신입니다. 그는 단지 초자연적 능력으로 우리를 위로하지 않습니다. 그가 겪은 고통으로 말미암아 육신에 새겨진 연민과 동정으로 우리를 위로합니다. 고통을 아는 자라야 고통을 이해합니다. 자신의 몸으로 십자가의 고난을 겪은 예수는 사랑으로 세상을 구원하는 특별한 신성을 지닌 완전한 신입니다.

예수가 자신의 몸으로 사랑을 이룬 특별한 인간이라는 말은 그가 능력 없는 신, 다시 말해 신적 능력이 배제되고 다만 도덕적 가치를 내세우는 성인聖人이라는 의미가 아닙니다. 십자가에 못 박혀 죽은 예수는 사흘 만에 사망 권세를 물리치고 부활했습니다. 죽은 자를 살리고, 병든 자를 고쳤으며, 배고픈 자를 먹이고, 외로운 자를 위로했으며, 죄인을 용서하고, 가난한 자에게 복음을 전했습니다. 그는 전능하신 하나님이 주신 사명, 즉 자신의 생명을 바쳐 죄인을 구원하라는 사명을 이루기 위해 육신을 입고 십자가의 고난을 겪은 하나님의 아들이며, 하나님에게서 하늘과 땅의 모든 권세를 물려받은 성자 하나님입니다.

"하늘과 땅의 모든 권세를 내게 주셨으니 그러므로 너희는 가서 모든 민족을 제자로 삼아 아버지와 아들과 성령의 이름으로 세례를 베풀고 내가 너희에게 분부한 모든 것을 가르쳐 지키게 하라 볼지어다 내가 세상 끝날까지 너희와 항상 함께 있으리라"

「마태복음」 28장 18~20절

예수가 하늘과 땅의 모든 권세를 받았다면, 그는 이미 전지전능한 신이라는 말입니다. 그럼에도 불구하고 그리스도인은 예수의 신성을 말할 때 그의 능력을 앞세우지 않습니다. 오직 그만이 보여주는 차별적인 신성이 기독교의 핵심이기 때문입니다. 그의 신성은 다만 능력으로 세상을 지배하는 신성이 아니라 자기를 바쳐 세상을 구하는 거룩한 신성, 곧 사랑으로 우리를 구원하는 진정 아름다운 신성입니다.

예수는 신이 아니고는 결코 이룰 수 없는 숱한 기적을 행했습니다. 그러나 그는 기적을 통해 신의 능력을 과시하며 사람들을 지배하려고 하지 않았습니다. 예수는 자신의 몸을 바쳐 사랑할 뿐 아니라 우리에게도 그가 사랑한 것처럼 서로 사랑하라고 말했습니다. 사랑이야말로 구원에 이르는 진정한 능력이기 때문입니다. 예수의 사랑은 도덕적 개념의 사랑에 머무르지 않습니다. 반드시 지켜야 하는 계명이며 구원의 조건입니다. 하나님을 믿는 자는 사랑하는 자이며, 사랑하는 자는 계명을 지키는 자이며, 계명을 지키는 자라야 하나님 나라에 들어갈 수 있기 때문입니다.

"새 계명을 주노니 서로 사랑하라 내가 너희를 사랑한 것같이 너희도 서로 사랑하라 너희가 서로 사랑하면 이로써 모든 사람이 너희가 내 제자인 줄 알리라" 「요한복음」13장 34~35절

예수가 육신을 입었기 때문에 신이 아니라는 주장은 그가 완전한 인간으로 세상에 온 진정한 의미를 깨닫지 못하는 어리석음에서 비롯됩니다. 그가 '특별한 인간'이라는 말의 심층 의미는 단지 우리처럼 육신을 지닌 존재일 뿐 아니라 그의 육신으로 하나님의 뜻을 이루는 특별한 존재라는 뜻입니다. 하나님의 아들인 삼위일체의 성자 하나님으로서 모든 것을 알고知, 하나님의 뜻을 행할 뿐 아니라意, 그 자신이 '완전한 인간'으로서 우리의 모든 고통을 알고知, 함께 애통하고 동정하며情, 우리를 구원하기 위해 자신이 맡은 사명을 이루는意, 지·정·의知·情·意의 하나님, 즉 인격의 하나님으로서 특별한 신성을 지녔다는 뜻입니다. 그의 육신은 이처럼 신성을 부정하는 구실을 하는 게 아니라 오히려 예수의 특별한

신성을 드러내는 거룩한 영적 도구이며, 그의 신적 특성은 세상의 신과 달리 인류 역사상 가장 아름다운 신 곧 사랑의 하나님이신 예수가 보여주는 아가페의 신성입니다.

예수의 특별한 신성을 제대로 파악하는 것은 기독교 신앙의 핵심이며, 그리스도인의 정체성을 이루는 근본입니다. 그리스도인의 영성은 예수 그리스도와 함께 살면서 그의 특별한 신성을 깨닫고 "내가 너희를 사랑한 것처럼 너희도 사랑하라"는 그의 계명을 따르는 것입니다.

"볼지어다 내가 세상 끝날까지 너희와 항상 함께 있으리라!"

옮긴이 강만원
E-mail : mw1440@naver.com

새우와 고래가 함께 숨쉬는 바다

지은이 | 프레데릭 르누아르
옮긴이 | 강만원

펴낸이 | 전형배
펴낸곳 | 도서출판 창해
출판등록 | 제9-281호(1993년 11월 17일)

초판 1쇄 발행 | 2010년 9월 17일
초판 2쇄 발행 | 2010년 11월 26일

주소 | 121-846 서울시 마포구 성산1동 226-4 (창해빌딩 2층)
전화 | 070-7165-7500(代), (02) 333-5678
팩시밀리 | (02) 322-3333
홈페이지 | www.changhae.net
E- mail | chpco@chol.com
 *chpco는 Changhae Publishing Co.를 뜻합니다.

ISBN 978-89-7919-974-1   03230

값·15,000원

이 도서의 국립중앙도서관 출판시도서목록(CIP)은 e-CIP 홈페이지
(http://www.nl.go.kr/ecip)에서 이용하실 수 있습니다.
(CIP제어번호 : 2010003360)